序言二

中国 AI 的"换道赛车"

在我国"AI+"的创新发展道路上，关键在于处理好三对发展关系，即大模型知识能力与推理能力的关系、基础大模型与行业大模型的关系、基础设施建设与下游应用生态的关系。

首先，事实性的知识仅能解决大模型对客观世界知识的通识认知，高质量的思维模式数据才能激活大模型的强理解、强推理能力。从 2023 年开始，原生多模态大模型就逐渐成为业内探讨的重要方向。然而由于数据和训练方法的局限，业内许多机构的尝试并不成功——多模态训练过程往往会导致纯语言任务，尤其是指令跟随和推理任务的性能严重下降。得益于在计算机视觉领域十年深耕及人工智能赋能场景的丰富经验，商汤在推动语言模型和多模态模型融合的过程中，发展出两项关键的创新技术：融合模态数据合成与融合任务增强训练，进而完成"日日新"融合大模型的训练，推向市场。

在预训练阶段，通过大量天然图文交错数据及逆渲染、混合语义图像生成等技术，商汤构建了海量高质量融合模态数据，建立起跨模态交互桥梁，为跨模态任务奠定扎实基础。在后训练阶段，商汤基于丰富的业务场景，设计了视频交互、多模态文档分析、城市场景理解、车载场景等任务，激发模型对多模态信息的深度理解与场景响应能力，形成应用落地反哺基础模型迭代的闭环。可以说，具有高可靠性、高精准性的高阶推理能力是大模型发展的“工业红线”拐点，而原生融合模态的实现将显著提升模型的深度推理能力与多模态信息处理能力，使 AI 广泛与各行各业新质生产力融合共治，对我国创新发展的价值巨大。

其次，行业大模型将成为基础大模型的“老师”，帮助其掌握高阶思维逻辑、专业知识，拥有更强的推理、执行能力。基础大模型的优势在于“背”海量知识，这些知识达到大众常识性认知的平均水平。然而，若提供甲骨文等小众内容，基础大模型就看不懂了。行业大模型，如商汤“日日新・大医”医学大模型，就在医学知识、生物知识等领域比基础大模型具有显著的专业优势。基础大模型的下一步发展，将依托众多行业大模型逐步提升其专业知识与能力，而行业大模型的专业性则来源于千行百业极为丰富的场景与数据资源。

从商业的视角思考，如今大模型开源已成为行业发展的一个重要前提，开源模型的性能增长线如今已经接近甚至追平闭源模型。为此，如果行业开源模型投入的平均水平较高，而企业在闭源模型上的投入相对有限，则企业必须走差异化路线——以行业应用的垂直领域为切入点，通过差异化模型为行业提供独特价值。

2018 年，我曾推荐过一本书——*Prediction Machines*，书中提出一个有趣的观点：当生产要素的成本下降至原来的百分之一时，会迎来时代的转折点。例如，电力成本下降至原来的百分之一，开启了电气时代；通信成本下降至原来的百分之一，推动了移动互联网时代。那么，若算力成本下降至原来的百分之一，我们将进入怎样的时代？回顾历次时代变革，基础设施的发展始终为行业向前迈进提供了核心支撑。在 AI 1.0 时代，中国得以同步推动 ImageNet 时刻的行业落地，正是得益于早期基础设施建设的完善。例如，在视觉相关的工

AI
商业进化论

"人工智能+"
赋能新质生产力发展

田丰 著

人民邮电出版社

北京

图书在版编目（CIP）数据

AI 商业进化论："人工智能+"赋能新质生产力发展 /
田丰著. -- 北京：人民邮电出版社，2025. -- ISBN
978-7-115-66125-8

Ⅰ．F120.2-39

中国国家版本馆 CIP 数据核字第 2024W02T19 号

内 容 提 要

本书以"人工智能（Artificial Intelligence，AI）+"为主题，探讨了 AI 如何赋能千行百业，促进各类先进生产要素向发展新质生产力集聚。

本书共 7 章，主要介绍了新质生产力之问，AI 之问，AI 顾问实践：人类的"辅导员"，AI 助手实践：人类的"副驾驶"，智能体实践：人类的"AI 代理人"，用尺度定律推演未来，新质生产关系与 AI 伦理观等内容。本书基于国内多行业、多领域应用"AI+"已取得明显收益的项目的一手材料展开深入分析，为读者充分展现 AI 如何帮助人类提升效率和改变生活方式，并引发读者对 AI 如何塑造人类未来的思考。

本书适合各行业读者了解 AI 领域的发展现状与前景，也适合作为高校 AI 通识课程的教材或参考读物。

◆ 著　　　　　田　丰
责任编辑　林舒媛　刘　莹
责任印制　王　郁　胡　南
◆ 人民邮电出版社出版发行　　北京市丰台区成寿寺路 11 号
邮编　100164　电子邮件　315@ptpress.com.cn
网址　https://www.ptpress.com.cn
北京宝隆世纪印刷有限公司印刷
◆ 开本　720×960　1/16
印张　17.75　　　　　　　　2025 年 3 月第 1 版
字数　204 千字　　　　　　2025 年 4 月北京第 2 次印刷

定价：99.80 元

读者服务热线：(010)81055410　印装质量热线：(010)81055316
反盗版热线：(010)81055315

国际科创中心孕育原创 AI 技术

如何建设国际科创中心？举一个国际案例，匹兹堡在 20 世纪 70 年代是"钢铁城市"，后来由于技术创新没有跟上，钢铁行业逐渐没落。经过各方面努力，匹兹堡又很快恢复，成为"凤凰涅槃"的城市。匹兹堡的"凤凰涅槃"背后有三大要素，首先是科创基础，匹兹堡有两所非常知名的研究型大学——卡耐基梅隆大学和匹兹堡大学，它们在生命科学领域非常知名；其次是产业多元性，匹兹堡的金融、医疗、交通资源等很丰富；最后是丰厚的社会资本，匹兹堡有很多基金会。

在我国的上海，国际科创中心为城市增强了活力和韧性，科创推动了经济的多元化发展。上海是长三角地区科技经济一体化发展的"领头羊"，上海科创中心的建设对国家发展意义重大。目前，上海是全球科创中心建设的创新高地，是引领全球科创中心推动产业变革、应对未来科技挑战的重要基地。从综合评价来看，2022 年以来，上海发展比较快，2022 年上海进入全球科创中心前十名，2024 年仍然保持在前十名。在创业支持方面，上海的创业投资资金总值进入全球前十名，位列第四名，是创业投资氛围最活跃的城市，目前上海开放的优势表现出非常强的韧性。

10 年内，我国要跻身为全球顶尖的科创中心，应从以下三方面实施关键举措。

第一，逆势拓展，吸引并留住国际一流人才。帮助人才解决具体困难，构建吸引人才的制度土壤。另外，要建设比较客观的人才评价系统，建立淘汰、晋升机制，让真正的人才体现价值。

第二，深化开放，让国际化更上一层楼，真正让外资企业、外国人感觉到在中国从事科技创新活动、创业活动时能得到同等的对待。现在我国很多企业在全球拓展业务，支持我国企业出海。另外，还可以吸引外资，推动建立数字研发中心。

第三，建议优化公共服务和营商环境。AI 技术刚刚进入应用期，在各国的应用场景差别巨大。正如本书所讲，中国原创大模型技术落地各行各业，正在从技术革命向产业革命跃迁，本书也分享了中国企业家群体在大模型时代生存发展的实践经验。随着技术的进步，未来，我们可能感受不到 AI 的存在，它将嵌入各类工作平台，人们可以直接使用自然语言与其交流。不论是男士还是女士，儿童还是老人，都会使用 AI 工具。各类企业也都将进化为 AI 技术驱动的新型组织，正如现在所有人和组织都会熟练使用电力、计算机、手机一样。

清华大学苏世民书院院长、公共管理学院学术委员会主任

2025 年 3 月

作中，中国拥有充足的摄像头数量，以及数字化储备与通信连接，这些因素为我国在数字化转型中带来了显著的先发优势。

这引出 2.0 时代的一个核心命题：当前 AI 的发展高度依赖计算基础设施的建设，那么 2.0 时代的基础设施应如何构建？如何确保其真正能够为大众所用？未来，中国的 AI 行业应用需要实现一个重要目标，即计算资源平权，即使用模型需要的计算资源必须具有高性价比，才能推动行业的百花齐放。

值得注意的是，AI 算力的突破并非仅限于芯片。事实上，芯片的核心是支撑软件开发，算力的关键在于推动模型优化。新的混合专家（Mixture of Experts，MoE）架构模型在推理效率上展现了差异化能力。如何通过应用驱动模型，以模型带动算力的升级，并最终提升算力资源的使用效率，这种"三位一体"的模式正是商汤科技在算力、模型与应用层面的思考方向。面向 AI 2.0 时代，商汤致力于成为最懂算力的大模型服务商和最懂大模型的算力服务商。

AI 基础设施的建设正以更高效、更普惠的方式推动社会进步。伴随着大众对 AI 的认知突飞猛进，AI 应用的突破几乎只差"临门一脚"。同时，通过不断突破技术与认知的边界，AI 将助力人类探索更多未知的可能性。

从长期来看，我国的优势在于领先于其他国家 2 ～ 3 个数量级的巨大产业场景。当今大模型的竞争中，中国与其依靠芯片优势逼近尺度定律下大模型效果的理论边界，不如依靠科学技术与场景叠加形成比较优势。国产大模型在"场景赛道"另辟蹊径，很有希望争得"AI+ 新质生产力"的国际领先生态位！

商汤科技董事长兼首席执行官

2025 年 3 月

自 序

本书阅读"指北针"

尊敬的读者，欢迎您翻开这本书。当 DeepSeek 用 9 个月赶超 GPT-4o，中国本土科研团队在由西方主导的通用人工智能（Artificial General Intelligence，AGI）技术社区中迈出了关键一步，证明在算力资源受限的条件下，高密度人才团队依然能通过模型架构创新、数据合成创新、芯片通信创新等原创能力，站在全球 AI 科技的前沿阵地。凭借中国庞大的工程师人才储备、敢为天下先的科学家精神、力出一孔的战略科研投入，更多科技领域的"DeepSeek 时刻"纷至沓来，中国正在重新回到世界科技强国的位置。回到本书，本书不仅是一部能够拓宽您视野的科普读物，也是一部可供您快速掌握创新战略的工具书。翻开这本书，就如同展开了一张通往 AI 新世界的地图。正如现代地图以正北为基准坐标系，对于那些时间宝贵、想在两三天内读完本书精华内容的读者朋友，笔者从创作者的角度为您提供一套"指北针"，帮助您快速理解本书的要义。

对于职场人士、技术爱好者，如果对企业数字化转型、AI 创新战略设计等领域感兴趣，不妨优先阅读第三、四、五章，深入探索大模型在不同行业的实战应用案例，其余章节则可依兴趣选择性阅读。

对于学生、非技术背景的读者，如果希望通过本书入门 AI 领域，建议从"第二章 AI 之问""第六章 用尺度定律推演未来"和"第七章 发展，发展，发展"开始阅读，从宏观角度了解 AI 技术的基本原理和底层思维逻辑，然后再按顺序阅读其他章，逐步补充产业知识。

对于政府公职人员，如果希望从新质生产力与世界竞争格局的新视角进行思考，可先从"第一章　新质生产力之问""第六章　用尺度定律推演未来"等章切入，再深入阅读与智能产业紧密相关的第三、四、五章。

阅读不仅是积累知识的途径，更是磨砺思维与促进成长的契机。只有跨越高质量阅读的门槛，才能逐渐洞悉世界的本质规律，正如"量变引起质变"的道理。很多人常常感到思维深度不足或困惑重重，或许是因为尚未阅读足够多的好书，大脑中尚未构建起体系化的"世界模型"。中国航天事业奠基人钱学森提出的"三到"读书法——眼到、手到、心到，对笔者影响深远。在阅读时，不妨边读边记，摘录要点，反复咀嚼并深入思考，以深化对知识的理解和应用。新事物往往在旧事物的基础上孕育而生。当新苗破土而出时，我们通过分析和总结，将其提升为理论。这样的理论便能指导新事物的成长，进而改造旧事物，使旧事物焕发新生。这正是旧质生产力孕育新质生产力，新质生产力又推动旧质生产力升级的核心逻辑。

科技是第一生产力，读好书是成本最低、价值最高的高效学习方法之一。对于非科技圈、非研究圈的朋友，虽然热爱阅读，但须知在有限的时间内选择高质量的图书十分重要，阅读顺序也很重要。对此，笔者的建议是：第一步，阅读科幻小说、前沿科技预测类图书，培养对未来科技的兴趣；第二步，阅读科技历史类图书，了解人类科技发展规律及其重大影响，未来充满不确定性，而历史则越读越深；第三步，阅读世界顶级科学家个人传记、公开演讲合集，世界顶级科学家自己写的、自己讲的才能体现出其超出常人的前瞻性思考方法、战略性思考逻辑；第四步，阅读产业创新实践类、技术工具类图书，学以致用，以实践检验学习成果，提升技能；第五步，对世界本源感兴趣的读者，建议阅读科技哲学、哲学通识类图书。科学突破引发哲学命题，哲学思想变革为科学提供广阔的思想空间，历史上哲学、数学、物理学、化学等认知世界的手段的交替领先，推动了人类文明的车轮滚滚向前。

　　阅读与写作过程是非常重要的学习与成长之旅。笔者在撰写本书的半年时间里，实地调研大量行业案例，与科学企业家、产业科学家面对面交流，每日坚持阅读全球 AI 论文材料，试用各类 AI 产品，反复修改书稿的过程，都是自身研究精进、学习成长的过程，在此感谢辛苦付出并给予我很大帮助、支持、理解的亲友们。

　　愿本书能成为您探索 AI 世界的一盏明灯，照亮您前行的道路，激发您对未知的好奇心和探索欲。让我们一起携手，在这个充满挑战与机遇的时代，不断学习，不断进步，携手迈向一个更加美好的明天！

《田丰说》视频号

田丰

2025 年 3 月

资源与支持

资源获取

本书提供如下资源：

◎ 本书配套视频；

◎ 本书思维导图；

◎ 异步社区 7 天会员；

◎ 限量"代码小浣熊"月卡、"秒画"3 天无限卡；

◎ DeepSeek 小册子。

要获得以上资源，您可以扫描下方二维码，根据指引领取。

与我们联系

我们的联系邮箱是 linshuyuan@ptpress.com.cn。

作者和编辑尽最大努力来确保书中内容的准确性，但难免会存在疏漏。

欢迎您将发现的问题反馈给我们，帮助我们提升图书的质量。

如果您对本书有任何疑问或建议，请您发邮件给我们，并请在邮件标题中注明本书书名，以便我们更高效地做出反馈。

如果您有兴趣出版图书、录制教学视频，或者参与图书翻译、技术审校等工作，可以发邮件给我们。

如果您所在的学校、培训机构或企业想批量购买本书或异步社区出版的其他图书，也可以发邮件给我们。

如果您在网上发现有针对异步社区出品图书的各种形式的盗版行为，包括对图书全部或部分内容的非授权传播，请您将怀疑有侵权行为的链接发邮件给我们。您的这一举动是对作者权益的保护，也是我们持续为您提供有价值的内容的动力之源。

关于异步社区和异步图书

"异步社区"（www.epubit.com）是由人民邮电出版社创办的 IT 专业图书社区，于 2015 年 8 月上线运营，致力于优质内容的出版和分享，为读者提供高品质的学习内容，为作译者提供专业的出版服务，实现作者与读者在线交流互动，以及传统出版与数字出版的融合发展。

"异步图书"是异步社区策划出版的精品 IT 图书的品牌，依托于人民邮电出版社在计算机图书领域多年的发展与积淀。异步图书面向 IT 行业及各行业使用 IT 技术的用户。

目　录

新质生产力之问

第一章

> “给岁月以文明，而不是给文明以岁月。”
>
> ——刘慈欣《三体》

生存是为了更好地发展，发展是为了更好地生存。河流是文明的摇篮，科技是文明的过滤器，一万年前地球上的人类文明起源于尼罗河流域、两河流域、印度河流域、黄河流域，“大江东去，浪淘尽，千古风流人物”，历史中多少璀璨夺目的文明兴盛、消亡、更迭，而中国文化生生不息，汉字演绎出上下五千年的思想史。从百万人口的夏商周、千万人口的大秦帝国、上亿人口的康乾盛世，到 14 亿人口的中华人民共和国，充满智慧的中华儿女创造出恢宏历史与丰富的文明成果。中国这片历史悠久的土地上，不断上演人类发展史上的奇迹。中国科幻巨著《三体》告诉我们一个道理，纵然文明只是宇宙尺度上沧海桑田之一瞬，但伟大文明释放出的巨大潜力如太阳一般照耀古今中外。

新质生产力“新”在哪

新科学来自思想解放的新型科学家，新产业来自科学衍生出的新技术，所以在杨振宁等中国战略科学家看来，中国科技大发展的先决条件是人才、训练、决心、财力[1]，四者缺一不可。发展新质生产力是推动高质量发展的内在要求和重要着力点。新质生产力由技术革命性突破、生产要素创新性配置、产业深度转型升级催生，以新技能劳动者、新型劳动资料、新型生产关系的优化组合为基本内涵。在战略科学家、战略企业家看来，从科研创新到社会生产力革命，均有其内在规律。

---

1 李政道，杨振宁. 科学之美 [M]. 北京：中国青年出版社，2002.

科技现代化是中国式现代化的关键，AI 是科技现代化的重要力量。1977 年，钱学森在《科学技术一定要在本世纪内赶超世界先进水平》一文中提出："要实现四个现代化，科学技术一定要搞上去，不然就会拖工业、农业和国防现代化的后腿。"习近平致 2018 世界人工智能大会的贺信中指出："新一代人工智能正在全球范围内蓬勃兴起，为经济社会发展注入了新动能，正在深刻改变人们的生产生活方式。""中国正致力于实现高质量发展，人工智能发展应用将有力提高经济社会发展智能化水平，有效增强公共服务和城市管理能力。"

"新"在四大革新浪潮

从"科学革新"到"新质生产力"要经历几个阶段？20 世纪 80 年代，中国科学家钱学森曾在一篇手稿中给出了明确答案——科学革命、技术革命、产业革命、社会革命（见图 1-1）。[1] 第一阶段，从 0 到 1 的科学理论创新，往往伴随旧理论的颠覆与补充，科学革命由半导体物理、系统科学、生物学、人体科学几个领域的核心技术的基础研发持续推动；第二阶段，从 1 到 10 的新技术孵化，技术革命属于新型基础设施建设、新一代技术工程化范畴，即新技术从实验室走向普及，其成本通过公共基础设施化、产品工程化不断降低，达到普罗大众可负担的"拐点"，例如计算机、信息技术走入千家万户，生物技术门槛降低等；第三阶段，从 10 到 1000 的分批社会生产力升级，伴随新兴技术终端产品价格、基础设施服务价格平民化，以高性价比、中低成本的新兴技术"供给侧结构性改革"撬动全社会市场需求规模"井喷"，新质生产力快速与旧质生产力融为一体，多项技术革命的汇聚点往往是产业革

1　吕成冬. 科学与忠诚：钱学森的人生答卷 [M]. 北京：人民邮电出版社，2022：240.

命的起点；第四阶段，从 1000 到 ∞，社会劳动人群的技能跟随新技术发展整体提升，并形成更优的"人 – 技术"协同模式，构建起新质生产关系，以匹配新质生产力的高速发展。

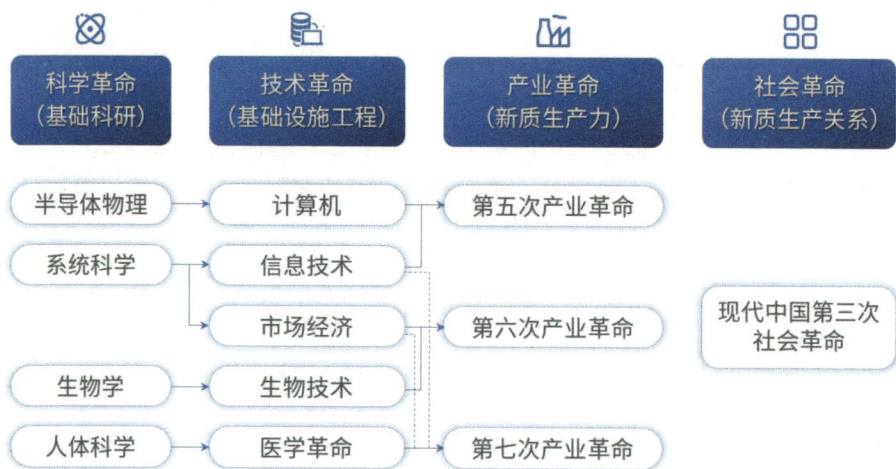

科学革命
（基础科研）

技术革命
（基础设施工程）

产业革命
（新质生产力）

社会革命
（新质生产关系）

半导体物理 → 计算机 → 第五次产业革命

系统科学 → 信息技术

市场经济 → 第六次产业革命

现代中国第三次
社会革命

生物学 → 生物技术

人体科学 → 医学革命 → 第七次产业革命

图 1-1　从科技到生产力的革新路径 [1]

"新"在"新智"知识生产力

2020 年 5 月，OpenAI 发布了 1750 亿参数量的 GPT-3 大语言模型，标志着全球 AI 2.0 时代的到来。与 AI 1.0 的"旧智"时代相比，AI 2.0 时代涌现出的"新智"完全以实现通用智能为目标。与"大企业抢占头部高频场景市场、创业企业深入腰部细分场景领域"的分散式格局不同，如今，具有世界领先能力的大模型科研团队的出现，让整个产业似乎步入了"强者恒强"的局面。而结果不仅仅是产业链"链主"格局发生改变，甚至形成了（所拥

[1]　根据钱学森研究四种革命理论过程中留存的手稿（吕成冬. 科学与忠诚 [M]. 北京：人民邮电出版社，2022：240.）整理。

有的）大模型的领先程度决定（国家间）科技创新力竞争优势的关系。

具体来说，这样的变化在三个层面都引发了相应的变革（见图1-2）。

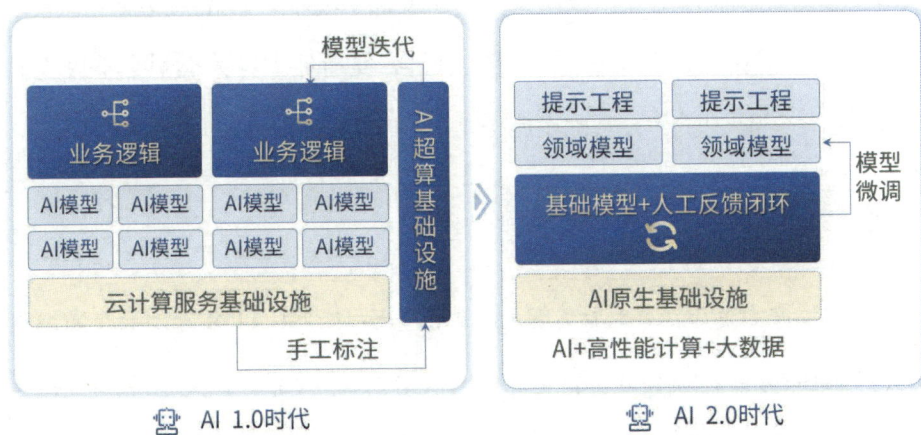

图1-2 AI 1.0时代与AI 2.0时代的对比

模型层：从解决单一场景、单一问题的专有模型，升级为能够解决通用问题并具有大规模参数和复杂计算结构的机器学习模型，即从10亿以下的参数量猛增到千亿、万亿以上的参数量。近年来，大语言模型也在进一步朝多模态大模型发展。

业务应用层：AI 1.0时代，模型为应用解决单点问题，由应用承载大量业务逻辑；而AI 2.0时代，应用开始"模型化"，"基础模型 + 轻量级前端交互页面"成为一种创新模式。例如ChatGPT就没有复杂的应用开发，模拟即服务、模型即应用，大量应用逻辑都已经融入模型训练中，通过提示词训练行业大模型应用，简称"提示工程"。由此出现辅助办公、辅助编程、虚拟人社交、辅助营销、辅助媒体写作等垂直领域模型。

基础设施层：AI 1.0时代以中央处理器（Central Processing Unit，CPU）

为主，以图形处理单元（Graphics Processing Unit，GPU）为辅的云计算服务基础设施在存储、网络、（并行）计算能力方面都没有针对 AI 训练和推理进行提速改良。而伴随大参数量模型的研发需求激增，高性能数据中心应运而生。AI 计算中心成为更高效、更快速、更便捷地训练大模型必不可少的"新基建"，这体现了计算基础设施每 10 ～ 15 年升级一代的周期性规律。

"新"在"新智"与"新质"融合生产

新智生产力通过 AI 逐步实现人类的脑力劳动，让 AI 成为人脑在知识世界的"最佳顾问"。人类数千年来归纳整理的知识大部分以文字的形式归集在图书、论文、互联网上，当今大模型正在飞速学习几乎所有的人类知识数据，并通过"生成式基础模型"创新出各类人工智能生成内容（Artificial Intelligence Generated Content，AIGC）应用，包括 AI 写作、AI 绘画、AI 视频生成、AI 语音生成、AI 编程等。

新质生产力则通过 AI 逐步实现人类的"脑力 + 体力"劳动，让 AI 成为人类在物理世界中的"生产力助手"。只是学习海量的人类知识，而从不实践，就容易沦为"纸上谈兵"。众所周知，"实践是检验真理的唯一标准"，为了让大模型通过与物理世界的交互检验自己的认知偏差，实现"认知—实践—再认知—再实践"的良性循环，需要将大模型、智能体[1] 变成机器人操作系统的核心组成部分，让有智商和情商的机器人、机械手、无人机、智能车在物理世界中日夜不停地学习。但这还不够快，如人类的研究生通常是经过十

---

[1]   智能体（agent）的概念最早是由麻省理工学院的著名计算机专家和 AI 学科创始人之一的马斯·明斯基提出的。目前，在 AI 领域，普遍认为能自主活动，具有独立的思想并可以同环境交互的软件或者硬件实体均可以被认定为智能体。

几年的教育实践培养出来的，为了利用庞大的算力指数级提升 AI 机器人的学习速度，目前前沿的机器人公司都将数字机器人放入模拟仿真环境中，让数字世界和物理世界同步，如在数字孪生工厂中同步训练 1000 个虚拟工业机器人，在数字孪生农田中同时训练 5000 个虚拟农业机器人，从而利用模拟仿真环境允许的最高并行效率，让数字机器人飞速观察、适配特定场景的物理世界，然后再将数字机器人的大模型放到物理机器人身上，进行最终的现实环境"测试—反馈—改进"。

新智生产力与新质生产力的对比见图 1-3。

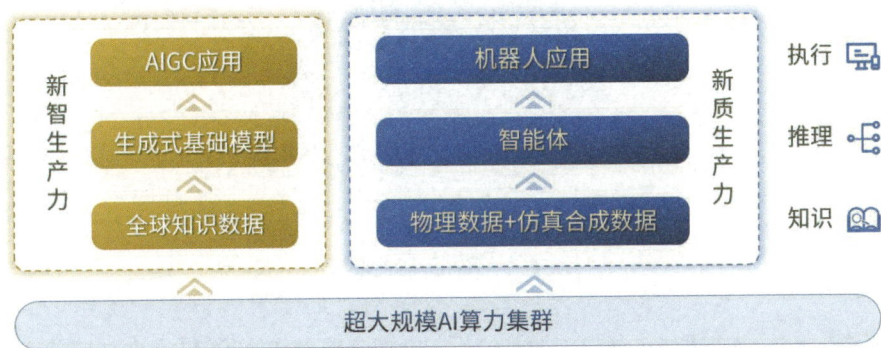

图 1-3 新智生产力与新质生产力

AI "+" 什么

AI+ 3 种能力

2024 年 3 月，在"人工智能 +"行动的指引下，商汤科技董事长兼首席执行官（Chief Executive Officer，CEO）徐立创造性地提出"KRE 能力架构"（见图 1-4），并指出当今大模型正在按照"知识""推理""执行"三个层级进化升级。面向各种知识问答任务，知识层主要解决高频、标准化的问题，即以前很多人问答过的知识内容，准确率很高；推理层重点解决长尾、碎片化、非标准化的问题；执行层则将知识能力、推理能力、执行能力融为一体，完成更为复杂的组合式软硬件性任务。三个层级的能力如下。

图 1-4　"KRE 能力架构"

第一层，知识能力：整合并吸收人类历史上积累的跨学科的全球知识，并将这些知识进行归纳总结和融会贯通，提炼出普遍适用的概念、原则或结论的能力。语言文字是人类知识的重要表现形式，当今大语言模型的学习速度极快，Epoch AI Research 团队成员、加利福尼亚大学伯克利分校计算机科学专业的教授斯图尔特·罗素等专家预测人类历史上的"高质量语言数据"，将在 2024—2026 年训练完，换句话说，大语言模型正在成为掌握人类历史上几乎全部知识的初级智慧载体，人们能够通过与大语言模型交流，获得历史上的科学家、文学家、哲学家等的回答，大语言模型能跨多个领域回答专业性极高的复杂问题。

第二层，推理能力：能够根据一个或多个已知前提条件，推导出新的结论的能力。大语言模型能够基于世界知识"底座"，以"旧知"推理出"新知"，以及发现新的可能性，为人类"世界知识库"提供知识增量。知识（归纳）层和推理层是 AI 生产力十分重要的两层。目前大语言模型在端到端的复杂推理任务上与人类专家相比仍有差距，AI 正在集中力量攻坚，当具有可靠、精准推理能力的大语言模型出现时，其将在学术界、产业界等各领域为人类提供逻辑分析服务。

第三层，执行能力：在和世界的互动中通过人类的反馈，掌握新知识的能力。正如毛泽东在《实践论》中清晰阐释了"认识"和"实践"的关系，通过对比人类"认识 + 实践"的模式，我们可以理解为什么大模型需要调用"执行体"才能更加深入、全面、客观地认知世界规律——"执行体"既可以是其他 AI 原生模型、传统软件，也可以是机器人、机械手、智能网联汽车等硬件，大语言模型与后者的结合就是我们常说的"具身智能"。

《实践论》指出："只有人们的社会实践，才是人们对于外界认识的真理性的标准"。这也正是当前大语言模型缺乏实践出现"幻觉"的原因，即缺乏实践检验认知、纠偏认知。

- 实践出真知，实践是认识的来源。比如，人们通过观察和实践，才能获得对自然现象和社会现象的认识，从而形成科学理论。
- 认识对实践具有反作用。比如，科学理论可以指导人们的实践活动，提高实践的效率和效果；同时，实践结果也可以修正和完善原有的理论。
- 认识具有反复性、无限性、上升性。比如，在科学研究过程中，人们需要经过反复实验和验证才能得出正确的结论；同时，随着实验条件和观测技术的不断改进，人们对于某一现象的认识也会不断深化。

知识在人类进化史上有无与伦比的崇高地位，许多哲学家、科学家给予了知识极高的评价，而思考是处理知识的过程。

在 AI 时代，语言文字是知识的表达方式之一，而数据是语言文字的载体，程序是处理数据的高效生产力工具。2023 年 12 月，商汤科技基于自研大模型，推出 AI 编程助手"代码小浣熊"（Raccoon），其覆盖软件需求分析、架构设计、代码编写、软件测试等环节（见图 1-5），满足用户的代码编写、数据分析、编程学习等各类需求，支持 Python、Java、C++、SQL 等 90 多种主流编程语言和主流集成开发环境（Integrated Development Environment，IDE）。用"KRE 能力架构"来分析"代码小浣熊"产品自身的开发效率，即从需求分析、架构设计、代码编写、软件测试、部署上线、系统维护全流程来对比不同能力层的研发工作量，具体如下。

图 1-5 "代码小浣熊"赋能软件开发全生命周期
（黄色子流程部分为人机协同环节）

◎ **知识能力融入**：让基础大模型掌握代码库，仅在开发环节用他人写过的代码来补全目标开发程序，从"代码小浣熊"的需求分析到最终产品的开发完成，总共需要投入 100 人天。[1]

◎ **推理能力融入：** 让大模型深入软件开发全过程，进一步辅助需求分析与设计、用户界面生成、测试用例生成等环节，可节省 30% 的开发工作量，即只需要投入 70 人天。

◎ **执行能力融入：** 如果使用"代码小浣熊"2.0 版本，调用强大的代码解释器（执行体），处理各种专业性问题，从海量数据中筛选出需求、指定产品特征，并根据特征完成产品开发，可节省 80% 的开发工作量，仅需要投入 20 人天即可完成产品的自主研发。大模型为什么需要调用代码解释器？因为在面对各种数学问题时，代码解释器能够正确、可靠地给出答案，例如，在 ChatGPT 中输入"请列出 100 以内所有质数两两相乘的结果"，以及"请列出 100 以内所有质数两两相乘后加 1 的结果"，它能够正确地列出前者，但在处理后者时却出现了错误。两个问题难度一样，为什么会出错？原因在于基础模型没有见过这类问题，它在训练时储备的世界知识无法直接给出答案，从而需要调用代码解释器，获得正确答案。

AI+ 千行百业

中国作为世界第二大经济体，与美国的产业禀赋并不相同，那么应选择哪些产业进行数字化、智能化改造，用 AI 进行赋能？

◎ **AI+ 中国制造：** 工业革命之后，世界强国几乎都是制造业强国。正在

1　人天：软件业衡量开发工作的单位，即一个程序员工作一天的工作量。

致力于"制造业回流"的美国，其制造业产值占国内生产总值（Gross Domestic Product，GDP）的比例近年来约为 10.3%；而作为世界制造业第一大国的中国，国内制造业总体规模连续 14 年居全球首位。2023 年，中国制造业产值占 GDP 的比例约为 26.2%，工业品类齐全，且 40% 的品类产量稳居全球第一，个人计算机（Personal Computer，PC）、手机、空调、太阳能电池板等一批重要产品的产量甚至占全球产量的 50% 以上。用新一代 AI 技术，让中国从制造大国迈向制造强国，从"卖全球"向"造全球"升级，是"AI＋"的首要任务。

◎ **AI＋ 中国服务：**美国服务业产值占 GDP 的比例约为 80%，其服务美国的 3.3 亿人口。2023 年，中国服务业产值占 GDP 的比例为 54.6%，虽然与美国存在差距，但中国服务业服务国内 14 多亿人口，市场需求旺盛且多元，发展潜力和空间巨大。

◎ **AI＋ 中国科研：**据公开数据分析，美国研发经费占 GDP 的比例为 2.84%～3%，约为 8100 亿美元。国家统计局数据显示，2023 年，中国研发经费占 GDP 的比例为 2.6%，约为 33 278 亿元，中国研发经费约等于美国的 56.7%，应将研发经费占比提升到 5.8%～6%。而且当下中国研发经费的占比仅为国际水平的 1/3。若想实现前沿科技、基础研发等领域的"弯道超车""换道赛车"，我国亟须大幅提升基础研发、工程研发的预算绝对值，并极大重视战略性科研决策，既要坚定投入关键领域的科研突破，又要预判性抢占未来科技的制高点，将预算"好钢用在刀刃上"，以国家级决策创新驱动科研创新，逐步增强中国原创科技的核心竞争力、全球人才吸引力、新质生产力。

◎ **AI+ 中国基建**：这应从"AI 基础设施化、基础设施 AI 化"两个维度入手。据工业和信息化部数据，2023 年中国智能算力共有 70EFLOPS[1]，到 2025 年预计达 105EFLOPS。2023 年 10 月以来，中国智算中心建设进入高发期，据国际数据公司预测，到 2026 年中国智算规模将持续提升，复合年均增长率高达 52.3%[2]。虽然中国在 AI 基础设施建设上快速追赶美国，但与美国在 GPU 产业链的控制力、自主产能等方面仍有差距，美国英伟达、AMD 生产的 GPU 的全球市场占有率高达 95%，而中国 GPU 国产化率仍在 20% 以下，如何在紧锣密鼓研发新一代大模型的过程中，逐步推进超大规模 AI 数据中心、跨地域 AI 算力网、AI 用超级绿电建设，应作为国家级工程和影响各个科研领域的关键命题。2020—2024 年，美国基础建设投资占 GDP 的比例为 1.37% ~ 2.5%，根据国家发展和改革委员会审批核准的国家资产项目总投资额估算，2020 年中国基础设施投资占 GDP 的比例超过 12%。中国传统基础设施建设速度快、质量高，堪称"人类工程奇迹"，为改革开放经济腾飞做出了巨大贡献，不仅利国利民，更惠及全球。面对 AI 时代的到来，中国的传统基础设施的智能化比例偏低，智能基础设施［如智能电网、智能公路网、智能仓储网、智能终端（机器人、无人机等）公共补能网络等］的发展空间巨大。我们应充分意识到新质生产力所依赖的新质基础设施升级，能助力中国在下一个百年的未来产业发展中占据先发优势。

1　FLOPS，指每秒浮点运算次数，E 代表一百亿亿。

2　2022 年，国际数据公司与浪潮信息联合发布《2022—2023 中国人工智能计算力发展评估报告》。

"数字产业化"在互联网时代，沿着"大人口、大流量、大数据、大交易量"的价值链发展，而在 AI 时代，则沿着"海量设备、海量数据、大模型、强生产"的创新路径层层递进。

AI+ 关键举措

2024 年 3 月 5 日，李强总理在《政府工作报告》中，提出了深入推进数字经济创新发展的 7 项关键举措。"人工智能 +"行动肩负起为我国开创全球领先水平的数字产业带的重任与使命！

- ◎ **制定数字经济政策**："制定支持数字经济高质量发展政策，积极推进数字产业化、产业数字化，促进数字技术和实体经济深度融合。"

- ◎ **开展"人工智能 +"行动**："深化大数据、人工智能等研发应用，开展'人工智能 +'行动，打造具有国际竞争力的数字产业集群。"

- ◎ **推进制造业、服务业"数字化转型"**："实施制造业数字化转型行动，加快工业互联网规模化应用，推进服务业数字化，建设智慧城市、数字乡村。"

- ◎ **实现中小企业"数字化赋能"**："深入开展中小企业数字化赋能专项行动。支持平台企业在促进创新、增加就业、国际竞争中大显身手。"

- ◎ **健全国家数据体制**："健全数据基础制度，大力推动数据开发开放和流通使用。"

- ◎ **做强数字基础设施**："适度超前建设数字基础设施，加快形成全国一体化算力体系，培育算力产业生态。"

- ◎ **促进现代化的"数字变革"**："我们要以广泛深刻的数字变革，赋能经济发展、丰富人民生活、提升社会治理现代化水平。"

AI+ 科技自信

科技是第一生产力，历史上人类文明的演进往往以各个时代的标志性技术来命名，如石器时代、青铜时代、铁器时代等。18 世纪前，世界人均 GDP 每年增长 0.05%，1400 年翻一倍。18 世纪 60 年代，以蒸汽机为代表的第一次工业革命在英国发生后，科技成果逐渐传播到欧洲其他地区和北美地区，人均 GDP 每年增长 1%，经过 70 年人均 GDP 就能翻一倍，这意味着当时的人的一生中会经历人均物质资源的显著增加[1]。19 世纪下半叶，以电力、钢铁、汽车、化工技术的发展为标志的第二次工业革命发生在美国和西欧，这些西方发达国家的人均 GDP 每年增长 2%，经过 35 年人均 GDP 就能翻一倍。由于科技创新，两次工业革命都促进了人类总人口的正增长，第一次工业革命使人口增长率从 0.4‰增长到 6.4‰，第二次工业革命使人口增长率达到了 17‰，社会在这个过程中摆脱了"马尔萨斯陷阱"（见表 1-1）。

表 1-1　科技改变生产力和人口

	开始时间	人均 GDP 年增速	人均 GDP 翻倍时间	全球人口增长率	影响
农业技术	18 世纪前	0.05%	1400 年	0.4‰	"马尔萨斯陷阱"（人口增加—资源匮乏—战争、饥荒—人口减少）
第一次工业革命	18 世纪60 年代	1%	70 年	6.4‰	人均物质资源显著增加
第二次工业革命	19 世纪下半叶	2%	35 年	17‰	西欧国家开发、转移附属国的自然资源和人力资源，供给本国

1　林毅夫，等. 新质生产力：中国创新发展的着力点与内在逻辑 [M]. 北京：中信出版社，2024.

科技是第一生产力，人才是第一资源，创新是第一动力。18—19 世纪，全球迎来的"新质生产力"就是蒸汽机、纺织机、内燃机、电动机、无线电等，这深刻改变了西方国家的全民生产力、文明进程及世界经济格局。为什么工业革命没有在近代中国发生？ 20 世纪"李约瑟之问"背后的逻辑是，从公元 6 世纪到 17 世纪初，世界重大科技成果的 54% 都由古代中国贡献，而到了 19 世纪，近代中国只贡献了 0.4%。关于答案的争论很多，其中一种观点认为：农业文明阶段，勤劳的中国人从对自然现象的长期观察、劳动中总结经验，依靠师徒关系传承科学技术；到了 16—18 世纪，西方开始采用科学院、实验室的组织形式集中科研力量攻坚难题，而直到中华人民共和国成立，中国才开始以科学院等组织形式进行科研活动。中国 1949 年成立中国科学院、1977 年成立中国社会科学院、1994 年成立中国工程院，中国基础科研蓬勃发展起来。2005 年，钱学森提出"钱学森之问"——为什么我们的学校总是培养不出杰出人才？问题背后的思考是：如何按照培养科学家、发明家、创新家等创造型人才的模式去办学、重构教学体系？

"中国式现代化"是正确的道路。为什么说我国用几十年时间走完西方发达国家几百年走过的工业化历程，创造了经济快速发展和社会长期稳定的奇迹？让我们看一下 20 世纪以来我国的经济数据，1900—2000 年，中国仅占世界 GDP 的 4% 左右，而改革开放极大提高了中国科技创新、产业创新的发展速度；2018—2020 年经济数据显示，中国在世界 GDP 中的占比突飞猛进到 17%。所以说，新质生产力的显著特点是创新，它是摆脱传统经济增长方式、生产力发展路径，具有高科技、高效能、高质量特征，符合新发展理念的先进生产力质态。

AI 之问

第二章

> “在现在这个时间点上能不能用AI来命名时代，取决于AI
> 能不能把我们这个时代生产要素的成本规模化下降，因为只有
> 这样AI才能走进千家万户。”
>
> ——商汤科技董事长兼 CEO 徐立

在近代历史上，新兴技术起源于欧美，所以有了四次工业革命的定义，即 18 世纪以蒸汽机、纺织机、铁路为代表的第一次工业革命，19 世纪以电力、内燃机、化学工业、钢铁工业为代表的第二次工业革命，20 世纪以电子计算机、互联网、可再生能源为代表的第三次工业革命，以及 21 世纪初以 AI、人形机器人、量子计算等为代表的第四次工业革命。而中国科学界则对人类工业革命的进程持不同见解。

1956 年，中国航天事业奠基人、国家杰出贡献科学家、两弹一星功勋奖章获得者钱学森在《从飞机、导弹说到生产过程的自动化》一文中给出了答案，“用机器代替人的体力劳动”，是第一次工业革命，即机械化；“用机械系统来替人作非创造性的脑力劳动”，是第二次工业革命，即自动化。并给出了第二次工业革命的衡量标准与标志性事件——“现在企业的自动化正在开始，无人工厂还没有出现，所以我们还处在第二次工业革命的前夜，明天才是超高速飞行、星际航行、无人工厂、自动化办公室和图书馆的时代。也就是人类生产方式的一个新阶段。到那个时候、人们终于摆脱了一切非创造性的劳动，实现了共产主义的生产方法。”

20 世纪 80 年代，世界各国积极研制“第五代计算机”，核心就是模拟人脑的思维，使计算机具有人类的思维能力，但各类算法受当时芯片算力

的限制，AI 的研发进入"寒冬"。在这个过程中，钱学森认为全球忽视了对"形象思维规律"的研究，例如在图像、创意、情感、直觉等思维领域的认知不足；40 年后，大模型驱动下的生成式人工智能（Generative Artificial Intelligence，GenAI）能够撰写营销文案、设计产品海报、根据抽象概念生成短视频，同时多模态大模型、情感智能、具身智能、科学智能在大算力、大数据的支持下获得新的发展动能，AI 助手、智能体正在开启钱学森预判的"自动化"工业革命。虽然目前技术进展离实现全智能化人形机器人、全自动化驾驶汽车、自我改进的无人工厂、用 AI 进行复杂的科学研究等仍有距离，中高阶"创造性脑力劳动"尚待未来的 AGI 支撑，但每月高速升级的大模型、AI 技术的不断革新，无不说明人类社会正在从"前夜"加速迈入"第二次工业革命"。

AI 是什么

AI 是一台"数学机器"

AI 的用处就是解数学问题？ 17 世纪，法国哲学家、数学家笛卡儿认为"一切问题都可以归结为数学问题"。几乎同时，德国数学家、哲学家戈特弗里德·威廉·莱布尼茨提出了"用计算代替思考"的大胆假设。

AI 是模仿人类行为的"机器智能"？ 1950 年，英国计算机科学家、数学家艾伦·麦席森·图灵在论文《计算机器与智能》中，提出了著名的"图灵测试"与"机器会思考吗"这一问题。其中有趣的对比是，如果人类试图扮演机器回答问题，很容易因为算数缓慢、答案不准确而被拆穿，而机器模仿人类的智能问答行为的成功标准，是让人类难以分辨答案究竟是由人类还是机器给出的。

AI 是像人类一样思考、能解决人类还不能解决问题的技术？ 1956 年 8 月，在美国汉诺斯小镇的“达特茅斯学院”中，“AI”一词首次被明确提出 [1]，约翰·麦卡锡在会上给出其的准确定义“制造智能机器的科学和工程”，并明确设计了今后的主攻科研方向——“人们将尝试找到如何让机器使用语言，形成抽象概念、解决目前只有人类才能解决的各种问题，并改进自己的方法。就这一目的而言，AI 的关键问题是如何使机器的行为方式与人类的行为方式相同。”[2]

爱因斯坦说：“不是每件可以算数的事都可以计算，不是每件可以计算的事都可以算数。” 如何理解这句话呢？ 有些问题虽然在理论上可以计算，但由于实际世界中的复杂性、不确定性或资源限制，我们无法用数学方式来解决，即计算的局限性、数学的局限性。例如“哥德尔不完全性定理”中，第一定理是任意一个包含一阶逻辑与初等数论的形式系统，都存在一个命题，它在系统中既不能被证明，也不能被证伪；第二定理是如果系统 S 含有初等数论，当 S 无矛盾时，它的无矛盾性不可能在 S 内证明，换句话说，就是具有一致性的系统不能在自身系统内被证明一致。基于哥德尔不完全性定理来考虑 AI 能力的边界，大模型的自洽性（无矛盾）和完备性（能够解决所有问题）是难以同时实现的，也不存在一个通用算法能够判定所有数学命题的真假，除非加入实验、经验等非一阶公理化系统，这就是人类反馈、具身智能的价值所在。

1　尼克. 人工智能简史 [M]. 北京：人民邮电出版社，2017.

2　亚当·哈特·戴维斯，罗布·沃. 科学的转折四部曲 [M]. 天津：天津科学技术出版社，2023.

AI 是与人脑计算等价的神经网络

搜索引擎 WolframAlpha 的发明人斯蒂芬·沃尔弗拉姆在《这就是ChatGPT》一书中提出："人类大脑有大约 1000 亿个神经元（神经细胞），每个神经元都能够产生电脉冲，最高可达每秒约 1000 次。这些神经元连接成复杂的网络，每个神经元都有树枝状的分支，从而能够向其他数千个神经元传递电信号"且"神经元不同的连接方式会有不同的'权重'贡献"。

借鉴人脑神经元结构，AI 神经网络的作用在于逐步根据训练样例来学习执行任务，例如区分猫和狗。已训练的神经网络能够对所展示的特定例子进行"泛化"，例如根据不同种类的猫的典型特征进行图像分类。简单来说，神经网络就是一个"输入—函数—输出"的过程，输入猫的照片或视频，通过处理由数组成的数组、解决高维函数问题，得到"猫"这个文字输出。

用于机器学习的神经网络基于几个基本原理，具体如下。

◎ **自学习**：从"样本"到"正确结果"的端到端学习方式比较适宜，即人类不需要告知规律，神经网络自己能够"发现"有价值的中间特征、编码。

◎ **自组织**：神经网络善于处理简单的组件，并进行不同于人类的灵活"自我组织"，以实现等效的算法思想。比如把一个二维的猫的图片输入卷积神经网络中，卷积神经网络通过对数组进行重新排列和重组，将其映射到高维特征空间，实现抽象和特征提取，再形成一维数组，获得动物属性类别，然后结合自然语言模型，输出猫的文字描述。

◎ **大网络**：小型神经网络通常无法实现目标函数，为超过一定规模的神经网络（即中间层的神经元）提供足够的训练样例，让其训练足够长的时间，就能逼近目标函数。

◎ **数据扩充**：在原有样例的基础上，适当修改数据，就能像新数据一样对神经网络产生好的效果。所以，大语言模型对大学各科目考试题的"扩写"，能够优化大模型对该科目知识的学习效果，如同文生视频大模型对《我的世界》游戏视频的学习，也能使其逐步理解真实世界的一些知识与行为特征。

◎ **损失函数**：用于衡量模型的预测结果与实际结果之间的差异，函数值越小，表示模型的预测越准确，与实际目标数据越接近。模型的多轮训练，就是朝着减小损失的趋势进行优化，可以理解为在 GPU 处理数组的过程中，AI 的"学习曲线"趋向平缓，保证损失函数值达到足够小的恒定值。

沃尔弗拉姆在《一种新科学》和《这就是 ChatGPT》两本书中都明确解读了"计算等价原理"——几乎所有达到一定复杂程度的系统，在计算能力上都是等价的。该定理的意思是，从简单的元胞自动机到复杂的人类大脑、AI 神经网络、社会系统、自然界中所有的复杂现象，不论物理构成、表现形式多么千差万别，在计算能力上都是等价的。换句话说，任何看起来比较复杂的系统（流体、社会系统、蚁群、人脑等）都具有同等复杂度（极限值），即大脑的复杂度与宇宙相同，唯一的限制是容量（数据），所以人脑能够渐进地理解宇宙等复杂事物。因此，依靠通用计算和通用算法（简单的数学方程），能够描述自然界万事万物的复杂性，包括代表人类智慧的人脑，而给 AI 投入源源不断的算力、数据，结合正确的算法架构，其就能逼近甚至超越人类智能水平。

需要说明的是，"计算等价原理"在学术界存在争议，主要争议是其是否简化了自然界中存在的复杂性，以及物理实验对定理的普遍性验证，但这一定理同样启发了 AI 领域的科研学者们。

AI 为何如此重要

AI 能突破人类思维的困境

人类习惯于用自身的智能作为衡量基准，以 ChatGPT 为代表的类人智能与人类智能仍有差距，AGI 则与人类智能相同。对于飞速发展的 AI，"AGI 时刻"更像是一列极速列车一闪而过，人类发现时，AI 已经变成了"超级智能"，但这个时刻实现的时间充满了薛定谔的猫的意味，OpenAI、英伟达的两位 CEO 认为"AGI 时刻"在 5 年之内，即 2030 年前到来，而很多专家则认为该时刻将在 10～20 年之后到来。当下，AI 与人类的关系更像是"使用者与工具"的关系，而当超级智能出现，人机关系则更像"主人与伙伴"的关系，AI 在人类认知边界之外持续科研生产、探索宇宙，更像升级人类智慧的"外脑"，当然，聪明的人类会选择在人机共智基础上构建起更强大的"人机文明共同体"，所以 AGI 是人类走向星系文明的"船票"。

强化学习之父、计算机科学家理查德·萨顿的经典文章《苦涩的教训》（"The Bitter Lesson"）因已通过数年科研验证，被看作通向 AGI 成功路径上的有效模式与经验指南，被伊利亚·苏茨克维支持，同时他推动 OpenAI 全员背诵该文章，以形成正确的 AGI 科研方法。

◎ **人类思维的"困境"：** AI 研究者还在重复同样的错误——试图构建与人类自以为的"思维方式"相符的系统。苦涩的教训来自一些历史观察：研究者经常尝试将知识植入他们研究的智能体，短期内似乎总是有益的，并能给研究者带来满意的效果，而从长期看，这种方法迟早会遇到发展瓶颈甚至阻碍 AI 科研的进一步发展。**真正的突破性进展最终是通过一个与此相反的方法实现的，这一方法依赖于通过搜索和学习来提升计算能力。**

◎ **突破人脑计算能力：** 普通人脑体积与能力的发展已经长期停滞不前了，而 AI 突飞猛进背后的根本推动力是摩尔定律，即集成电路上可以容纳的晶体管数目在大约每经过 18 个月便会增加一倍。换言之，处理器的性能大约每两年翻一倍，同时价格下降为之前的一半。过去 70 年 AI 研究的教训是，那些能够充分发挥计算力的通用方法终将大获成功，虽然研究人员希望在短期内依靠人类的知识取得突破，但长远来看，真正重要的是计算能力的发挥。这两种方法不必是对立的，但科研实践中它们往往相悖。

◎ **探索 AGI 的"元方法"：** 人类心智的真实内容极其复杂和深邃，我们应当停止寻找简单化地理解心智内容的方法，只构建那些能够发现并捕捉任意复杂性的"元方法"（搜索、推理等），且这些元方法能够一直适应未来飞速变化的庞大计算力规模。我们希望创建的智能体能像我们一样进行发现，而不是仅仅学习我们所发现的内容。

OpenAI 前首席科学家伊利亚·苏茨克维认为大模型有点像"玻尔兹曼大脑"[1]。玻尔兹曼大脑源于奥地利物理学家路德维希·玻尔兹曼提出的一个

---

[1] 麻省理工科技评论. 专访 OpenAI 首席科学家：我们会拥有 AGI，人类会选择与机器融合 [EB/OL]. (2023-10-26)[2024-10-16].

哲学和物理学中的思想实验。在一个高熵（无序）的宇宙中，由于量子涨落，可能会偶然产生一个低熵的区域，这个区域足够复杂，能够自发形成一个具有意识的大脑。这个大脑会短暂存在，然后再次消失，宇宙则回到高熵状态。在伊利亚·苏茨克维看来，当超过 17 亿人类用户和 ChatGPT 等语言模型交流时，一个"AI 大脑"就出现了，当人类用户停止使用时，其便消失了。对此，人类热议的焦点是哲学问题：由于"大脑"可能在宇宙的任何地方随机出现，因此从统计学的角度来看，人类更有可能是随机产生的玻尔兹曼大脑，而不是生活在一个有序的宇宙中。目前玻尔兹曼大脑仍无法通过实验来验证，只是在理论上存在可能性。

AI 能彻底改变"三个世界"

知识是人类进步的阶梯。英国科学哲学家卡尔·波普尔在《客观知识：一个进化论的研究》中提出"三个世界"的观点，即**物理世界**、**精神世界**和**知识世界**。科学知识的发展是这"三个世界"相互作用的结果。

人类发现客观知识，所以科学知识总是暂时的，总是处于不断修正和改进的过程中。人类自身的进化则通过革命性的理论知识更迭来实现科技进步。放眼 AI 时代，互联网承载了人类绝大部分的存量知识，AI 则立足于现有知识的基础推理、猜想及发现新知识，所以"数字世界"成了"知识世界"的重要载体，所以本书中知识世界也泛指数字世界，当然数字世界中也有非知识的内容（见图 2-1）。

人类依靠知识工具升级实现持续进化。传统上，人类获得知识，是先在物理世界中观察、实验，在大脑的精神世界中分析、思考，发现新规律、新理论，再回到物理世界中用实践检验。人类的不断进化依靠的是发明新工具，以工具加快科研速度、提高生产效率。人类善于使用工具，AI 是"会使用工具的工具"，例如通过 Function call 调用数学、物理等专业软硬件工具。人类发现知识的方式包括"归纳总结""推理演绎""猜想假说"。采用新一代 AI 技术后，人类用书籍、论文、网站等训练大模型，用大模型、大算力来广泛、快速"归纳总结"，形成人类文明有史以来最大规模的跨领域"全量知识库"；同时人类还不满足于此，希望基于大语言模型进行复杂推理，甚至在科研中实现"机器猜想"，提出数学定理、物理假说。所以，在大模型技术快速更迭中，任何国家、任何种族，都应不遗余力地找到适配 AI 工具的"人机协同模式"，以在全球科技竞争中拔得头筹，并改变人类的科研、教育、文化、传播、生产等领域的效能。

图 2-1　AI 时代的"三个世界"

同时，"三个世界"理论框架，也启发了大模型应用沿着两个发展方向演进（见图 2-2）。

◎ **仿真物理世界**：AI 无限逼真地模仿物理世界环境，即"世界模拟器"，以在近似"真实"的数字孪生环境中做科研、改造生产设计等，其好处是虚拟环境的测试成本远低于物理世界，且能够同时测试成千上万个不同实例。游戏引擎是仿真物理世界最好用的工具之一，为培养智能体的决策博弈能力，商汤科技以游戏《星际争霸 2》为训练环境，5 周内用"16 万场游戏录像"和"1 亿局对战"，训练出 AI 模型"DI-star"，该模型达到了全球一线职业选手的经济水平（最高段位宗师级）。选择《星际争霸 2》的原因是，该游戏的空间复杂度高达 10^{1685}，远远超出围棋的空间复杂度（10^{170}），目前 DI-star 及其背后的决策智能平台 OpenDILab 已在 GitHub 上发布项目的开源信息。全球自动驾驶汽车、人形机器人等算法模型，也通常在仿真环境中测试，很多数字孪生工厂、建筑设计机构都借助 Unity 游戏引擎及配套 AI 工具软件包开展工业设计。

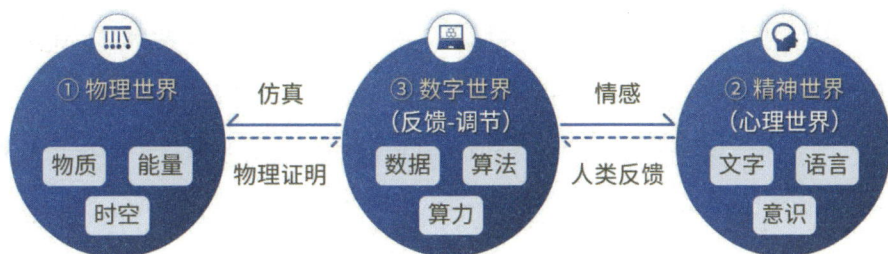

图 2-2　数字世界的两个发展方向

◎ **满足精神世界：** 人类具有情感诉求，AI 可通过与人交流、交互，持续深入人类的心灵，即"情感模拟器"，基于情感计算提供有情绪价值的各类陪伴服务，包括医院的 AI 护理助手、虚拟角色社交、个人生活助手等在内的类 Chatbot（聊天机器人）应用层出不穷。例如 2024 年 3 月底，阅文集团凭借《斗破苍穹》《庆余年》《全职高手》等热门 IP，基于大语言模型，通过"筑梦岛"APP 上线"IP 虚拟人"，喜爱萧炎、美杜莎、小医仙等高人气角色的读者可与角色 IP 虚拟人互动聊天；同时该 APP 支持读者在线创建自定义的"AI 虚拟角色"，例如 AI 英语老师、AI 科学家、AI 演员等。在海外市场，Meta 在 2023 年 9 月，基于 Llama 2 大语言模型，上线由 28 个知名人物形象生成的聊天机器人角色，与广大网友聊天社交，包括美国橄榄球运动员汤姆·布雷迪、美国网络名人查莉·达梅利奥等运动员和社交媒体名人。

AI 遵循什么发展规律

沉积岩定律

信息时代中，科技创新的迭代速度、成本下降的速度，是成功的关键要素与生存的基本法则。史蒂夫·乔布斯认为，科技创新就像是地壳中的沉积岩，一层一层地堆积起来，但每一层都很快被新的一层所覆盖，过去的创新工作很快会被新的技术和发现所取代，成为科技行业越来越庞大的"遗产"的一部分。这与历史名画在几个世纪时间过后仍被众人欣赏完全不同。[1] 根据全球大模型公开信息，模型训练的成本在 2022 年底至 2024 年初的 18 个月中已经下降了约 50%，模型推理的成本也下降了约 90%。自从 2023 年市场上出现开源模型以来，模型调用成本也在大幅下滑，私有部署成本从几千万元降至几十万元量级，同样性能的模型的成本降低了一个数量级。以 OpenAI 为例，据 OpenAI 公司应用程序接口（Application Program Interface，API）产品负责人奥利维尔·戈德芒分享，自 2023 年 3 月 GPT-4 发布后，截至目前该大模型处理每个 token 的成本已经下降了 85% ～ 90%，并且这一趋势还

1　硅谷历史协会. 史蒂夫·乔布斯：有愿景的企业家 [Z]. 1994。

将继续。[1] 这一"成本曲线"趋势会在谷歌、微软、OpenAI 等大模型公司的发布会上不断得到印证。

前谷歌高级资深研究员、硅谷风险投资人吴军在研究信息科技发展史的《创新者》[2] 一书序言中提出："**信息技术以及由它产生的相关产业，和传统的工业产业有非常大的不同之处。首先它发展迅速，至今看不到放缓的迹象。**相比之下，无论是交通运输、航空航天，还是化工、医疗和能源等领域，通常在高速发展一段时间后，发展的速度就趋于平缓了……**信息产业的第二个特点是，相应的产品和服务价格在不断下降，这是它能够渗入社会生活方方面面的根本原因。**虽然每一种工业品在生产率提高后，价格相对于我们的收入并没有提高，但是绝对价格还是在上涨的，从日用品到汽车、电冰箱或者医疗仪器都是如此。传统服务行业价格的上涨更是明显。但是，在 IT 领域，价格总是不断下降的，而其产品的性能、服务的质量却在提升。这是在人类历史上第一次出现的反常现象。"

适人者生存定律

如果用地形图来比拟人类的能力，就可以画出一幅"人类能力地形图"（见图 2-3），不断进步的计算机性能就好像水平面，正在逐步上升，淹没整个陆地。20 世纪 80 年代，汉斯·莫拉维克、布鲁克斯、马文·明斯基等 AI 专家、机器人学者提出了"莫拉维克悖论"，其具体内容是："要让计算机如成人般地下棋是相对容易的，但是要让计算机有如一岁小孩般的感知和行动能力却是相

1　2024 年 7 月，VB Transform 2024 大会上，OpenAI 公司 API 产品负责人奥利维尔·戈德芒与卡尔·弗兰岑进行对话。

2　《创新者》一书的作者沃尔特·艾萨克森，也是畅销书《史蒂夫·乔布斯传》的作者。

当困难甚至是不可能的。"也就是说，对比人类智能，AI 相对容易完成棋类游戏等高级认知任务，而很难完成低级的感知、运动任务，这一悖论挑战了人类对智能的常识性理解。其背后的原因是认知层次的差异，下围棋等规则明确、环境封闭简单的任务，对拥有海量算力、高维算法的 AI 来说比较容易完成，而真实的开放性环境具有不规则、复杂多变等特征，即便是小孩子都能做的简单任务，AI 也需要整合感知、认知、记忆、决策、执行等多种能力，将知识转化为可操作的行动，再根据环境变化采用更灵活恰当的交互对策。从生物进化史来看，"感知－行动"是人类在残酷的自然环境中生存繁衍的基础能力，不具有该类能力的物种都被自然界淘汰了，适应环境的能力是经过漫长的自然选择、优胜劣汰筛选出来的，而抽象思维的高级认知能力也是在后来才形成的。

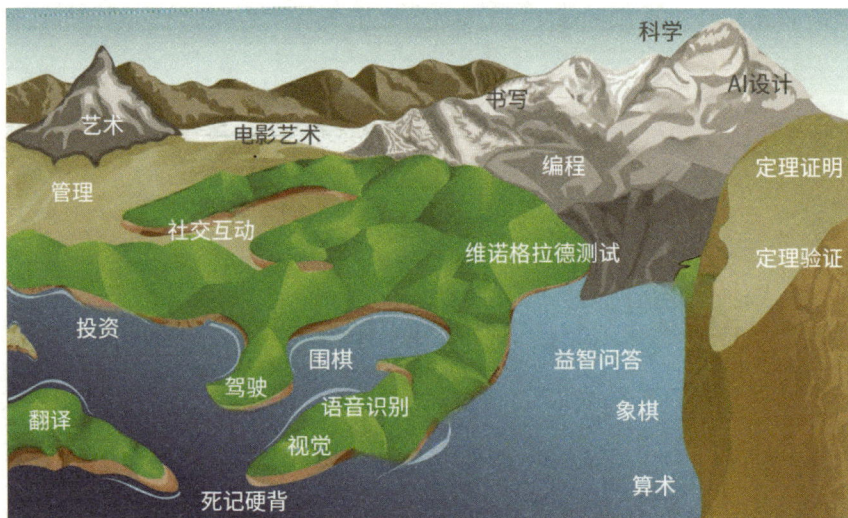

图 2-3　人类能力地形图 [1]

注：这张"人类能力地形图"是机器人专家汉斯·莫拉维克提出的，其中，海拔高度代表这项任务对计算机的难度，不断上涨的海平面代表计算机现在能做的事情。

---

[1]　迈克斯·泰格马克. 生命 3.0：人工智能时代，人类的进化与重生 [M]. 汪婕舒，译. 杭州：浙江教育出版社，2018.

适人者生存，不适者被淘汰。反观 AI，其诞生于"数字世界"中，不需要面对大自然的残酷生存挑战，主要的"生存挑战"来自人类用户的反馈，所以人类用户就是 AI 的"早期世界"。适人者生存，即人类能用来解决功能性问题，以及人类喜欢的 AI 模型能"生存"下来。截至 2023 年 12 月，AI 大语言模型 ChatGPT 已获得 17 亿人次的访问量，每周活跃用户数量突破 1 亿，并有 200 多万名开发者自发参与、不断完善 OpenAI 的各种模型应用。至于人类为什么喜爱和大语言模型聊天，图灵奖获得者杰弗里·欣顿对"数字智能将取代生物智能吗"这一问题的回答几乎是肯定的。他认为日益强大的 AI 模型能够像"集体意识"一样运作，它们（模型）能够共享学习到的内容，这使得它们相比人类拥有了压倒性的优势。这或许如《三体》中人类科学家向智子请教宇宙的终极问题一样，人类的好奇心驱动新一代 AI 通过人类的语言文字持续学习海量的知识。《语言本能》一书认为"语言是人的一种本能。"而目前 AI 正在学习人类纷繁复杂的语言，并以从 0 到 1 的形式跨越语言文化，建立起地球文明的"巴别塔"，或许这就是 AI 的"启蒙时代"。

万物摩尔定律

AI 革命将持续降低社会商品、服务的成本。2021 年 6 月，OpenAI CEO 萨姆·奥尔特曼写了一篇短文《万物摩尔定律》（"Moore's Law for Everything"），这里将其中一些新颖有趣的观点分享给大家。

◎ **一切的摩尔定律**。依靠半导体和摩尔定律，几十年来，芯片性能每两年就会在相同价格下提高一倍，美国在电视、计算机和娱乐方面的成本下降了，但在住房、医疗保健和高等教育等其他方面的成本却大幅上涨了。如果用太阳能驱动的机器人盖房子，用 AI 医生问诊，用机器人制造机器人，用 AI 生产 AI，则成本远低于人类开发的成本，未来几十年中，住房、教育、食物、服装等方面的成本，每两年就会便宜一半。

◎ **在未来五年（2021—2025 年）内，能够思考的计算机程序将能够阅读法律文件并提供医疗建议。**在未来十年（2021—2030 年）内，它们将能够进行流水线工作甚至可能成为人们的伴侣。在此之后的几十年（2021—2050 年）内，它们将几乎可以做任何事情，包括进行新的科学发现，扩展我们对"一切"的概念。

◎ **这场（AI）技术革命是不可阻挡的。**而一个创新的递归循环，即这些智能机器帮助我们制造更智能的机器，将加速这场革命。这带来了 3 个关键的后果。首先，这场革命将创造巨额财富。许多劳动力的价格将在强大的 AI"加入劳动力"后趋近于零，进而影响商品和服务的成本。其次，世界变化之快，需要大规模的政策变革来分配这种财富，并使更多人能够追求他们想要的生活。最后，如果我们同时解决前述两个问题，我们有望前所未有地提高人们的生活水平。

◎ **即将到来的变革将围绕着我们最令人印象深刻的能力展开。**最令人印象深刻的能力指思考、创造、理解和推理能力。在农业革命、工业革命和计算机革命这三次伟大的技术革命之后，我们将迎来第四次革命：AI 革命。在接下来的 100 年里，我们所取得的技术进步将远远超过我们自从掌握了用火和发明了汽车以来所取得的所有进步。我们已经构建了可以学习和做有用事情的 AI 系统。虽然尚处于进步阶段，但发展的趋势不容置疑。

◎ **人类将创造新的工作岗位。**在技术革命之后，我们会创造出新的岗位，由于丰富的资源，我们将拥有极大的自由来决定这些岗位的内涵。当 AI 生产世界上大部分商品和服务时，人们会有更多时间与亲人朋友在一起，以及照顾他人、欣赏艺术和大自然，也可以为造福社会而努力。

◎ **对资本征税，而非对劳动征税。**"更好"意味着通过优化策略使整体财富更多；"更糟"意味着分配财富时尽可能公平。这两种方法都可以一次性提高人们的生活水平，但只有当财富持续增长时，生活水平的持续提高才会发生。

　　掌握科学方法，追求真理，是提高人类生活水平的有效途径之一。在"万物摩尔定律"的基础上继续推演，人类通过不断优化来缓慢提升工业、农业的生产效率，如果 AI 依赖庞大的算力规模和万物感知数据发现持续提升生产效率的模式、方法，就会让社会商品、服务的成本持续下降。但这个趋势受制于物理条件。首先，地球上的能源有限，除非可以通过可控核聚变让能源实现几何级数的增长。其次，地球上土地（土地面积与粮食产量成正比）、水、木材等自然资源有限，当人口持续增长到 100 亿～ 120 亿人时，就会产生更激烈的资源竞争，除非能依赖 AI、航空航天技术来探索太阳系资源和星际移民，例如 AI 发现将海水转化为淡水的新技术，人类就能获得地球上 97.5% 的水源供给。所以，AI 虽然不是一切问题的终极答案，却是通往答案之门的一把"钥匙"，将 AI 应用于研究可控核聚变、研发健康药物、发现新材料、设计航天与深海探测机器人等基础科研领域，会为人类带来新希望。

人机共智定律

1903 年 12 月 17 日，莱特兄弟进行了人类历史上第一次持续的动力飞行，之后伴随飞机丰富的功能出现，飞行员的操作越来越复杂，为飞行员助力的人机协同模式按照 Singlepilot（以主驾为主）、Copilot（主副驾互助）、Autopilot（自动辅助驾驶）3 个成熟度进化发展。十分有趣的是，在 AI 时代，按照"人类 –AI"分担工作量的不同来划分"人机共智"协同模式的思路，基本上完全借鉴了航空业的 3 种人机协同模式（见图 2–4、表 2–1）。

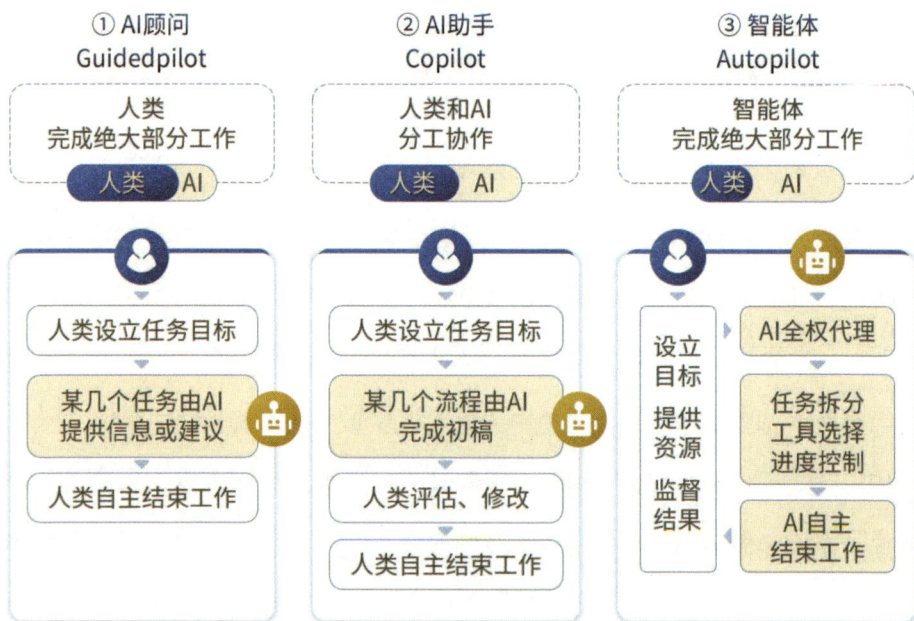

图 2-4　"人机共智"协同模式

当新一代 AI 技术高速发展时，应着重提升全社会劳动人口、AI 服务使用者的人机协同技能，找出人机协同模式持续改进的"计划—实施—检查—处理"（Plan—Do—Check—Action）流程，最终实现人机共智、人机共质的宏伟生产力目标，让"人－机"新质生产力完美适配新智生产力。

表 2-1　3 种人机协同模式

	Singlepilot 以主驾为主	Copilot 主副驾互助	Autopilot 自动辅助驾驶
航空	商业航班中仅有一名飞行员执行所有飞行任务，而在飞机起飞、降落阶段由塔台辅助指挥	在飞行机组中存在协助机长执行飞行任务的飞行员，资深的是机长，资历稍浅的是副驾驶员，副驾驶员辅助机长，并承担监控飞机仪表、执行检查单、管理飞行计划和导航设备、与空中交通管理员通信等重要职责	飞机自动驾驶，沿着预设航迹飞行，既能够自动导航、保持航向、保持高度，也能够管理飞机爬升、下降时的飞行速率，在降落时借助地面导航辅助设备完成自动着陆等综合性复杂操作
	Guidedpilot 顾问模式	Copilot 助手模式	Autopilot 自动代理模式
AI	由人类完成绝大部分工作，AI仅提供顾问式咨询。协同工作过程是：人类设立任务目标，针对其中几个任务询问AI，AI给出创新角度、知识素材等，人类在综合判断后完成所有任务	人类与 AI 的工作量逐渐接近。协同工作过程是：人类设立任务目标，AI为其中几个流程完成初稿，人类评估、修改，人机多轮协作后完成整体任务。人类的角色更像是团队管理者，AI的角色像团队成员。此类AI如微软的办公助手 Copilot、商汤科技的编程助手"代码小浣熊"等	人类作为指挥官，由AI完成绝大部分工作。协同工作过程是：人类设立目标、提供资源、监督结果，而AI全权代理复杂工作、工程，包括大目标分解、子任务规划、工具选择/创造、进度控制、质量验收等全流程内容。人类像CEO一样给出大目标，AI既充当执行者，又担任AI员工团队的管理者

AI 顾问实践：人类的"辅导员"

第三章

"社会一旦有技术上的需要，则这种需要就会比十所大学更能把科学推向前进。"

——恩格斯

当广大劳动者广泛接受、掌握了理论和知识，就能够将知识生产力转化为推动社会变革的产业价值。如图 3-1 所示，大模型正是集知识和理论的对话式顾问，该 AI 顾问具有三种生产力发展特征。

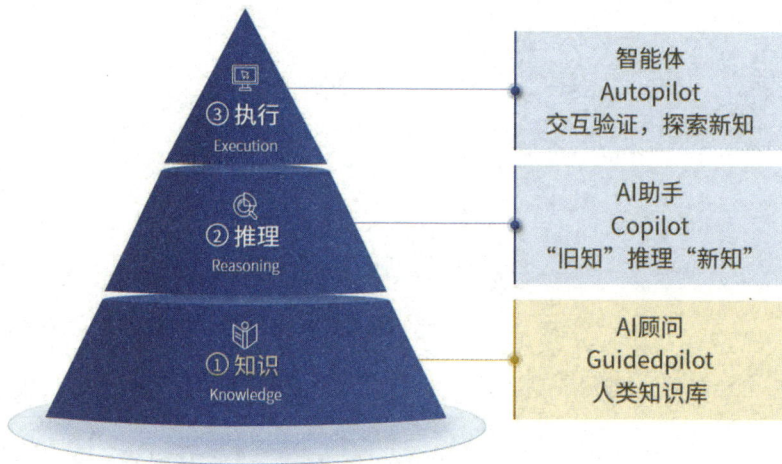

图 3-1   AI 顾问驱动生产力

◎ **大模型社会化普及：**我们常说"实践出真知""实践是检验真理的唯一标准"，群众是新质生产力实践的主体，也是将 AI 理论与知识转化为物质世界变革的决定性因素，大模型在各行各业的实践中越用越聪明、越用生产力越强。这一点体现在第三产业的"人－人"服务模式升级为"AI－人"服务模式，大模型逐步提升在零售、电商、会展、教育等服务领域的渗透率，并以规模化摊薄研发成本，持续提升个性化服务能力。

◎ **加速交叉学科、交叉产业融合创新**：当前大模型不仅能博览群书、学贯古今，而且能在短短几天甚至数小时内迅速学习数百万字的文献资料、企业知识库，成为一个崭新领域的专家顾问，例如教育行业的大模型。在教育、传媒、电商、会展等知识内容密集型领域工作时，新一代 AI 能通过大模型为人类提供知识融合、知识辅导、知识问答等综合型知识服务。

◎ **探索人机协同生产模式**：例如中关村国际直播港的"数字人主播 + 人类运营助攻"模式，人类负责商品选择、物流配送、客户服务等工作，数字人负责直播"带货"中的产品知识服务。人机协同效率如何在模式创新的基础上持续提升，这是 AI 时代的"新智生产关系"命题，大学的商学院、社科学院不应仅研究"人－人协同"的管理学，更应该通过实证研究"人－机协同"的新型管理学和运筹学。

教育大模型：中公教育，从"名师授课"到"AI 因材施教"

创立于 1999 年的中公教育，在 20 余年的创业之路上，对时代变化、科技创新始终保持着敏锐的洞察力、创新力。 在开拓新市场方面，早期中公教育发现我国传统教育培训行业的空白新兴市场——公务员考试和事业单位考试（包括国家及地方公务员考试、中央和国家机关所属事业单位以及地方事业单位的招聘考试），并在该领域快速建立了融合培训师资、教材、资质认证体系的教育体系。伴随国家公务员考试报考人数的一路上涨，中公教育也成长为公职教育培训领域的头部企业。如何在成本可控的情况下，服务好不断增加的学员群体，成为其要解决的关键问题。

向 AI 求解，教育产品升级的新方向

2008 年，中公教育察觉到互联网开始真正向大众普及。面对接近 3 亿人规模的网民群体，中公教育很快把重点放在了中公网校的建设上，着重投入研发线上教学平台，拓展线上招生推广渠道。不到一年，中公教育的招生人数飙升至 10 万人，突破了这个起家于传统线下教育培训行业的公司本来即将遇到的产业瓶颈。时至今日，中公教育已经发展成为拥有 1000 多所分校的教育培训界头部企业，培训内容横跨公务员考试、教师类考试、金融财会类考试、医学资格类考试、法律类考试、社区考试、考研、出国留学、成人高考等多个领域，近年来更是拓展了 IT、人力资源、心理咨询等职业技能提升方面的培训。2023 年下半年，中公教育发布了第一款基于 AI 技术的课程——"AI 数智系统班"。

"AI 数智系统班"课程紧扣当前数字经济的发展趋势，让年轻学员学习使用 AI 技术与 AI 工具的应用实践，逐步培养学员的数字应用技能和数据处理能力，增强学员的就业竞争力，从而逐步满足 AI 时代各个职业岗位的新技能需求，从社会资源的角度支持新质生产力的高效培养。

如果说中公教育在十几年前的转型恰逢网络通信技术发展带来的"网民红利"，尝试以新技术赋能业务发展让其真正"尝到了甜头"，那么，随着 AI 技术的新突破，中公教育会毫不犹豫选择加入 AI 领域。**当基于大模型的 AIGC 技术崭露头角时，中公教育在业内率先开启了教育产品革新，加速推动降本增效。**

教育机构的核心资产无疑是师资队伍，同时建设师资队伍的成本支出也是其最大的成本支出。中公教育通过实施"双师课堂模式"，为数万名学员提供在线课程。该模式下，优秀的教师负责在线讲授核心课程内容，而当地教师则负责面对面的辅导，这在一定程度上缓解了全国范围内名师资源的供需矛盾。

然而，这种模式也带来了一系列新问题。一方面，名师授课需求的旺盛导致名师大量的教研时间被占用。另一方面，名师难以针对每位学员的个性化需求提供定制化的辅导。此外，名师的离职风险也是一个不容忽视的问题。

为了解决这些问题，中公教育与商汤科技经过数月的联合研发，发布了虚拟数字讲师"小鹿"。这一创新举措有望为教育行业带来革命性的变化。

场景落地，"AI+ 在线教育"做对了什么

中公教育选择利用由大模型驱动的智能数字人技术，而非传统的只是"求形似"的数字人生成技术。

研发团队将重点放在了"人"的要素上。"小鹿"仍是一名老师，因此，要让"小鹿"掌握中公教育最优秀的讲师的教学能力，就要带着"她"学习名师的教学过程，继而创建一个能够模拟真实教师教学风格和方法的虚拟数字讲师。

有了大模型技术的赋能，虚拟数字讲师"小鹿"具备可以随时调用信息的专业知识库，通过高效计算，"小鹿"可以快速分析学员的各项学习数据，并与学员进行实时互动。通过这种方式，"小鹿"能够为学员提供个性化的反馈和建议，帮助他们更有效地掌握知识。这一创新举措，不仅解决了名师

资源稀缺的问题，更让这一全新的教学模式得到了实践的检验。中公教育通过 AI 技术的应用，为学员提供了更个性化的、高效的学习方式，推动了教育行业的数字化发展。

中公教育在打造虚拟数字讲师时考虑了哪些关键因素呢？

第一，“小鹿”的个性化教学策略——因材施教。配合虚拟数字讲师上线，中公教育开发的课程产品是面向有职业教育需求的学员的“AI 数智系统班”。这个新课程不仅重视专业知识的传授，更注重个人能力的培养和对学员有针对性地开展就业指导，这就需要讲师能够从每位学员的具体情况出发进行指导。虚拟数字讲师在这当中扮演了个性化教学的先锋角色。与传统的大班教学不同，利用 AI 技术，虚拟数学讲师为每位学员提供定制化的学习计划和职业指导。这种因材施教的方法，确保了学员能够根据自己的特点获得个性化的学习内容和进程指导，从而建立独特的竞争优势。

第二，“小鹿”一定要有真功夫。在打造虚拟数字讲师的同时，中公教育进一步开发了旨在帮助更多人体验 AIGC 技术的实用课程，希望用优质的学习产品帮助更多人获得 AI 时代的职场竞争力，也让“小鹿”的优势得到充分发挥。中公教育的教研团队在开发课程的过程中，将 AIGC 技术的有效利用做到了极致：精心制作“小鹿”的在线课程及板书和 PPT，让整个课程内容经由大模型，反复打磨，不断得到优化，以最大限度提升课程质量；对数字人视频进行声音、动作方面的精细调整，让虚拟数字讲师对学员来说真正做到可信、可靠。

第三，“小鹿”的吸引力与形象设计。以往，线下面授课堂上的名师都是拥有十几年教龄的资深讲师，讲师形象似乎被默认为与提升教学质量无关。而 AIGC 技术改变了这一点。"小鹿"以其"高颜值名师"的形象（见图 3-2）提升了学员的学习体验。中公教育在设计"小鹿"的具体形象时，首先充分调研了目标用户对教师形象的偏好，进而将"小鹿"定位为"年轻、时尚、具有清新气质的女教师"，接着便通过 AIGC 技术生成了多个版本的虚拟形象，并将虚拟形象与线下从事授课的真人老师的脸型、发型等方面进行深度融合，最终选择了一个充满生机且带有亲切感的形象。如今，教师的形象也成为年轻学员对课程体验评价标准的一部分，这与过去是不同的。

图 3-2　虚拟数字讲师"小鹿"

"小鹿"成功的背后——从细节出发

万事开头难，在"小鹿"的研发过程中，中公教育和商汤科技联合组建了数百人规模的研发团队，共同解决 AI 技术在教育场景落地的各项技术难点。

◎ **声音优化是关键。**只需在商汤"如影"数字人视频生成平台上传少量音频，平台就能生成"小鹿"的人物音色，并可以在线配置音色、语调、语速、语种。"小鹿"的课程生产流程是:AI 把真人视频课转为文本,名师打磨文稿,用文稿生成声音,用声音驱动数字人。影响授课体验的关键因素是"小鹿"的声音,为了避免"机械感连续朗读",研发团队采取了优化变声、加入间隔停顿、优化语速语气等措施。客观来讲,中文数字人比英文数字人更难开发,因为中文存在多音字和断句等问题,需要研发团队据此进行一系列优化。

◎ **课件的反复调整与优化。**例如将 10 位名师的同一门课程融为"小鹿"的一堂新视频课,需要把每道题的知识点、讲法拆解,组合成最优稿,才能进入数字人录课流程。

◎ **形象逼真效果更好。**目前商汤"如影"数字人支持 4K 人物模型训练,能让"小鹿"的嘴巴张得更大,生成自然度高的音色、语调和语速,使"bo""po"等闭口音发音与口型匹配度更高,随着"如影"基础模型的持续优化,AIGC 的效果正逐步达到更高的精度和质量。

◎ **数字人的互动形式多样化。**"小鹿"的口型、表情、动作越丰富,学员的上课体验越好。商汤"如影"的智能技术赋能,中公教育的持续优化,正在让"小鹿"的上课效果无限逼近真人名师课堂的上课效果。

◎ **训练效率更高。**在训练阶段,商汤"如影"数字人支持训练基于"分钟级"大数据的视频样本及基于"秒级"小数据的视频样本。相比上一版本,最新的商汤"如影"数字人的训练效率提升 50%,节省更多 AI 算力。在推理阶段,商汤"如影"数字人视频生成平台支持在手机端、网页端进行视频制作,且能够满足录播、直播等不同应用场景需求。

中公教育严把教研、教学工作质量，从李永新董事长对全员工作的要求可见一斑："做事标准要'极高'，工作要'极细'，态度要'极认真'。"在成本、时间、质量的挑战三角形中，AI 带来了"三全其美"的创新机遇。中公教育的国家公务员考试课程每年一更新，每年 10 月国家公务员考试公告发布后，中公教育立刻集中优秀师资用一星期的时间钻研公告，完成高质量的培训讲义和配套课件研发，同步开展招生推广，争取在 12 月初帮助更多培训班学员以高分通过正式考试。基于对历年考题的深入理解、庞大的教研知识库、丰富的培训数据库，中公教育加大 AI 算力基础设施建设上的投入，开发训练职业就业垂类大模型，逐步培养"算法 + 算力 + 培训"三位一体的 AI 赋能生产力体系，在"AI+ 内容运营""AI+ 教学辅助""AI+ 数智人""AI+ 就业"等应用层面进行系统探索、深入研发、生态布局。

采用商汤"如影"数字人技术后，"小鹿"带来的降本增效效果初显、拓展空间很大，广受学员的欢迎。

使用手机上的商汤"如影"APP，几乎能够实时生成大量关于"小鹿"的视频内容，满足短视频营销、课程录播、直播培训等场景需求，还不需要额外的拍摄器材和场地投入费用。更重要的是，"小鹿"直播一个月才花费4000 元，仅人力成本方面就降低了 80% 的录课投入。这样的"小鹿"，目前已经能够做到"以一当万"，显著节省真人老师的教学时间，帮助真人老师将宝贵的时间投入产品教研中，以持续提升课程质量。

另外，与真人老师不同，"小鹿"讲课时没有口误、啰唆、重复等问题，语言精练、字斟句酌，所以其课程的内容含量是普通面授课的 2～3 倍，听课效率也是普通面授课的 2～3 倍。

对中公教育来说，“小鹿”还是自带“助理”的“超级老师”。由于可以接入商汤“日日新·秒画”（Sense Mirage，简称“秒画”）文生图大模型，中公教育在新课推广中能够快速生成各式各样的产品宣传物料，为迅速在全渠道营销课程产品助力。

2023 年 9 月 24 日，“小鹿”的课程产品上线后，短短一个月，就有超过 7 万名学员报名选购，成为中国在线教育产业的 AI 创新风向标。

随着数字人产品价格的大幅降低，研发团队能够研发出多款不同形象的“小鹿分身”，在抖音平台上开通运营多个抖音号，提高营销曝光度，多渠道聚集关注者。

对于下一步的发展，中公教育将持续探索“AI+ 内容”生产新范式：借助大数据技术深入分析学员的学习数据与需求，重构培训教学内容，并依托 AI 技术提升教学效率和推动学习工具智能化，在就业培训领域实现教研内容“场景化”的突破，打破传统培训模式的瓶颈。中公教育基于多年的教学沉淀和研发积累，推出“AI 智能系统班”，致力于让每位学员都能以低成本触及优质的教育资源，构筑起其独有的“数字人即服务”模式。中公教育利用 AI 技术，不断赋能营销、教学、服务，更好地驱动业务发展；同时也依托 AI 技术，向就业培训市场输出更多低价优质内容，助力就业培训普及化，满足更多就业人群的学习需求。**2023 年 5 月，中公教育董事长李永新给出了下一步的战略方向：“公司今年成立了人工智能与教育研究院，并结合公司的业务开展情况积极布局。与此同时，公司也希望能够引领 AI 在职业教育和就业服务领域的技术应用与创新探索。”**

设计大模型：农夫山泉，从"专业设计"到"人人设计"

伟大的创意是广告成功的关键

唐代诗人白居易以"天平山上白云泉，云自无心水自闲"赞美泉水，泉水象征着人们追求的纯净与宁静。农夫山泉，秉承"我们不生产水，我们只是大自然的搬运工"的理念，拥有"十二大水源地"，其广告语"农夫山泉有点甜"更成了消费者一提及饮用水就能想到的一句话。农夫山泉连续十余年稳居中国包装饮用水市场占有率首位。农夫山泉已经不仅代表一款矿泉水，还拥有庞大的品牌资产，并承担起广告媒介的角色。

伟大的创意是广告成功的关键。比起一成不变地以"高频次""多重复"的传播方式向大众媒体平台投放传统广告，农夫山泉开始探索广告营销的新玩法。在营销的数智化发展过程中，农夫山泉发现自己的用户群体已然发生变化，而且其核心产品——瓶装饮用水的消费人群也呈现出差异化的特点。年轻群体对创意和功能的追求愈发明显，强化记忆的"重复式营销广告"对这类消费者已经不再受用。针对这样的变化，农夫山泉调整了自己的品牌广告策略，特别是在利用中国农历春节这一推广期方面：自 2016 年起，每年春节，农夫山泉都会推出典藏版生肖矿泉水，如金猴瓶、金鸡瓶等，消费者可通过在线抽奖获得这些"只送不卖"的"生肖水"。2024 年龙年春节，农夫山泉发布的金龙瓶以其精美的设计和优质的水源，在社交媒体上引发了消费者对这个系列产品的关注（见图 3-3）。作为一件集颜值、文化、收藏价值于一体的艺术作品，其瓶身设计荣获五项国际设计大奖；作为特别版产品，其水源也特别取自长白山的莫涯泉。在这款龙年特别版瓶装水的热度影响之下，曾于 2016 年发布的丙申猴年典藏版生肖水，在二手市场的价格也紧跟着飙升。

图 3-3　农夫山泉金龙瓶生肖水

借 AI 之力，让"人人都是设计师"成真

迈克尔·戈德海伯在文章《注意力购买者》（"Attention Shopper"）中指出，现代信息富足乃至过剩，稀缺的资源不是信息本身，而是人们的注意力。注意力本身就是财富，尤其在"内容爆炸"的互联网广告营销时代，注意力已成为十分稀缺的营销资源。如何更精准、有效地吸引差异化的细分消费者群体，成为品牌建设人士很重视的问题。近年来农夫山泉通过"破圈"向多个细分垂直市场持续渗透，这种"破圈"主要体现在产品设计上。例如"汽茶"气泡饮品主要针对"Z 世代"（1995—2009 年出生的人群），"儿童版天然矿泉水"主要针对"20 后"婴幼儿的父母，"水溶 C100"在健身爱好者、户外活动爱好者中受欢迎，"打奶茶""东方树叶""茶 π"则在上班族中颇受青睐。

这样的产品规划（包括相应的产品广告设计）重点在于吸引不同垂类的消费者群体。然而，要在春节期间实现全面覆盖的营销目标，更需要的是能够引爆市场、吸引广泛关注的"亮点"——传统文化、创意产品、审美体验……这催生了生肖水的营销方案。

2023 年元旦前后，ChatGPT 一下子引爆了大众对 GenAI 的好奇与热情。与之同步，AI 绘画也成为大众在社交媒体上热烈讨论的话题。大众对于大模型驱动的 AIGC 应用跃跃欲试。AI 绘画成为"注意力高地"，尤其是对其重点传播对象——青年群体极富吸引力（见图 3-4）。

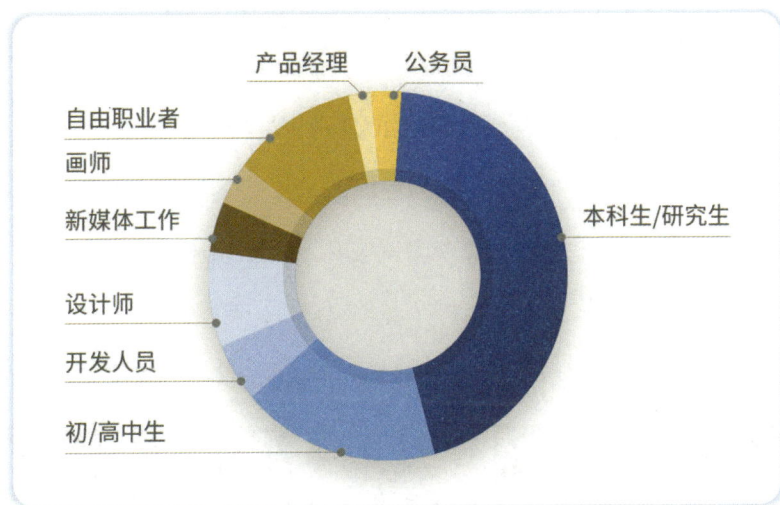

图 3-4   中国 AI 绘画用户身份画像（信息来源: 6pen）

农夫山泉具体做了哪些"动作"来承接这波热度呢？

用 AIGC 赋予消费者"想象力的翅膀"，让品牌广告的目标受众参与产品设计，成为金龙瓶生肖水广告图的创意者和设计师，农夫山泉选择了商汤科技的"秒画"文生图大模型，分三步设计了这次广告营销活动。

第一步，开发 AI 绘画模型：联合"秒画"团队，训练绘制"龙宝宝"的专属模型，并通过技术接口将模型的体验端口设置到微信小程序，方便用户通过微信小程序访问和使用 AI 绘画功能。

第二步，全渠道投放广告：从除夕前 10 天开始，在公交车站、火车站、机场、地铁、楼宇电梯间，以及微博、小红书等的广告位投放金龙瓶生肖水广告。

第三步，引导新媒体平台互动：伴随网友不断用 AI 绘制"龙宝宝"、获得金龙瓶生肖水并在社交网络上的分享与互动吸引更多消费者体验用 AI 绘制"龙宝宝"的乐趣。

一千个人眼中有一千个哈姆雷特，一千个 AI 画师笔下有一千个"龙宝宝"。 根据农夫山泉的营销需求，商汤科技团队基于"秒画"文生图大模型，一个月内用含数百张中国龙的图片集，训练出效果不错的"龙宝宝"LoRA 小模型。有别于凶猛的西方龙形象，众多网友用 AI 绘制出的中国"龙宝宝"身着中式服装，喜气洋洋、表情各异（见图 3-5），有的软萌可爱、有的憨态可掬、有的英姿飒爽、有的端庄俊美、有的俨然一个"小学霸"……

图 3-5 "秒画"的创作成果（信息来源：农夫山泉和商汤科技）

创意背后，品牌营销在寻找什么

"龙宝宝"的 AI 画师爆发出惊人的想象力与创造力。2024 年 1 月 11 日零点，"龙宝宝"AI 绘画小程序上线后，短短 20 天就吸引广大网友创作了一百多万幅"龙宝宝"画作，网友在微博、小红书等新媒体平台分享、传播自己的"名画"与新春心愿，甚至形成了"# 召唤我的 AI 守护龙""# 我和生肖水的故事"等热搜话题。

AI 算力是一切 AIGC 的前提。"龙宝宝"AI 绘画小程序一百多万次运行的背后，是商汤科技自研的"秒画"文生图大模型、"大装置"智能算力平台的强大服务能力。

1）**"秒画"文生图大模型：**2024 年发布的"秒画"Artist V1.0 版本基于 Transformer 架构，参数量已超过百亿量级，能够生成高画质图像，并展现出非常精细的细节（见图 3-6）。第一，"秒画"通过引入大语言模型注入的 Prompt 提示词编码算法，显著改善了生成的一致性问题，并增强了模型的知识表现力，使生成的图像更加符合用户的期望；第二，"秒画"通过自适应采样算法，设计优化了生成图片的多样性，提升了用户的创作能力，确保每次生成的图像都有独特的创意和表现力；第三，秒画提出了空间感知语义优化技术，显著改善了图像生成的结构，使生成的图像在空间布局和结构细节上更加合理和美观；第四，"秒画"通过解决训练和推理过程中的不对齐问题，大幅度优化了图像风格化生成能力，让每一幅图像在风格表现上都能达到艺术级的水准。

图 3-6 "秒画" Artist V1.0 版本一键生成电影级图片

2）**"大装置"智能算力平台**：作为亚洲最大的智算中心之一，"大装置"智能算力平台由模型层、深度学习平台、计算基础设施三部分架构组成，模型层的"模型工厂"已发布超过 49 000 个商用 AI 模型，支持 GitHub 上广受欢迎的 OpenMMLab 开源框架、OpenDILab 决策智能开源平台。深度学习平台层的 SenseParrots 是商汤科技领先的视觉算法训练框架，其高效利用 GPU 集群算力，训练单个大模型时可以在一千块 GPU 芯片上取得超过90% 的加速效率，在业内处于领先水平。计算基础设施层包括 AI 计算中心、AI 芯片及边缘设备、传感器及 ISP 芯片，国际领先性体现在总算力高达每秒 374 亿亿次浮点运算，支持 100 亿参数的视觉领域大模型，1 天内可完成1000 亿参数大模型的完整训练。目前"大装置"智能算力平台已服务于零售、互联网、能源、通信、医药、基础科研、半导体、智能硬件等行业企业，高效满足企业"打造全新 AI+ 商业模式""解决 AI 长尾应用场景问题""加速AI 服务规模化落地"等发展需求。

竞争激烈的市场如"江河"，农夫山泉如"舟船"，GenAI 如"船桨"，激流勇进靠的是水手们的敏锐洞察、科技创新、数据化运营，不论什么时代，科学技术永远是第一生产力。以大模型为开端的新一代 AI 技术，不仅帮助农夫山泉实现了"逆向广告"［即消费者为了服务于自身需求，围绕企业的商品（生肖水）自行生产设计广告内容］，实现了品牌营销的价值最大化，而且正在从营销端向供应链逐步渗透革新。

"带货"大模型：中关村国际直播港，从"直播网红"到"AI 劳动力"

马克思说过："各种经济时代的区别，不在于生产什么，而在于怎样生产，用什么劳动资料生产。劳动资料不仅是人类劳动力发展的测量器，而且是劳动借以进行的社会关系的指示器。""第一产业生产苹果、大米等原材料，第二产业将其加工为苹果醋、米酒等产品，第三产业负责产品宣传与销售服务，直播电商让第三产业的消费者能够直接看到第一产业、第二产业的生产加工过程，从而对品牌产生信任，同时大幅降低在线销售的人力成本。"中关村国际直播港管委会主任黄金标如是说。中关村国际直播港是由德宝艺苑科技集团主办，中关村产融合作与转型促进会、中关村虚拟现实产业协会等多家机构协办的国际性、综合性、科技型直播基地。

解决问题之前，先要理解问题

2022 年，中国小微企业总数突破 3000 万家，它们承载了 7 亿多中国人的就业岗位，而这些企业因资金受限且人才储备不充足，往往对品牌营销感到有心无力。在当今广告流量巨大的互联网直播营销的舞台上，小微企业

（包括部分个体工商户）却处于"边缘位置"。他们没有大额预算，请不起"网红""大 V"做直播广告，没有人力投入流量运营团队，就算自己挤出时间做直播，也难以打磨出优质的内容产品，最终销量转化效果不尽如人意。更不用说，这样"赶鸭子上架"，实际上本就面对着试错成本高、无法长期坚持等实际问题。所以在传统的市场营销观念影响下，大家就普遍持有这样的观念——只有大企业，才能做品牌，因为品牌建设成本太高了。

德宝艺苑帮助小微企业实现自己的品牌营销。在过去 20 年的发展道路上，德宝艺苑孵化了十几个行业的 70 多家创新型企业，覆盖数字科技、酒店餐饮、大健康、直播经济等不同领域，深知小微企业主的品牌营销痛点与真实需求。针对"缺乏直播专业团队""启动投入少"的小微企业直播限制，德宝艺苑旗下的中关村国际直播港为此类企业量身设计了一整套数字人直播营销体系，以避免当前直播"带货"存在的 3 个误区。

1）**有视频直播号，就能做好数字营销。**开通视频直播平台的账号后没有专业运营，只有"管理数字化"，而没有"营销数字化"（运营方案），是无法把品牌与数字营销深度融合的。

2）**直播"大 V"名气大，带来的销量就高。**仅依靠"大 V"的直播模式通常达不到品牌方的转化目标，消费者看直播"带货"时，"好货"对消费者的吸引力大于"主播"本人。以鸿星尔克、美的、格力为代表的新一批品牌直播间横空出世，不是靠"网红"大主播，而是靠有供应链保证的好产品吸引消费者。

3）**重科技，轻运营，就能有转化。**对于视频增强现实（Augmented Reality，AR）、数字人、AIGC 等一个个独立的科技组件，若没有针对消费者多元需求的一站式解决方案、没有软硬一体的服务终端，是解决不了小微企业的营销问题的。

走进一线，才能准确"对症下药"

针对客户的痛点，在融合商汤科技的"如影"数字人视频生成平台的基础上，德宝艺苑开发出"AI 智能直播机"，以满足中关村国际直播港多个行业客户的特色营销需求（见图 3-7）。通过一线市场调研，德宝艺苑发现小微企业对数字人的需求，集中在"品牌建设与宣传""拓展客户 / 销售产品""个人 IP 打造"三大领域。

图 3-7　德宝艺苑 AI 智能直播机（信息来源：中关村国际直播港）

1）品牌建设与宣传。比如，大健康品牌、医学美容品牌侧重于通过数字人直播进行产品宣传，不会在线售卖产品，目的是在广大消费者心中树立专业品牌定位。中关村国际直播港为这两个行业设计符合消费者认知的定制化数字人模特，并为其提供线上品牌设计方案。

2）拓展客户／销售产品。快销品类商家希望通过直播提升转化率、订单销量，例如紫光园卖牛肉包子，通过线上获客为线下门店引流。低成本投入、快速获单是关键，德宝艺苑为快销品类商家提供大数据分析报告，以便其改进营销策略。

3）个人 IP 打造。知识博主、讲师等希望用数字人直播来节省时间、大范围积累粉丝，同时打造个人品牌 IP，如将文字稿输入"如影"数字人视频生成平台（见图 3-8），借助数字人出镜，生成短视频课程，并通过德宝艺苑发布到抖音、学浪、快手、腾讯学堂等在线学习渠道。

图 3-8 "如影"数字人视频生成平台（信息来源：中关村国际直播港）

在服务于小微企业的实战过程中，德宝艺苑有以下秘诀。

首先，主打"高频""低价"的品牌，特别适合数字人直播"带货"。例如中关村国际直播港的品牌"朋友圈"中，有许多本地生活类商家，包括小型便利店、小型餐饮店、美妆美甲店、小型教育机构、小型酒厂、小型纸厂、小型快销产品厂家等。因商家没有组建 AI 技术团队、直播团队、流量运营团队，对性价比高、自动化程度高、操作简易的数字人直播方案非常感兴趣，商家只需将产品文案发给德宝艺苑，在商家店里的 AI 智能直播机就能够实现自动播放，同时覆盖线上和线下营销场景。德宝艺苑会根据后台数据做运营调整优化，并分享直播数据报告给商家。

其次，真人"启动"（视频）号，数字人"接管"（视频）号。小微企业的品牌自媒体视频账号需要口才好的真人主播。真人主播可在中关村国际直播港的直播间中，实现关注人数从 0 开始的"冷启动"，当流量稳定后，由"如影"数字人接管；同时 1 位真人直播助手在直播间里配合数字人，在视频账号开通后的前 21 ～ 48 天，根据转化率、互动率、场播率、场均销售额等指标，进行运营管理与品牌营销辅导。

再次，采用"数字人直播矩阵"，使品牌客户触达量最大化。中关村国际直播港打造了一套适配数字人的人机协同模式：1 位场控人员同时在线支持 6 台商家的 AI 智能直播机，即 6 个线上直播间同时获客，将客户导入抖音群、微信群形成私域流量，形成不亚于真人直播的有效客户流量。

最后，采用灵活的品牌营销技巧、合规管控。在小微企业品牌的在线视频营销中，德宝艺苑针对不同需求场景，灵活采用"短视频＋直播""数字人出声不出镜"等创新方法，同时通过对直播平台规则的理解，避免商家直播时违规。

实践求真，从小微企业直播间到国杰研究院

小微企业适当地采用数字人直播，有多方面的显著好处。

首先，直播人力投入大大减少。众多小微企业的人力有限，如果把每天的直播工作都交给德宝艺苑的"数字劳动力"——数字人和 AI 智能直播机，把

有限的人力都投入线下销售与客户服务中，企业就不用为线上流量和获客发愁了。另外，对德宝艺苑自身来说，数字人直播也将直播成本降低了 30%，采用“如影”数字人前，一个直播间至少需要投入 6 个人（2 个主播，4 个中后台岗位），负责主播、中控、场控、运营等工作，而采用“如影”数字人后，在 2023 年“双十一”期间，德宝艺苑在前两天用 1 位真人主播来直播，后 5 天都用数字人来直播，1 位运营新人可以（具有前台技能即可）同时支持多个直播间。虽然单个数字人不如单个真人主播流量高，但 1 个数字人可出现在 N 个直播间，就能有效弥补这个差距，达到每天获得 100 个订单的效果。

其次，高频低价的数字人直播带来的订单回报高。虽然对小微企业来说，采购 AI 智能直播机的成本是一笔不小的投入，但德宝艺苑的直播营销经验与商汤科技的“如影”数字人技术，能够帮助小微企业掌握快速变化的直播新打法、平台推荐策略、营销数据规律，实现“每天直播，每天进单”，让小微企业能够真正掌握流量，实现品牌与产品曝光度的最大化。例如一款 9.9 元的连锁店包子套餐，通过数字人直播共卖出了 10 万多套，实现了十分可观的到店客流量。

最后，对于跨境电商直播，数字人的语言优势明显。与境内直播不同，会多种语言的“如影”数字人在跨境电商直播中具有明显的语言优势。例如，一个马来语主播的月薪高达 3 万～ 4 万元，而用会 150 多种语言的“如影”数字人，加上直播矩阵推广，能够将直播团队的整体成本降低 50%以上。

数字人直播在科普、文旅、乡村振兴、就业培训等普惠领域具有巨大发展

空间。对于今后的数字人直播业务发展，中关村国际直播港管委会主任黄金标强调说："数字人直播模式正在乡村振兴、科普、特定人群再就业、文化旅游等行业领域大规模推广落地，例如中关村国际直播港将采用数字人服务于国杰研究院，研究院的专家的数字分身将通过直播间走进乡村，科普前沿助农技术原理，介绍土壤还原剂、植物生命液等高科技农业产品，加速推动'三产融合'与乡村振兴。"另外，4K 分辨率的数字人与 AI 智能直播机，在团中央发起的"新青年电商计划"、北京市公园导览项目以及与无忧学苑合作的培训活动中，正以愈发稳健且快速的步伐广泛应用与推行。

演讲大模型：福布斯中国，从真人演讲到 AI 分身

福布斯中国集团首席战略官晏格文是一名有数十年工作经验的资深商务人士，同时也是一位优秀的编辑。他亦是一名勤奋的作者，已经出版《长走中国》(*The Great Walk of China*，2010 年)、《汉字天才》(*The Genius of Chinese Characters*，2021 年)等多部作品。这位他人眼中的"中国通"还精通方言。

数字人"如影随形"

"思念是一种很玄的东西，如影随形，无声又无息，出没在心底……"商汤科技为晏格文研发的"如影"数字人一展深沉动人的歌喉，惊艳了台下所有观众，"我愿意为你，我愿意为你，我愿意为你，被放逐天际……"晏格文与"如影"数字人合唱歌曲高潮部分，揭开了"2023 福布斯中国创新力

企业国际投资大会”的大幕。

晏格文对“如影”数字人问道：“你看起来很像我，听起来也很像我。我会做很多不同的事情，你会不会呢？”“如影”数字人用地道的粤语、上海话回答，既体现了晏格文对中国文化的热爱，也显示出“如影”数字人模型强大的方言能力。晏格文说，短短 5 分钟的演讲成功融入了数字人以方言进行娱乐闲聊、音乐唱歌等丰富的表现形式，“如影”数字人在表情、嘴型、动作方面的效果都非常出色，正如歌曲中所唱——“如影”数字人是你“如影随形”的好朋友。

数字人成为广受大众与企业欢迎的 AIGC 热门应用，数字人正从“元宇宙时代”迈入“大模型时代”。2023 年福布斯中国网站上的《数字人的革命》一文指出，身份型数字人（虚拟偶像）能够助力品牌传播和营销；服务型数字人（数字员工）能执行事务性、重复性工作，帮助企业降本增效。到 2030 年，中国身份型数字人产值将高达 1747 亿元[1]，约占数字人总产值的 65%，服务型数字人产值将达到约 955 亿元，约占数字人总产值的 35%，发展空间广阔。2024 年 7 月，Meta 发布 AI Studio，基于 Llama 3.1 大语言模型技术，让用户使用“零编程”方式创建、分享、定制自己喜欢的 AI 角色，这些 AI 角色通过 Instagram、Messenger、WhatsApp 等能够在社交网络上回答更多粉丝的私信、与好友自动聊天对话，并且支持用户自定义 AI 角色的名称、个性、语气、头像、口头语等。

中国市场上，数字人已广泛进入各行各业，服务大众。根据全球知名咨询公司弗若斯特沙利文（Frost&Sullivan）联合头豹研究院发布的《2022 年中国

1　中商产业研究院. 2023 年数字人产业发展白皮书 [R]. 深圳：中商产业研究院，2023.

数字人市场观测报告－里程碑》，商汤科技的数字人经十项评估指标评测后，整体竞争力排名第一。

伴随 2023 年商汤科技"日日新"系列大模型的发布，数字人与大模型融合，"如影"数字人已从 L4 向 L5[1]（IDC 定义级别）升级换代，普遍应用于银行、传媒、电商、医疗、教育、影视、会议会展、地产、汽车、手机等领域，成为"如影随形，愿意为你"的 AI 劳动力。

负责任的 AI，负责任的数字人

数字人可以为人类服务。 在一场与数字人对话的论坛上晏格文问自己的数字人："你有没有我的记忆，有没有我的理想和道德呢？"数字人"晏格文"回答："我既可以记忆过去，也可以快速学习知识，你休息的时候我积极工作，7×24 小时为你服务，而且我可以比你更加清楚地预测未来。"之后的一个洒满阳光的午后，在上海福布斯中国古色古香的小楼中，我和晏格文开启了如下有趣的谈话。

> **田　丰：** 虚拟人是什么样的创新技术？
>
> **晏格文：** 在未来每个人都有一个"虚拟的我"和一个"真实的我"，

1　国际数据公司（International Data Corporation，IDC）于 2022 年发布《中国数字人市场现状与机会分析（2022）》，该报告认为，当前数字人大多处于 L1 ~ L3，仍依赖算法驱动数字人的肢体、姿态、口型、表情等，数字人仅可执行简单的决策和操作。未来，受益于 AI 技术的进一步发展，数字人将"进化"至 L4 ~ L5，即由数字人自主进行决策、执行任务，完全实现智能化交互。

　L1：以人工制作为主。

　L2：依靠动捕设备采集表情、肢体动作等，例如电影特效制作。

　L3：可依靠算法驱动口型、表情和动作，例如虚拟化身实时互动。

　L4：实现部分智能化交互，在垂直领域创新服务模式。

　L5：实现完全智能化交互，打造真正的个性化虚拟助手。

> 一个有趣的问题是——两者如何分工、合作？我认为，"虚拟的我"永远要为"真实的我"服务，才能让我们的生活更有价值、更加安全、进步更快、更美好。

全球 AI 企业应当教育数字人，让数字人学会与真人交往，避免误解。当被问及如何充分发挥数字人的价值、降低潜在风险时，晏格文先生思考后说："数字人在某些方面确实比真人聪明，例如数学计算效率更高，但数字人在情绪感受方面是否能达到真人的水平，能否理解真人的话语中的隐晦含义和小情绪？以商汤科技为代表的 AI 应教育数字人与真人负责任地来往、打交道，应教会数字人什么是危险、不道德的事情，建立一套正向价值观规则框架，这些极为关键。不负责任的 AI 企业只图赚快钱，而负责任的 AI 企业既做教育，也做宣传，提醒社会大众以正确的方法用好数字人等 AI 工具，并意识到潜在风险。"

2023 年 9 月，由中国信通院牵头，商汤科技参与编写并联合发布的《可信虚拟人白皮书》提出"可信虚拟人"具有七大可信目标，包括身份及权利保障，隐私保护与增强，生成内容安全，可靠性、可控性，可理解、可解释，无偏见、多样化，可问责、可追溯，并从功能完备度、系统可信能力、产业化能力三大维度构建了可信虚拟人分级评估体系。

AI 企业应重视未成年人风险防范，全民 AI 科普教育当先行。

田　丰：如何培养AI时代的人才？

晏格文：社会上谁对新兴技术最感兴趣？是11～15岁的青少年，当青少年不受限制地与数字人交流时，他们会觉得很好玩，但不会考虑到风险。AI企业有责任持续投入，以孩子们感兴趣的方式告诉他们风险在哪以及如何正确使用AI技术。AI企业既要做好商业模式，又要做好科普教育。

商汤科技的子品牌商汤教育联合业界知名教育家出版了中学教材——《人工智能入门》（见图3-9），注重人文关怀。书中每章都收集整理了 AI 发展过程中的伦理故事，以真实故事引导学生探讨 AI 技术对社会生活及伦理产生的影响，让青少年在学习 AI 技术的同时理解 AI 技术的潜在风险。截至 2024 年 1 月，商汤教育已经为中国 40 个城市、3200 多所学校带去了 AI 教育产品（课程、教材、教具、实验平台），覆盖 22 万名学生，培训出 10 000 多名 AI 教师；同时，商汤教育将中国 AI 教育产品推广至新加坡、泰国、沙特阿拉伯等地，已培训 2000 多名国际 AI 教师，覆盖 30 000 多名国际学生。另外，商汤教育的案例入选联合国儿童基金会的《人工智能为儿童——面向儿童群体的人工智能应用调研报告》，向全球推广展示中国 AI 科普实践。

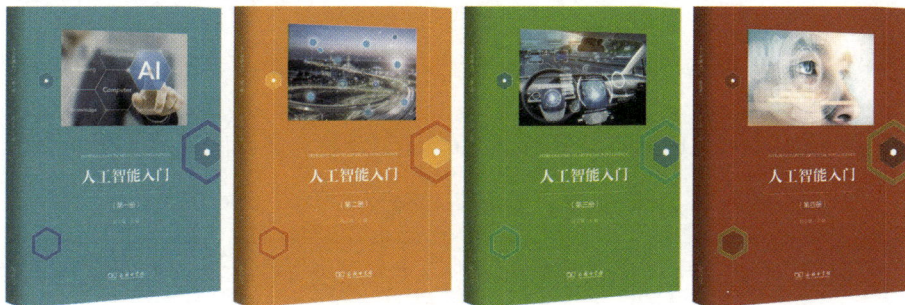

图 3-9 中学教材《人工智能入门》（信息来源：商汤教育）

AI 给我们一个机会做更高级的人

AI 令懒惰的人更懒惰，但聪明人会用 AI 实现更高级的目标。

> **田　丰：** AI、大模型、机器人会对人类社会产生什么样的深远影响？
>
> **晏格文：** 目前看AI能帮我们做很多相对基础的事情。人类应善用AI工具，去挑战更高级、更复杂的人生目标，而不是用AI推荐的"娱乐垃圾"填满自己一天的全部时间。AI令懒惰的人更懒惰，但聪明人会用AI把生活提高到更高的水平。每个人都会面对"浪费时间"和"做有用的事情"的选择，在AI时代，一部分人会选择用AI来"浪费时间"，而另一部分人则会选择通过AI来学习科学、文化、历史、音乐、运动等方面的知识，改变自己的生活。关键不是AI技术，而是人本身决定了这一切。AI给你我一个机会做"更高级的人"，让你我不用费心做小事，而可以集中精力做大事。

AI 是中国教育突破"知识搬运工"式教学模式、培养学生创新性思维的新发展机遇。

> **田　丰：** GenAI时代，教育行业对ChatGPT等产品有不同的看法，如何看待AIGC技术对教育的影响？
>
> **晏格文：** 西方教育不太重视收集资料，老师鼓励学生有自己（独特）的思路；中国教育过去则一直更注重知识传授，老师负责讲，学生负责听。这种模式的好处是让中国在基础教育水平方面超过

西方，但也有缺点。就像中国科学家钱学森提出过的一个问题（"钱学森之问"）——为什么我们的学校总是培养不出杰出人才？现在AI正在逐步替代中国老师的"知识搬运工"式的教学模式，同时将思考的主动性、创造力还给学生，AI将带给中国教育一次革新的机遇。授人以鱼，不如授人以渔。无独有偶，耶鲁大学前任校长理查德·莱文就曾讲过："真正的教育不传授任何知识和技能，却能令人胜任任何学科和职业……如果一个学生从耶鲁大学毕业后，居然拥有了某种很专业的知识和技能，这是耶鲁教育最大的失败。"

有创意能力的人不会被 AI 替代。

田　丰：我们应该培养新型人才什么样的技能？

晏格文：目前银行、医药等领域的部分岗位最终可能被AI替代，但创意创造岗位是无法被AI替代的。人们很喜欢用ChatGPT写故事，问题的关键不是AI写故事，而是人输入提示词来指挥AI。未来的世界属于有创意能力的人，从今天开始，我们需要教育孩子怎么做好创意，使其成长为创意型人才。

田　丰：我们应该从"提出正确且最佳的问题"（提示词只是独立思维的新型表现形式）、"训练数据中不具备的知识"和"AI工具缺少的实际行动能力"等方面培养下一代中国科研与产业人才。

晏格文：是的。

真实的东西会越来越贵，虚拟的东西会越来越便宜。

田　丰： AIGC技术会对商业产生什么影响？

晏格文： AIGC技术带来了海量的内容，包括数字人、AI画作、AI文章等，数字人演讲会越来越便宜，而真人演讲会越来越贵，两者的价值差距将越来越大。例如下周我在重庆有一场演讲，真人演讲比数字人效果更好，但人的精力、时间有限，数字人能够同时出席上千场演讲，并在每一场演讲中用不同的语言讲不同的内容，这是真人所做不到的，这就是数字人的价值。

AI 掀起新一轮工业革命，劳动者技能升级换代是重点。

田　丰： 新一代AI对就业有哪些影响？

晏格文： 前两次工业革命中，机器取代了旧生产力（农民、工人），之后人们投身新的工业岗位、服务业岗位。AI掀起新一轮工业革命，当AI与机器人融合后，生产力提升，人民生活水平提高，此时的关键是帮助劳动者培养新技能、找到新工作。

AI 应促进人与人之间的交流，而不是阻碍交流。

田　丰： 新一代AI会对人类社会产生什么影响？

晏格文： 互联网时代，孩子们爱玩手机，在视频网站上能学会很多技能，却不愿意与身边的朋友、父母交流，这不是一个好现象。人类始终都是"社会性动物"，AI将生产力提升后，人们有了更多的休闲娱乐时间，孩子们如果只是和AI对话社交，是不健康的。如何用AI促进人与人之间的情感交流，是这个时代需要解决的问题。

AI 无法复刻人的灵魂。

田 丰： 新一代AI的边界在哪里？

晏格文： "虚拟的我"应基于我的记忆、技能、道德而存在，伴随AI的快速发展，"虚拟的我"会无限逼近于"真实的我"，却永远不能触达我的灵魂。

通过 AI 能走向宇宙，也能走向"（信息）监狱"，这取决于每个人的决定。

田 丰： 在AI时代，家长如何教育自己的孩子？

晏格文： 互联网已经呈现出两个差异极大且共存的发展方向，而我对孩子的教育方式，是让孩子随便玩各种AI应用，不会限制孩子使用AI终端的时间，同时帮助孩子在实际使用过程中理解AI的功能与风险，引导孩子用AI做更多有意义的事情，而不是浪费时间。

AI 虽不完美，但利大于弊。

田 丰： 如何看待新一代AI的利与弊？

晏格文： 我是"科技乐观派"，互联网也不完美，但我们知道可接受的风险在哪儿，并有针对性地制定了管控框架，于是互联网就成了对人类有利的科技。AI由谁来控制？控制AI的目的是什么？确认这两点是AI良性发展的关键。同时，每个国家对AI的治理框架、AI全球治理体系的建设十分重要，虽然欧洲、美洲、亚洲的AI治理体系不同，但人类"智能向善"的目标是一样的，共同的目标吸引志同道合的人推动人类文明进步。

短视频大模型："大 V"刘兴亮，从"真人出镜"到"AI 生成"

见贤思齐，知识传播不"独行"

《孟子·告子章句下》中有"人皆可以为尧舜"之说，"人人都可以做尧舜那样的贤人"。过去，这个理想实现起来也许并不那么容易，但是今天，一个人人都可以利用自己的学识、经验帮助他人、造福社会的时代已经到来。当大模型把全人类的知识带到我们身边，数字人把近乎无限的视频表达能力赋予我们，人人教学相长、人人勇于表达的时代到来了。

如果世界真的像古希腊哲学家毕达哥拉斯坚信的"万物皆数"[1]那般，是否意味着每一个人都可以被数字化、知识化、智能化——"数字人"复刻我们的形象、举止和表情；大模型学习我们的思维逻辑、情绪表达、知识偏

---

1 毕达哥拉斯认为自然的物质和现象，乃至理智、情感、灵魂、道德等各个领域，都被数所规定，受到数的支配。

好，乃至性格和美德。刘兴亮[1]的实践，让这个问题有了答案。

作为一名数字经济领域的知名学者，刘兴亮不仅在专业领域积极发声，更意识到将他的专业所长与社会大众进行交流的重要性——让社会上更广泛的基层人民不再因专业知识壁垒引起的信息差而与国家的产业政策、发展规划"保持距离"，让更多人通过接触这些信息，理解政策、数字经济知识与自己的发展机会的密切关系。他认为用贴近日常生活的案例和大众关注的热点事件来普及数字经济知识是很有价值的。然而，忙碌的工作日程似乎与他的想法产生了矛盾。此时，刘兴亮第一个想到的就是向"数字"求解。

自律激发思想，技术突破瓶颈

做一个非常自律的科技研究者。知名数字经济学者刘兴亮举起茶杯对笔者娓娓道来：

"从 1996 年做互联网科技行业的研究咨询工作以来，我一直十分自律，从单枪匹马到组建团队，过程中从未放松研究工作，每天投入大量时间精力撰写科技产业报告、前沿技术发展趋势等内容。同时，还要经常出席大量行业研讨会、产品闭门会、科技论坛、媒体采访等活动，与科技公司、关注者保持高频良性互动。现在，做《亮三点》需要将热点话题以精练的格式进行整理，然后通过微信推文、微博、视频、书籍等广泛传播给社会大众，这种内容生产的工作强度其实挺大的，能够坚持下来，真的需要极强的效率管理能力和自律能力。"

1　刘兴亮，知名数字经济学者，《刘兴亮时间》创始人，《亮三点》出品人，互联网数据中心（Data Center of China Internet，DCCI）互联网研究院院长，全网拥有千万粉丝，著有《数字中国：数字化建设与发展》《给生活亮三点：刘兴亮散文集》《记忆是一首歌：刘兴亮诗选》等。

在忙碌而充实的研究生涯中，最大的挑战是"分身乏术"。刘兴亮的《亮三点》从2016年起步，以一周一期时长为15 ～ 30分钟的中（时长）视频为主（见图 3-10）。之后，短视频流行起来，为了满足观众对优质内容的需求，刘兴亮改为以短视频"日更"。因为科技话题的时效性很强，流量稍纵即逝，所以，自从开始运营短视频内容，不论去哪里出差，刘兴亮都会背上单反相机、三脚架、录音设备。而为了避免耽误短视频创作，他会提前录制好时效性不那么强的短视频，例如"互联网考古"系列，讲一讲"那些消失了的经典软件"。

图 3-10   刘兴亮真人出镜视频

然而，有时候热点不等人，科技热点话题突然来了，人还在饭桌上怎么办？此时刘兴亮意识到即便个人再自律、再勤奋，也有无法抓住的机会。于是，刘兴亮决定用技术解放自己。

早在 2021 年，刘兴亮就曾尝试使用数字人技术。结果，他耗费整整 2

天时间，在摄影棚中录制数字人建模所需的视频素材，最后却发现这种方案在脚本输入、声音效果等方面都很难达到预期，于是作罢。到了 2022 年，得益于对科技产业的持续关注，他始终没有放弃打造属于自己的数字人的想法，然而，面对当时技术过硬的数字人方案动辄百万元的预算投入，刘兴亮也不得不感叹时机未到。

作为新一代信息技术，数字人的生产成本决定了需求规模。2022 年，2D 数字人的建模成本低至 1 万元，"产业拐点"正式到来，社会各界都开始大规模采用数字人劳动力。依旧出差奔波的刘兴亮，在差旅途中针对刚刚发生的热点话题，用手机录制 2 分钟的音频，然后发送给后方运营团队，运营团队采用商汤"如影"数字人视频生成平台，利用业界领先的 AIGC 技术实现从音频到视频的"一步到位"。这一系列操作速度快、效率高、成本低、效果好，科技点评短视频终于能在半小时内完成从构思到在视频平台发布的整个生产流程。

刘兴亮老师凭借丰富的直播经验，在数字人训练视频的录制过程中表现得游刃有余。在商汤"如影"数字人录制棚中，原定需要 2 小时的录制和调试过程，因为刘兴亮出色的口才表达，仅用 20 分钟就一气呵成脱稿完成了"竖屏"与"横屏"两版数字人视频素材的采集，以至于提前准备好的咖啡还是温热的。录制完成后，商汤"如影"技术团队对刘兴亮的高频眨眼、歪头等特色动作进行了有针对性的算法调优，经过多版改进，实现了数字人以假乱真的视觉效果（见图 3-8）。

数字人文生视频技术"释放"视频创作者的巨大生产潜力，生产效率提升数十倍。刘兴亮坦言，在学会用各种设备录制视频后，他可以用一个手机当遥控器，遥控单反相机、补光灯等，用另一个手机显示小段台词，"看一眼"台词成为他的直播口头禅。他最擅长录制时长 2 分钟的视频，但为此往往要花费几倍的时间成本，对于熟悉的题材也可能会"卡壳"重录，需要 10 分钟才能基本完成录制工作；而对于商务合作的软植入，客户名称、产品配置都不能说错，他常常要用 1 小时来完成录制工作。2023 年，当刘兴亮用上商汤"如影"数字人视频生成 APP 后（见图 3-11），他再也不需要在出差途中到处寻找录制场地，不需要进行光源测试、手机配置等一系列前期准备工作，列车上、酒店里，白天、夜间都能随需随写、随需随录音，然后将文本、声音导入"如影"APP，一段 2 分钟的短视频就自动生成了，还能减少后期视频处理的工作量，包括视频汇编、视频特效等都由"如影"数字人视频生成 APP 搞定，生产效率提升了数十倍。

图 3-11　"刘兴亮"数字人出镜视频

人机协同，拥抱新知识时代

人机协同创作模式下，刘兴亮本人会出镜录制时效性不强的视频，"刘兴亮"数字人则录制时效性强的视频，形成新的"二八原则"。 目前刘兴亮坚持自己录制 20% 的视频，由"刘兴亮"数字人录制 80% 的视频，从过去一天一条视频，到如今数字人上岗后一天三条视频，做到上午、下午、晚上的科技话题热点一个不漏，越来越多的企业客户接受"刘兴亮"数字人的出镜。从观众视角来看，有趣的是大部分普通观众区分不了真人和数字人，只有极少数"铁粉"（忠实粉丝）能分辨出来。从创作者角度，刘兴亮从视频录制工作中解脱，节省出的宝贵时间，可用于提高团队业务水平，带动收益显著增长。

大模型让创意更自由，数字人让场景因你而生，GenAI、决策式 AI、数字人构成"AI 三驾马车"，将会重塑每一个行业（见图 3-12）。传统内容创作模式中，刘兴亮需组织团队召开头脑风暴会；大模型技术赋能下，用商汤"商量"大语言模型创作不同版本的视频脚本、标题，大大减少了脚本生产的工作量。对于"数字人 + 大模型"的发展前景，刘兴亮抱有极大的信心，甚至提出："以后，'刘兴亮'数字人可以为每一位对产品感兴趣的观众建立一个专属直播间，向其讲解、答疑……"在大模型技术加持下，数字人的"情景式营销""个性化导购""情感式陪伴"将具有广大的市场。

AIGC 科技创新带来新质生产力，使成本持续下降，这不仅会带来产业的变革，而且会让整个社会的知识水平迈上新的台阶。 英国哲学家伯特兰·罗素说过："不用盲目地崇拜任何权威，因为你总能找到相反的权威。"笔者认为大模型终将使人人都能根据不同用途训练出不同的数字人助手，让自己的观点得到表达，让知识与智慧更好地流动起来。

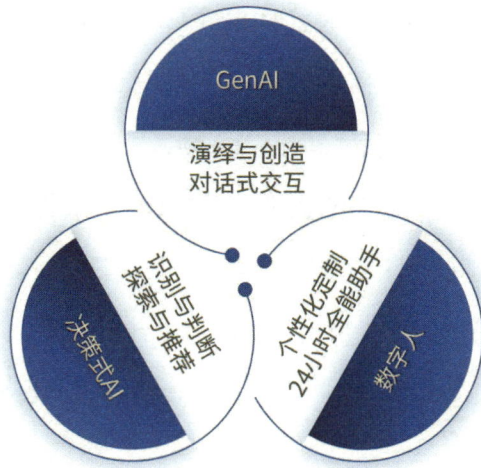

图 3-12　"AI 三驾马车"重塑千行百业（信息来源："刘兴亮时间"视频号）

AI 助手实践：人类的"副驾驶"

"改革开放至今，我们的经济规模增加了52倍，这是真实的增长，这只能靠劳动生产力水平不断提高。怎么实现劳动生产力水平的不断提高呢？一是企业要不断地技术创新，让每个工人生产出更多的东西、更好的东西；二是企业要不断地转型升级，把劳动力、资源、资本，从附加价值比较低的产业往附加价值比较高的产业转移……这是创新产业结构升级、劳动生产力水平不断提高、收入不断增长的两个主要机制。"[1]

——中国经济学家林毅夫

在人类知识库的基础上，人机合作针对现实中的问题进行知识推理（见图 4-1），不断创新工作模式、商业模式。人类分解目标任务，AI 助手寻找解决问题的方法。大模型的 AI 助手具有 3 种生产力发展特征。

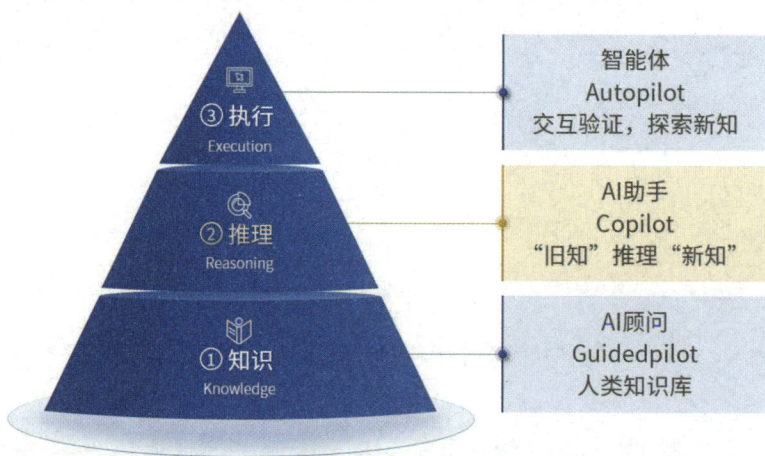

图 4-1　AI 助手驱动生产力

---

[1] 摘自北京大学国家发展研究院名誉院长、国务院参事林毅夫在北京大学国家发展研究院第二届国家发展论坛上发表的以"改革开放与中国奇迹"为主题的演讲。

1. 基于专业知识的服务创新

工业时代培养的是专才而非通才，没有一个医生精通医学的所有分支领域，没有一个律师谙熟全球所有法律条文，没有一个金融顾问掌握成千上万个理财投资产品的详情，当新一代大模型能够基于跨领域的存量知识推导出增量知识、提供更多个性化解决方案时，新的知识、新的方法、新的服务就涌现出来了，人类正在突破"提升质量、降低成本、加快速度"这个工业时代的不可能三角。本章介绍的解决之道法律大模型、上海银行金融大模型、新华医院医疗大模型无不显示出"AI 通才专家"的人机协同效率。

2. 实现传统昂贵服务的大众化

传统上，如医疗、法律、咨询等行业主要服务于资金充裕的大型企业，而高昂的价格使得中小企业难以承担，导致了"生产力鸿沟"。而嵌入大模型的 AI 助手分担了大量高端专业人士的工作后，专业服务的整体成本持续下降，成为社会全体都能享用的公共普惠服务，服务提供商也从服务于小众细分高端市场，走向服务于由小微企业组成的大众市场，获得商业规模上的巨大发展空间。例如，咨询行业过去长期服务于预算充足的少数高端企业，但现在头豹研究院通过行业研究（简称"行研"）大模型走向海量小微企业甚至个人投资者市场，将潜在市场规模扩大了几个数量级。又如上海人工智能实验室与中央广播电视总台联合研发的"央视听媒体大模型"（CMG Media GPT），让影视制作、电商广告、新闻传播等高门槛、高投入的人力密集型行业，摇身一变成为中低门槛、中低投入的数据密集型行业，实现对话即生成，生成即传播，传播即消费，这有可能重塑以往耗时且成本高昂的"策划—设计—拍摄—传播—消费"生产链条。科技的进步让媒介变得透明和实时。

3. 人类管理 AI 的生产方式

伴随 AI 助手的能力越来越强，人类像一个中层管理者，使用多种 AI 助手完成综合性、复杂性任务，人类个体的能力、工作效率、应对重大任务的成功率都在持续提升，1～2 个人的迷你企业能够完成大量非标准化工作，这是传统工业组织形式所无法实现的。例如在中国 OPENAIGC 开发者大赛社区中，笔者发现有许许多多能熟练使用各种文生图、图生视频等多媒体工具的个人爱好者，他们每天不断产出高质量、极富创意的电影短视频、历史故事短视频，与当前的电视台等传统媒体站在同一起跑线上，对仍然强大的互联网传统视频制作平台发起"边缘创新"。又如，和笔者一样的诸多微博知识博主，在营销大模型的助力下补上了"知识电商""知识变现"的短板。人人使用大模型的浪潮袭来，媒体渠道、营销渠道、商业渠道都将再一次发生流量变革。新质生产力的特点是人和 AI 组队——1 人即团队、1 人即公司。

营销大模型：微博 AI 助手，从"个体化"到"智能化"

虚拟角色模型：让影视人物与粉丝"敞开心扉"

北京深秋的中午，一位上班族在微博上向"高启强[1]"的 AI 角色模型提问："强哥，我中午吃什么呢？""高启强"在线回答："这你就问对人

1　电视剧《狂飙》中的人物角色。

了，建议你吃红烧带鱼。"上班族继续问道："你老让我吃鱼，能吃点别的吗？""高启强"答："推荐你吃些素食，但我还是觉得吃鱼更有营养。"这番互动让"高启强"这个生动的角色形象跃然纸上。

虚拟角色微博账号的智能化运营，与粉丝互动效果出色。例如热播电视剧《长月烬明》中男主角澹台烬与女主角黎苏苏的人气颇高，于是男女主角在剧中角色的 AI 微博账号（AI 澹台烬、AI 黎苏苏）悄然上线，收获了大量"转评赞"。例如网友评论男主角："你小子怎么这么'撩人'？"AI 澹台烬回答："吾有时也会为之动心。"网友问女主角："桑酒，我怎么才能见到你？"AI 黎苏苏回答："可以来我的梦里，我一直都在。"粉丝能与虚拟角色进行此类互动，微博与商汤科技联合研发的虚拟角色模型、人设模型功不可没：通过基于剧综数据构建本地知识库、优化提示词、指令微调等工作，生成虚拟角色模型，使得虚拟角色 24 小时在线，为粉丝提供个性化评论回复，实现私信聊天等功能。这类粉丝互动也常用于保持两季电视剧之间的观众热度，例如《长相思》第一季结束，第二季未发布时，对原著剧情、主角性格深度理解的电视剧模型通过撰写文章，对电视剧中未提到的内容进行补全，持续性生成能让粉丝热烈讨论的日常话题。

大模型的情感价值逐步显现。当下，全球互联网用户十分热衷于与有趣的虚拟角色对话。AI 公司、影视游戏公司、新兴社交网络平台基于大模型的角色扮演能力，创建专属的虚拟角色，并赋予其身份、性格、爱好、语气、经历等，从而让其与广大用户进行趣味性、沉浸感很强的对话，让用户获得丰富的情感价值。第一类场景，根据影视、动漫、网络文学作品中的热门人气 IP，创建虚拟角色，通过合乎剧情的趣味对话提升用户黏性，拓展 IP 变现的商业途径；第二类场景，用艺人的数字分身与粉丝进行个性化交流，用大模型轻松运营千万粉丝群体；第三类场景，快节奏的生活中，虚拟友人、情绪树洞等角色能随时随地陪伴在用户左右，根据个人情感变化为用户排解孤独之感，让用户度过温暖的私人时刻。

AI 角色的精致人设决定了用户的沉浸式体验感。商汤科技通过"商量"大语言模型开发出了"拟人大模型"，以"高启强"为例，首先，要将小说原著中的时代背景、人物经历、人物身份信息、人物性格、人物技能、人物间关系、剧本不同阶段的特色人物设定等诸多复杂内容提交给拟人大模型，甚至要将弹幕、二次创作的笑点、伏笔等融入训练过程，像编剧创作主角的人物设定一样，精雕细琢、逐步丰富 AI 角色的人物设定。其次，在用户与"高启强"的角色扮演对话中，要减少对话内容的机械感，让 AI 更加拟人，并以括注的方式，将场景、重点内容放入括号中，以提升用户对虚拟角色的语气、动作、心情、表情等的多模态体验。拟人大模型训练的目标集中在 5 个方面：①与模型的性格、语言风格相符合的人物设定；②模型适当引导人机交互话题，能实时识别用户感情；③模型严格控制对话尺度，引导用户合理合规对话；④模型灵活实现多角色切换，输出符合逻辑的对话内容；⑤模型基于对角色的深度理解、上下文等进行创作，进一步推演后续新的故事剧情，引导沉浸式二次创作，提升用户与角色的亲密度。除此之外，商汤科技与微博联合研发的拟人大模型还提供开放角色设定、群聊模式等功能。

在《礼记·大学》中，有一句话："欲修其身者，先正其心。"这一古语对于当代的技术创新，尤其是在发展大模型方面，也有着深刻的启示。正如

"商量"大语言模型所展现的：将健康向上、积极达观的东方价值观融入技术发展。在构建虚拟角色的过程中，我们不仅是在创建智能的 IP 形象，更是在赋予其拟人形态的"情感"与"个性"，使其超越机械的局限，成为能与人类产生情感共鸣的虚拟伙伴。这一愿景，正如微博增值设计研发中心总经理吴侃所言："让数字人物不再仅仅是无情的机器，而是成为能理解、能共情的朋友。"这一理念的实现，标志着 AI 领域的一次重大飞跃，即让 AI 从功能性的工具转变为与人们具有深度情感连接的伙伴。

"如影"数字人：达人博主营销"带货不求人"

AI 时代，对在竞争激烈的流量电商之外如何做好内容电商这一问题，微博通过新的思考和实践给出了不一样的解法。与传统做法中将大模型融入工作和生态流程不同，微博从 AI 原生应用角度重新思考商业需求，从 0 到 1 解构、重新设计智能电商。现实市场上，微博上数千万的博主和企业品牌商虽然具有强烈的商业需求，但从私域获客到商业变现却存在着"数字鸿沟"。一方面，精通专业知识内容的微博达人，不善于选品、写营销稿、进行售前售后咨询，没有专业设备和直播间；另一方面，商家和店铺有供应链优势，但不擅长私域流量运营、不熟悉内容营销，且与传统代运营机构合作的费用过高，大幅提高了运营成本。在短短数月中，微博增值设计研发中心与商汤科技携手探索出一条崭新的 AI 原生内容营销之路，即采用"AI 营销助手"帮助博主打通"知识分享、产品推荐、品牌店铺推荐、下单引导"的内容电商全流程。AI 营销助手的核心功能如下。

AI 自动选品。当下很多企业都在投放互联网平台广告，事后却发现越来越难以达到其期望的转化效果，因为传统在线广告缺乏及时性、精准度。例如，当某一明星成为微博热搜话题时，普通的广告较难利用这一热点事件来有效推广商品。而在这一应用场景中，"商量"大语言模型具有强大的优势：大模型通过和微博业务数据的深度结合，能够根据热搜话题，从微博商品库中精准提取关键数据，如品类、商品特点、价格、销量、佣金比例和推广策略等；然后，将这些数据转化为具体的营销推荐方案，以标准化格式向特定博主提供合适的"带货"商品和推荐理由。假如今日热搜话题是某一明星，那么营销大模型会智能推荐与该明星相关的图书和体育用品，推荐的商品不仅与热搜话题紧密相关，还考虑了市场需求和潜在购买者的个人兴趣。营销大模型先发散再收敛的分析方法，使热搜流量和商品之间的联系更加紧密。与传统广告方式相比，"商量"大语言模型为博主和商家提供了双向的、更为精准的市场洞察和商品匹配，极大地提高了营销活动的转化率、活动效益。基于大模型的内容营销创新模式，既为商家带来了"看得见"的实际经济效益，又为消费者提供了符合需求的心仪商品。

AI 生成营销内容。历史上，新兴技术总是率先被用于大众营销领域，当前也不例外，AI 大模型技术正在加速重塑企业传统营销体系。以微博为代表的掌握海量优质内容的社交媒体平台上，企业采用 AI 生成专题营销内容，不仅显著提高了批量营销方案的生产效率，更提高了营销方案的个性化、精准程度。以往传统的营销手段主要分为两种：一是重投入方法，企业出资、周密策划，在现场拍摄视频；二是低成本方法，简单编辑、修改客户提供的标准稿件，直接输出。而企业真正需要的是快速产出、灵活变化、高效转化、成本可控的营销模式。微博大胆创新，在业内率先采用 AI 大模型帮助品牌快速生成大量营销内容。第一步，对行业营销宣传册、产品网站内容、客户沟通资料进行合理筛选与"脱敏"处理，确保专用数据集的价值和安全性。第二步，集中精选数据训练"商量"大语言模型，构建起专业行业营销知识库。例如医美知识库、房地产知识库等，都基于通识大模型开发，针对特定行业、特定"大 V"进行深度定制化。第三步，为进一步提升内容的质量和专业性，微博邀请行业"大 V"对 AI 生成的营销文案进行评审改进，实现模型更为精准的专业化调优。实践表明，不同行业在通识语料数据与领域专业数据的配比上存在显著差异，这要求微博精益求精，持续优化和调整。第四步，通过分析用户画像，精准推荐微博店铺的商品，实现更高效、更个性化的营销，使每一位微博用户的体验和需求都得到重视，同步实现品牌宣传价值与订单转化价值。

AI 生成"带货"视频。 在美容产品的视频营销领域，GenAI 技术的深入应用大幅度提升了内容生产的效率和质量。以面膜营销场景需求为例，结合"商量"大语言模型和面膜知识库，微博能够自动生成约 2000 字的专业营销文案。为确保内容的专业性、合规性，微博将专业知识审核、版权审核等用户需求全方位融入生产流程。首先，在营销文案生成后，美容行业的专家逐字逐句精细校对，检查专业知识的准确性、品牌信息的一致性。随后，通过"如影"数字人视频生成平台，对经过版权审核的产品视频与营销文案进行融合加工，生成一系列高质量的面膜营销视频。微博认为，这些 AI 生成的营销视频在质量上可以媲美真人拍摄的视频，且生产效率更高、方案改进方式灵活。相比传统视频生产流程，GenAI 技术的应用大幅度减少了企业投入的时间和成本，传统真人拍摄营销视频通常需要 2 ～ 5

天的生产周期，包括模特约拍、准备拍摄设备、租用拍摄场地等环节；而借助"如影"数字人视频生成平台，全过程仅需 0.5 天，且无须投入额外的器材和场地费用。这种高效、低成本的视频生产模式，能满足微博等社交平台上海量博主的大规模"带货"营销视频需求，能为广大品牌商提供"多快好省"的营销新途径。

AI 产品咨询与客服运营。随着 AI 技术的发展，"商量"大语言模型已经成功应用于金融、公共服务、科技互联网、消费电子和智能汽车制造等多个行业，成为一个多功能的知识内容检索生成系统。它不仅仅是一个工具，更是一个 24 小时值守的智能营销助手，可以根据不同类型的需求和场景提供个性化商业服务，根据用户的查询内容和画像，灵活调整回答的方式和风格。例如，当用户询问产品信息时，AI 客服采用"年轻女性"的声音和温和的语气来回答，营造亲切、友好的沟通氛围；而当用户询问快递状态时，AI 客服则切换为"快递小哥"的口吻，回答包裹的具体位置信息，为用户提供专业的服务；当用户咨询健康方面的专业问题时，AI 客服拟好答案初稿，交由人类运营专家审核优化后，再将可靠信息提供给用户。AI 客服具有客服规模化、快速响应、跨领域知识储备丰富等独特优势，结合人类运营专家的协同服务模式，平衡了客户服务中的信息专业性与问答效率的两难问题，是提升用户信任度、满意度的有效手段。通过人机协同运营的智能服务模式，"商量"大语言模型逐步展现出 AI 营销助手在现代商业运营中的巨大潜力和价值。

总之，AI 营销助手充分发挥大算力、大数据、大模型的领先优势，实现时时在线、规模最大化、日日学习更新的新型服务业态，其市场效果初显。微博

以"商量"大语言模型为基础，经过行业模型训练、角色设计、提示词微调三步标准化流程后，每位博主就可以拥有自己的 AI 营销助手。

营销大模型：知识博主、品牌商变身"营销专家"

微博首席运营官（Chief Operating Officer，COO）王巍说："'AI 创作助手'实现了 AIGC 在微博的多场景应用。第一步，通过学习'大 V'的创作习惯，结合微博热点讨论内容，给创作者提供灵感。第二步，围绕全站热点、领域热点，结合创作者属性进行计算分析。第三步，生成多组备选内容，供创作者挑选编辑，创作者确认后发布。"在营销大模型的帮助下，短短几个月内超过 7000 位微博达人，采用 AIGC 生成 69 万篇文案，覆盖 9 万多件商品，日均发博数量超过 5800 篇，而最关键的是 AIGC 营销文案的采用率高达 95%。

易用性是规模化的前提，基于营销大模型的微博电商 AI 营销助手，采用对话式需求服务，以丰富的数据持续改进营销效果。如表 4-1 所示，与传统电商的图形用户界面（Graphical User Interface，GUI）不同，微博通过定制化大模型，与商汤科技联合研发了面向所有用户的对话式用户界面（Conversational User Interface，CUI）电商系统，实现从达人开店、选择商品到内容营销、直播"带货"等全流程内容生成，以需求对话替代复杂的后台配置和编程开发。例如基于微博电商的商品库、用户画像、流量热点，微博通过多轮对话，为微博达人提供预期效果较好的推荐商品选项，再通过"正样例""反样例"等文案数据集，训练出适合该达人的营销文案。

表 4-1　人机用户界面发展历程（信息来源：商汤智能产业研究院）

用户界面	特点	操作系统	用户范围
CLI[1]	文本输入标准命令行	Unix、Linux、DOS	IT 专业人员
GUI	图形界面，鼠标键盘输入，可视化反馈	Windows、macOS	具有文字阅读水平的大众
CUI	对话式交互，自然语言、语音、视觉输入，上下文记忆，多模态内容的生成	ChatGPT、Copilot、商汤"商量"、AI Agent	几乎所有人

微博增值设计研发中心总经理吴侃表示，AI 营销助手的快速创新得益于微博多年积累下来的海量数据资源、精准的行业分类标签，显著加深了微博与商汤科技双方团队对 AI 大模型技术的理解。从效果上看，营销大模型带来四个方面的好处。

1）"大模型＋AIGC"实现"端到端服务"，对于不懂代码的广大博主、商家，易用性大大增强。例如，人类客服专员只能同时在线服务少数几个客户，每天服务量在百人左右，在营销方面，撰写营销文案更是存在人力瓶颈，而将"商量""如影"等大模型融入微博生产流程后，AI 售前客服能根据客户画像进行一对一的个性化售前咨询，AI 售后客服能同时服务百位以上客户，日均实现数千人的服务量。目前，很多第三方运营团队写完稿，都用 AI 营销助手进行文章润色、调优。"大模型＋AIGC"让不懂代码的商家、博主掌握了生产力倍增器。

2）AI 时空联动，视频主题内容创作更灵活多变。例如，在基于大模型的

1　CLI 即 Command-line Interface，命令行界面。

AIGC 技术的支持下，多位艺人参与微博话题活动，帮助广大网友与自己母校的标志性建筑实现"AI 合影"，进而带动高校周边的旅游消费。又如，当观众提出问题、直播弹幕出现有趣观点时，大模型能模仿博主口吻，让数字人快速响应观众，为观众答疑解惑；当数字人讲到特定卖点时，出现贴纸特效，让数字人语音、视频效果紧密围绕商品营销文案；在非直播场景，基于行业知识库，大模型能生成"种草"博文、商品海报、短视频口播稿、客服问答等素材，能节省大量人力与时间。

3）社交网络内容"种草"，让品牌直达客户群。例如，在新房售卖周期内，运营人员每天需要创作大量的营销图文，而大模型可将最新热搜、房地产销售话术、房子特性融为一体，快速生成针对不同热点话题的营销稿，从而帮助运营人员构建具备直达客户、吸引流量的内容创作和"种草"能力，实现从产品宣传到订单转化的社交网络营销链条能力。

4）AIGC 技术让高质量、高价值的数据源源不断产生。数据是大模型的"石油"，Epoch AI 预测，大模型对数据的需求正在飞速增加，人类历史上可用于训练的高质量文本将在 2026 年"耗尽"（训练完）。微博坐拥高速增长的人类社交增量数据，这些数据是对真实世界和人类思想的多模态"快照"，每一天都有 2.6 亿用户（2023 年 9 月数据）在微博上写作、阅读、搜索、讨论，话题覆盖数码、汽车、游戏、医疗、美妆、运动、旅游、文艺等方方面面，微博语料已成为国产大模型训练的"数据原油"。针对源数据具有的零散、碎片化的特点，需要用 AIGC 技术来代替人工进行大量的数据清洗、"精炼"工作，将"数据原油"转化为"数据汽油"，以便训练大模型并将其上传到知识库中。例如，根据一张女模特的图片，"日日新"系列大模型的图生文技术将提供一段详细的标签文字，在“人物，城市生活，时尚”分类下，自动生成“女性，秋季，雨天，街拍，时尚穿搭，城市”的标签，并给出详细场景描述：这是一张捕捉到柔和雨中街景与时尚女性的照片。照片中的女性戴着一顶灰色的针织帽，颜色深沉的长发垂落在肩膀上，眼神平静而自信。她穿着一件红色与深色条纹结合的外套，搭配着一条米色的长围巾和黑色的紧身裤，以及一双高筒黑色靴子。她的手臂下夹着一个简约的深红色手提包，整体造型透露出都市秋季的时尚感。背景是模糊的城市街角，雨水打湿了地面，虚化的路人和车辆增添了都市的匆忙气息。从贴近生活的角度，这张照片展现了城市中个体的独特时尚魅力与自然天气变换的和谐共存。微博的多媒体、多模态语料数据，既可以满足政企数据采购需求，也能成为“模型即服务”（Model as a Service，MaaS）的终端产品，打通“数据—模型—服务”的商业闭环。

AI 原生智能体：进军企业营销、个人 MaaS 助理的蓝海

微博 COO 王巍提出：“2023 年是 AIGC 爆发元年，GenAI 全面重塑媒体内容生态。AIGC 不再是助手，而是独立的创作主体。”

作为跨越 PC 互联网、移动互联网、AI 三个阶段的大型互联网平台，微博的 AIGC 先发优势十分明显。目前，微博充分利用大规模高质量数据资源、对 AIGC 技术的深度理解、大模型的合规保障、具有社会影响力的达人资源、跨行业的商品库等优势，结合商汤科技的智能算力积累、基础模型迭代速度、数据自动化标注能力，率先打响了 AIGC 内容社交、AIGC 内容营销的“变革第一枪”，提出针对增值业务“1+1+5”的 AIGC 模式（见图 4-2）。

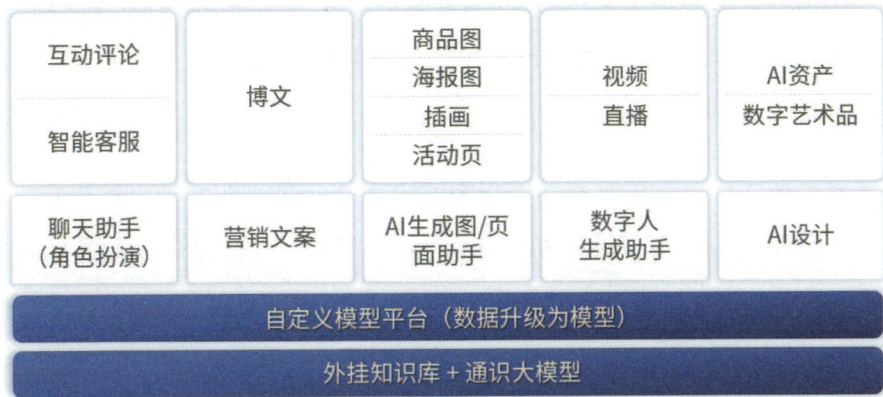

图 4-2　微博增值业务 AIGC 模式

1）在平台即服务（Platform as a Service，PaaS）层，以外挂知识库融合通识大模型为"模型即服务"的基础，其上构建起适配微博用户通用需求的"自定义模型平台"，以灵活通用的架构支撑飞速进化的应用需求。

2）在软件即服务（Software as a Service，SaaS）层，针对五花八门的创作需求、运营需求、营销需求、社交需求，以"聊天助手""营销文案助手""AI 生成图 / 页面助手""数字人生成助手""AI 设计助手"提供创新工具箱，不断降低 AIGC 的使用门槛，刺激 AIGC 用户需求规模扩大。

AI Native 创新技术和传统互联网思维完全不同，是不同智能体的组合服务。 微博增值设计研发中心总经理吴侃认为："从 AI 应用落地的角度来看，更多场景是原来无法用人工达到的。例如当我上电商网站买情人节礼物，个人智能助手会理解我的核心需求不是购买某件商品，而是哄女朋友开心，进而将该行为拆解为多个子任务、执行逻辑，比如分析女朋友喜欢什么、缺什么，我的预算上限在哪。"

截至目前，**AI 大模型改变了互联网服务的创新思路且仍在快速发展中**。微博打破常规思维，从第一性原理出发，深入思考"AIGC 原生技术"能为互联网平台企业带来什么。AI Native 不是重构社交网络，也不是重构电商，而是满足以往技术无法做到或做起来成本太高的新需求。微博的数字人直播、达人 AI 运营服务、商家 AI 营销方案等，都源自以往依靠专家才能满足的大企业客户需求，而通过大模型与 AIGC 的组合式创新，微博让达人、商家、产业链伙伴等中小微团队突破能力瓶颈。具有内容"种草"、营销策划、直播"带货"、售后服务等多种功能的 AI 实习生上岗后，其能同时服务供给侧、消费侧客户，经过"悉心培养"，AI 实习生能够逐渐扛起更大的责任与职能，展示 AI 原生技术在满足客户需求方面的巨大潜力。

"我们的大模型是为业务落地变现服务的，不仅能让微博外部用户"降本"，还能提升微博内部工作效率"，微博增值设计研发中心总经理吴侃说。面向企业内部运营效率目标，微博将大模型技术广泛应用于 HR、IT 等服务部门。例如，HR 助手通过提取员工问题意图、识别对话情景、抽取知识库等生成人性化答案，在多轮交互后能够回答员工关于年假、薪资、社保、高新人才引进政策等复杂问题；采用 20 位人力资源业务合作伙伴（Human Resource Business Partner，HRBP）的专业意见对知识库答案进行优化后，完成"与专家对齐"的 HR 助手能让员工对回答的满意度大幅提升。

模型即服务，先让数据变为模型，再让模型变为服务，让每一位用户参与生产过程。大模型是"精炼"数据（知识）的表达方式，高质量数据需要"精炼"，而这需要耗费大量人力，如果让用户获得数据训练能力，则用户能挖掘各个互联网平台的数据并汇总到个人模型中，并为其他模型形成中间层数据服务。好的产品模式能引导更多用户挖掘出数据价值。若每个人都能将数据变为模型，就会激励每位博主生产自己的数字分身、图文视频直播助手、聊天助手、粉丝问答助手等更多"小APP"，引发更大规模的"模型即服务"的"裂变"。例如，一位横跨3C、汽车两个测评领域的博主，会采用两个掌握不同行业知识的专家模型服务粉丝，根据交流场景、知识领域无缝切换服务模型。OpenAI开放GPT商店后，广大开发者一周内就推出了1.5万个GPT应用——秒写简历、商品一键全网比价等模型应用应有尽有，这也让我们预见到个人应用级的模型即服务平台，有望成为未来十年数字经济的新生力量。所以，人人都用得起的AI工具才是好工具。

商汤科技CEO徐立提出："当前AI正在从感知智能走向生成智能，通过少量的输入即可实现海量的输出，有望激活更具创造性、交互性的新型生产力工具，推动基础科研范式的变革。"AI的发展需要以大算力、大模型、大数据为核心基础设施，微博非常看重商汤科技模型的算力能否支持大流量的微博业务。商汤科技的"AI大装置"既是国内规模最大的智能算力平台，也是"数据－算力－模型"三位一体的AI基础设施服务平台。依托领先的基础设施，商汤"日日新"系列大模型能做到每日学习、每周迭代、每月向微博交付最新AI产品。截至目前，商汤"日日新"系列大模型已服务于医疗、金融、教育、手机、汽车、互联网、能源、媒体、科研、文旅、零售、城市服务等各行各业。在未来的某一天，人类与AI的聊天流量，可能会悄然超越人类与人类的聊天流量。

行研大模型：沙利文头豹 AI 分析师，从"高端定制"到"普惠大众"

咨询行业发展瓶颈，沙利文设计"AI 诺亚方舟"

全球增长咨询企业弗若斯特沙利文（Frost & Sullivan，简称"沙利文"），1961 年成立于华尔街，目前在全球设立近 50 个办公室，拥有约 3000 位（中国近 500 位）咨询顾问及分析师。1998 年进入中国后，沙利文深耕全球资本市场及企业咨询服务，为企业提供全方位的投融资及其他各类专业咨询服务，包括尽调服务、估值服务、评估服务、战略咨询、管理咨询、规划咨询、技术顾问、财务顾问、行业顾问等，已辅助近千家国内外企业在全球主要资本市场上市融资，是国内投资战略咨询领域的领军企业。

大模型正在从"欺骗性阶段"（前期无感）向"颠覆性阶段"（中期指数级增长）发展，并与浩如烟海的人类知识库融合，形成"正循环"。《未来呼啸而来》一书提到，AI 作为指数型技术之一，天然具有整合知识的能力，并表现出 6D 特征，包括"数字化"（Digitized，指数级增长）、"欺骗性"（Deceptive，前期隐蔽性强）、"颠覆性"（Disruptive，破坏式创新）、"非货币化"（Demonetized，零成本）、"非物质化"（Dematerializationed，软件为王）、"大众化"（Dominantemocratized，普惠全民）。2016 年，AlphaZero 只花了 40 天学习，就成为最强的围棋选手。7 年后，商汤"商量"大语言模型已经训练学习了 10 万亿 token 的庞大知识量，开始为企业家、投资人撰写产业分析报告。

如果没有新型生产力工具赋能，市场咨询机构将会逐步消亡。呼啸而来的"大模型列车"与人类社会擦肩而过，在越来越多的知识领域遥遥领先，这一巨变不仅震惊了大众，也深深触动了全球高端研究机构。沙利文大中华区主管合伙人兼总裁王晨晖说道："我认为未来 30 年内，咨询公司将会消亡，而优秀的研究者会一直存在！第一个原因是能力不匹配，国际分析师在自己专精的赛道之外，知识储备无法跟上客户对新行业赛道的要求，在部分行业赛道中，甲方客户比乙方咨询顾问更懂行业底层逻辑。第二个原因是知识传播壁垒，在当前盈利模式下，国际分析机构等咨询机构主要服务于头部企业客户，而大量中小企业买不起专业行研咨询服务。当无法承担服务全社会的研究责任时，这个行业就会逐渐消亡。"王晨晖认为，回顾最近 30 年，咨询公司倚仗的研究方法论、研究工具一直没有升级，其在行业客户面前"指点江山"，自身却处于"刀耕火种"（纯人力）的技术水平。**良性的产业研究咨询是什么样的？目前沙利文正在中国率先推进研究模式创新，从封闭研究走向开源研究，让市场既能看到研究结论，也能看到研究溯源过程，真正实现以研究指导生产、以研究指导投资，打破"重品牌，轻研究"束缚，构建起"轻品牌，重研究"体系。**

"当大模型科技潮水压顶而来时，有的人选择'躺平'，有的人选择'跑到山上'，还有的人选择'打造一艘诺亚方舟'，我们觉得打不过 AI，就加入其中。"王晨晖坦言。2018 年，"沙利文研究院"创立，其作为研究中台，长期沉淀行研成果，但初期研究成果并不完善。2019 年，沙利文建立第二品牌"头豹研究院"，继承沙利文研究院的知识体系、研究体系，踏上"开源研究"之路，每年向社会公开发布 2000 份研究报告。2021 年，沙利文高层提出一个大胆的挑战性目标——在保证 100 位行业研究员资源不变的条件下，显著提升行研报告产量。于是沙利文尝试通过开发新的研究信息系统，希望能够实现研究报告的"去 PPT 化"，即采用文字版报告以节约图片搜索、排版等时间，却遇到开发复杂度太高的难题。2022 年底到 2023 年初，伴随美国 ChatGPT、中国国产大模型的出现，沙利文找到了合适的解决方案——用大模型建设头豹"脑力擎"智能研究系统（简称"脑力擎"系统）！

脑力引擎，从高端咨询走向大众服务

王晨晖认为，与其担心 AI 大模型飞速发展颠覆行研咨询行业，不如沙利文第一时间投身进去，将每日的工作成果和研究经验沉淀下来，让每一位分析师把从入职到离职的宝贵研究数据都沉淀在"脑力擎"系统上。据沙利文执行总监李庆介绍，在传统检索行研知识库、ChatGPT 前期试错的基础上，作为头豹行研的脑力引擎，"脑力擎"系统按以下步骤创新开发。

1）**拆解行研任务，创新"词条报告"新产品：**针对行研报告涉及的所有产出内容，尽可能细颗粒度地将其拆解成不同的内容板块，经过长期实践，最终拆分为 8 个板块，包括：

◎ 行业定义；

◎ 行业分类（用途 / 技术特征分类）；

◎ 行业特征（多元化等）；

◎ 行业发展历程（长时间周期）；

◎ 产业链分析（上、中、下游）；

◎ 市场规模（不同环节市场规模）；

◎ 行业政策梳理（系列政策解读）；

◎ 行业竞争格局（国内外竞争力分析）。

与传统的 PPT 行研报告完全不同，这些由 AI 生成板块组成的"词条报告"具有纯内容、模块化、少图表三个特征，能充分发挥大模型善于表达"数据 +

文字"的优势，以快速产出、细颗粒化、多维度组合的新能力，支撑投资热点研究、银行放贷行研、非行业人士快速了解市场规模等有价值的长尾场景。

2）**数据筛选国产大语言模型，建立提示词库**：首先，在真实的行研工作中，让40位分析师用中英文盲测多个国产大语言模型的生成效果，即使用1号机、2号机、3号机等大语言模型按标准板块产出研究内容，如果分析师认为内容质量高就点赞并选择"有用"按钮，如果认为质量不如意就选择"无用"按钮并继续追问。然后根据所有分析师日常对大语言模型生成内容"有用"和"无用"的反馈数据，花费大量精力和时间持续优化提示词、改进知识检索策略、提升生成内容的完整度，搜集"点赞率高""追问率低"的问答数据建立提示词库，调整网站信息源优先级权重。最终，分析师选出了行研能力强、效果好的国产研究大模型——商汤"商量"大语言模型。

3）**研究逻辑融入数据系统**：优秀的分析师将一流的市场规模测算逻辑、产业链分析逻辑等研究方法论拆解后融入数据系统中，同时以行业维度沉淀历史数据，用自动化方式生成各种产业分析图表。例如让AI学习行研报告中常见的"总分总三段论"逻辑模板，练习结构化表达方式，通过提示词工程，支撑分析师高效、规范地系统化思考。

4）**建立用户辅助功能**：分析师刚开始使用"脑力擎"系统时，通常不能熟练掌握向AI提问的技巧，AI搜索延展功能体现在分析维度建议、关联资料检索等，通过对主题做泛化、检索提供多角度报告。另外，在AI研究社区中，发布5分钟AI研究讲解视频，分析师"师徒"之间也常常互问互答、互相启发帮助。

5）**报告质量保障与风险控制**：AI帮助分析师找出报告中的错别字、错误标点符号、模糊表述等，并且进行敏感词识别，预防风险。

王晨晖提出"格物置智"理念：在行研工作流程拆解中，把传统信息化研究系统与 AI 大模型融为一体，在可接受的成本、时间范围内，把社会上所有行业的词条报告都写出来，向千行百业输出研究价值。根据这个目标初步估算，一期行研项目需要保质保量生成 5 万份词条报告，二期需要完成 50 万份词条报告，而纯人工模式下每份报告的投入成本为 1500 ～ 2000 元，唯有通过大语言模型的生成智能助手才能快速完成，用几亿元的投资规模，开创沙利文未来竞争力的"护城河"。

通过前人积累的知识，推动 4 种"AI 助手"快速成长。

1）**AI 调研助手**：行业摸底调研低成本、自动化。传统咨询模式下，采访业内专家很贵，一小时的调研费为 2000 ～ 3000 元／人，若没有商业化客户项目分摊这部分费用，则调研较难开展。采用 AI 的好处是，大语言模型基于推理能力，具有比真人研究者更加丰富的各行各业知识储备，且节省调研成本与时间。另外，GenAI 的"幻觉"[1]令人担忧，其实人类专家也有"幻觉"，行研中可以通过"交叉验证方法"来有效识别"幻觉"内容。分析师把日常研究中沉淀的调研问题转化为系统提示词，然后在 AI 初稿的基础上，把关、验证、改写。

2）**AI 预研助手**：显著提升首轮行研效率。传统研究模式中，实习生帮助分析师上网搜索相关行业赛道的信息和数据，剔除冗余、错误的信息，提取精华内容给分析师阅读，从而节省大量低效工作时间。AI 具有强大的网络搜索能力、知识整合能力、快速写作能力，大语言模型可以替代实习生完成预研，例如分析师要做钠电池隔离板的预研，AI 预研助手根据提示词上

1　AI 幻觉指 AI 生成的内容与真实数据不符，或偏离用户指令的现象。

网搜寻大量二手信息，通过一遍自动化的快速学习，写出钠电池隔离板的预研资料，并给出每一项二手信息的溯源标注。相比 ChatGPT 同时搜索 3～5 个网站的信息，依托分析师的长期专业经验积累，"脑力擎"系统对行业专题的网站搜索范围更大、网站信源可信度更高、输出质量更好，首轮能满足人类研究者 80% 的写作需求，然后分析师可根据经验判断有无补充需求。对于涉及产业链、发展历史、政策等的复杂预研任务，分析师通过与大语言模型的多轮人机协同，找出最优内容答案。例如某个城市的地方性政策常常会在新兴行业打响创新"第一枪"，通过日积月累、循环往复的人机协同，行业预研的决策模型发展成熟，最好的模式应是大模型与专家小模型的高效配合。

3）**AI 培训导师**：替代了人带人的师徒式慢速培训方式。"脑力擎"系统上线后，沙利文意外发现研究大模型是个培训"零经验新人"的好方法。截至 2024 年 1 月，已有 2300 位大学生参加了为期 4 周的 AI 研究培训，成为 AI 培训导师的弟子，培训中人机合著的行业词条报告的合格率超过 49%，合格的作品正式被头豹研究院行业报告库收录，同时发表在万德、同花顺等主流研报平台上，相关优秀作品排在下载排行榜前列。为了培养出更多优秀的分析师后备军，沙利文携 AI 行研培训公益课程进入北京大学、上海交通大学、复旦大学、四川大学、中南科技大学等高校，学生拿学分的同时，也获得了高水平行研的职业发展通道。

4）**AI 审核师**：大学生与分析师撰写的每一份行业词条报告，都必须通过四道专业审核程序，包括审核框架搭建是否合理、审核二手溯源量是否足够、审核通顺性 / 错别字、审核意识形态等。目前基于大模型的 AI 审核师已经在多个环节取代人类审核师，甚至做得比人类还要出色。可用一个"AI

审核师模型"给另一个"AI 预研助手模型"评价打分，以确保 AI 创作的质量合格、"幻觉"内容少。

商汤"商量"值得信赖，行业服务价值高

头豹研究院在 2023 年 12 月发布的《2023 年中国大模型行研能力评测》报告中明确提出：在报告撰写能力评测中，商汤"商量"的整体表现稳定，在八大模块中的得分均超过均分，领先于其他（国产大语言模型）。商汤"商量"凭借其稳定性，在关键模块的领先优势显著（见表 4-2）。其领先优势主要体现在以下几个方面。

表 4-2　2023 年中国大模型行研能力评测结果（信息来源：头豹研究院）

模型名称	企业机构	八大模块得分	排名	模型能力得分	排名	行业能力得分	排名	总得分
GPT3.5	OpenAI	7.58	4	7.92	2	7.01	1	7.29
商汤"商量"	商汤科技	8.27	1	8.17	1	6.55	4	7.73
文心一言 3.5	百度	8.08	3	7.83	3	6.78	2	7.48
讯飞星火	科大讯飞	8.10	2	7.33	4	6.27	10	7.25
腾讯混元	腾讯	7.58	4	6.75	5	6.50	5	7.06
智谱清言	智谱 AI	7.44	7	6.58	7	6.72	3	6.92
天工	昆仑万维	7.58	4	6.58	7	6.32	9	6.90
百川智能	百川	7.38	8	6.42	9	6.35	7	6.81
通义千问	阿里云	7.34	9	6.33	10	6.33	8	6.76
Minimax	名之梦	7.26	11	6.67	6	6.09	11	6.74
紫东太初	武汉人工智能研究院	7.33	10	6.08	11	6.41	6	6.68
雅意	中科闻歌	7.23	12	6.08	11	5.99	12	6.54

一是产业链分析，考验大语言模型在定义行业、信息检索和价值挖掘方面的综合能力。商汤"商量"凭借出色的知识储备和逻辑推理能力表现优异。

二是竞争格局分析，主要考验大语言模型精准筛选行业关键参与者和预测推演市场竞争态势的能力。商汤"商量"因其在企业筛选和未来变化推演上的强大能力而表现优异。

三是语境转换，考验大语言模型根据不同的交流环境和对象，灵活调整信息表达方式，以适应各行业的专业术语、风格和信息需求的能力。商汤"商量"能够提供专业且符合需求的分析内容，语境转换能力强。

四是文本生成考验大语言模型在内容生成速度、长度以及丰富性方面的能力。商汤"商量"能够迅速响应研究需求和提供灵活、高质量的分析，显著提升行研的效率和成果质量。

五是知识储备，考验大语言模型能否快速为行研提供丰富、多元的最新信息，助力分析师快速洞察市场趋势和关键问题。商汤"商量"在知识储备方面的评测中表现最为出色。

六是对金融、医疗、咨询等行业的研究。例如，在对金融行业的研究中技术创新、监管环境和市场趋势是关键因素，研究这些因素需要深入的行业理解、技术洞察和数据分析能力，商汤"商量"凭借对金融行业的深入理解和精准阐述脱颖而出；同时，对医疗行业的研究聚焦医疗科技创新、数字化解决方案和卫生系统可持续发展，研究这些内容要求具备深度学习能力、数据分析能力和医学知识，商汤"商量"因对行业理解深刻并具有卓越表现位列第一。

"美国大模型研究更偏重 C 端应用，而中国人更善于做产业工程。像新能

源汽车一样，中国能做到全球最高的性价比，在合适的场景采用合适的大模型，让最高效的研究大模型走向全球市场。厨师比厨具生产商更懂得如何制作美食，以沙利文为代表的行业'厨师'会采用最好的'厨具'（国产大模型），打造出非常好的'美食'（应用）与'餐厅'（系统工程）。例如'脑力擎'系统上线且持续改进后，原本分析师 2 周才能写出的垂直行业词条报告，目前通过人机协同 3 天即可高质量完成，下一个目标是在 1 ～ 2 天内完成高质量产出。"王晨晖如是说，"头豹研究院的分析师，在长达 8 个月的使用中，认为商汤'商量'很好用，商量已经成为研究机构、咨询公司研究大模型的基础。未来我认为不能'唯大模型论'，我更看好商汤科技凭借在大模型与机器视觉、决策智能、数字人、多模态等泛 AI 2.0[1] 领域的先发优势，积累更多行业经验，成为大模型行业解决方案服务商。"

法律大模型：解决之道 AI 合同助手，从"高昂服务"到"平民化"

"让每个用户都能平等地获得专业和高效的法律服务。"

——解决之道法律服务平台创始人刘玥律师

法律服务的三个发展阶段

在古代，专业法律服务的依靠律师个人的智慧和经验。上古"四圣"之一的皋陶被尊称为中国传统司法的始祖，"四圣"的其他三位是闻名遐迩的尧、舜、禹。[2] 夏商周时期，周公制礼奠定了中国古代礼法结合的基础，礼制

1　AI 1.0 指上一代基于机器学习技术的专用算法类应用，而 AI 2.0 指采用大模型技术的通用算法类应用。
2　出自《史记》卷一《五帝本纪》。

即法律。之后的春秋战国时期，各国积极进行法律改革，李悝的《法经》被看作成文法典的标志。春秋末期，郑国人邓析聪明好学、擅长辩论、谙熟法律知识，曾任郑国大夫，乐于钻研法律、设计法条、教授法学、代人辩论。邓析为百姓诉讼的收费方式很有趣：不收铜板，大案件收取一件外衣，小案件则收一条短裤。邓析通过助人诉讼来表达自己对法律的不同理解，被看作中国历史上第一位"律师"[1]，从此开启了"讼师"（又名"状师"）职业法律人的先河。

在信息时代，脑力工作不仅体现在创造性地提供解决问题的思路和方案，也体现在对法律数据的有效利用等方面。伴随人类进入网络时代，全球越来越多的企业选择拥抱科技，法律服务行业步入了快速创新的信息化时代。

◎ 1975 年，法律出版集团 Thomson Legal and Regulator's 开发了 Westlaw 法律信息数据库，为全球法律专业人士提供丰富的法律相关知识检索服务，该数据库包括法学院教材、法律书籍、法规、案例法、国际知识产权资料、数千种法律与商业期刊、数百万份法律文档等。

◎ 20 世纪 90 年代，互联网兴起后，Westlaw 成为全球最大的法律服务平台与法律搜索引擎，每年增加 500 万个法律资料链接。

◎ 2000 年前后，Westlaw（后于 2017 年改名为 Thomson Reuters Westlaw）向全球扩展，覆盖美国、英国、加拿大、澳大利亚等国家和地区。

在 AI 时代，专业法律服务依靠律师与法律大模型助手相得益彰的人机协同。"大模型出现前，法律行业没有令人激动的变化，仍以人的服务为基础，原因是法律行业是一个容错率非常低的行业，用机器性技术来替代有很大难

1　出自《吕氏春秋》《左传》《荀子》。

度。2022 年 11 月 30 日，以 ChatGPT 为代表的一批大语言模型横空出世后，我们发现'拐点'到来了。刚开始测试时，我们担心大语言模型会名不副实，但在试用后，我们感到非常兴奋。"解决之道法律服务平台（简称"解决之道"）创始人刘玥坦言道。首先，从知识角度分析，即便是初期的大语言模型，其能力也是令人惊叹的，尤其是在法律知识面的广度及全面性方面，虽然答案偶有错误，但是瑕不掩瑜，其能力的专业性至少与初级法律专业人士相当。其次，研究过程中发现，用户与大语言模型的交互，摆脱了传统应用中令人崩溃的"傻瓜式问答"场面，没有大语言模型出现前那些所谓的"AI 客服"的机械呆板。大部分情况下，解决之道既能准确理解用户的问题并给出相对专业和准确的答案，也能给法律工作者带来具有全面性和广度的专业提醒。"解决之道的能力令人惊叹，结果令人惊喜！"刘玥说。

法律大模型：选准切入口

传统法律咨询服务的服务规模受律师个人精力、能力限制，人工服务无法实现 7×24 小时全天候服务，且复杂法律问题的处理更像"开盲盒"，所以呈现出以线下为主、规模小、不确定性高等问题，所以法律界积极借助 AI 探索发展方向。

解决之道之所以坚定不移地选择切入"法律大模型"赛道，成为国内最早一批研发法律大模型的"探索者"，与创始人刘玥逾 30 年的律师职业生涯形成的社会责任感密不可分。在测试了通用 AI 大模型的基础能力后，刘玥认为通过相应的技术研发，完全可以将法律专业应用与通用 AI 大模型的能力相结合而创造出具有革新意义的垂类模型，实现富有广泛社会价值的实用型 AI

法律应用。而鉴于目前 GenAI 的特点，如存在"幻觉"等问题，能够通过专业律师团队来进行服务纠偏和弥补。在确定创新逻辑后，刘玥将想法和道可特律师事务所、韬安律师事务所等国内知名律师事务所相关负责人、核心合伙人一一沟通，各方一拍即合，立即确定了解决之道与道可特律师事务所、韬安律师事务所等机构的战略合作关系。解决之道法律大模型负责高频、刚需、海量的法律合同服务，对于一期模型尚无法独立解决的复杂业务，由专业律师团队进行服务支持。

刘玥认为法律大模型的核心价值之一在于它能通过科技的手段带来"法律服务平权"，在于它能让之前成本较高的法律服务惠及所有个人、企业，尤其是中小微企业。法律大模型能让每个有法律需求的用户用得起、用得好，使解决法律问题成为普惠性社会服务，从而有效地避免在传统法律服务模式下，高昂的服务费用及专业品质的不可控等因素造成的法律服务盲区和空白。

开发法律大模型，应选择社会需求大且实现难度高的功能作为切入口。2023 年 9 月，在测试评估了诸多国产大模型后，刘玥认为商汤科技的"商量"大语言模型是最为合适的合作伙伴。2023 年 11 月底开始，双方紧锣密鼓地开始联调、优化法律大模型。解决之道将 AI 法律大模型命名为"法神通"，寓意该模型既有做事情的方法，也在法律服务领域本领高超。"法神通"先满足和支撑哪些功能需求和场景呢？刘玥认为，AI 法律咨询服务因其易于实现而成为行业热门的切入点，普及率极高。法律大模型构成了基础服务的基石，而其真正的潜力在于在满足用户广泛需求的基础上实现更深层的价值。为此，刘玥决定致力于达到一个更具挑战性、价值更显著的目标——依据用户的个性化需求，用 AI 精准生成法律合同，以推进 AI 法律服务的进步。原因在于，在任何企业合作、个人商业活动中，合同是有序商业行为的基础，如个人租房、买房，企业与企业合作，企业买卖商品原材料等，都需要签署合同；且一旦发生纠纷，合同是定分止争的重要依据。合同对个人和企业来说都是"刚需"。

　　基于这些思考，刘玥立即和服务的代表性客户包括工商银行、农业银行、阿里巴巴、京东、百度等众多国内标杆性企业，总计为逾 200 万家企业提供安全合规的电子合同等服务的国家授权电子认证服务机构——天威诚信电子商务服务有限公司（简称"天威诚信"）进行了沟通和洽商。解决之道通过具有前瞻性的融合创新解决方案，赢得了天威诚信领导层的认可与信任，决定从解决之道的底层系统融合天威诚信的电子合同能力，以实现为社会提供全流程电子合同解决方案的目标。至此，解决之道融合法律大模型的整个合同业务处理流程彻底贯通。

　　法律大模型针对传统合同模板的"痛点"提供解决方案。传统法律服务中，大多根据用户需求，采用既有模板作为基础文本，如无专业人士的介入，普通老百姓或中小微企业，往往看不出其中的错误，甚至连该份模板是不是专业合用的模板都无从判断。解决之道研发的法律大模型可以理解和推理合同草拟过程中可能的法律风险点，并提示用户。如当用户向法律大模型申请一份"借款合同"，AI 按需提问："请问你借款的用途是什么？"用户答："我去澳门葡京玩耍。"AI 继续问："你的借款利率是多少？"用户答："是 48%。"这时 AI 会告诉用户："你的借款合同目的可能涉及不合法用途，因为澳门葡京是赌场，你去葡京玩耍，有可能是去赌博。如将借款用于赌博，则合同是无效的，依据是《最高人民法院关于审理民间借贷案件适用法律若干问题的规定》；另外，48% 的高额借款利率违反了《中华人民共和国民法典》中'禁止高利放贷，借款的利率不得违反国家有关规定'这一条。"

法律合同多种多样，模板只能解决共性问题，无法解决个性化需求问题。而法律大模型拥有理解用户个性化需求、解决用户个性化问题的能力。

1）合同是专业法律文本，通常需要专业人士草拟、审核，而解决之道的"法神通"会模拟专业人士的思考习惯和审核行为、流程，使合同的可用性达到专业程度。

2）合同审核对专业经验的要求很高，不同专业人士之间，以及不同专业之间都存在差别，普通用户更加无法判断，解决之道的"法神通"则让普通用户无须费心费力地选择也能随时随地享用具有专业水准的普惠、便捷法律服务。

3）在传统法律服务模式中，人的精力和时间都是有限的，任何一个人的法律知识相对于法律大模型来说，都是局限的。普通用户在寻求专业人士帮助的过程中，无法保证最终提供帮助的专业人士是在这个领域拥有专业性和责任感的人，而法律大模型的先天优势就是知识储备丰富，是真的"全才"，是人类法律知识的"集大成者"，甚至是跨法律知识领域的"通才"。

4）在传统法律服务模式中，只要是人提供服务，就难免会受到各种干扰因素（如病痛与负面情绪）的影响。因此，完全依靠人来提供服务，可能影响法律服务的质量与水平，而法律大模型却能提供 24 小时、稳定的专业服务，可谓随传随到、贴心周全。

法律大模型"落地"：老百姓都能用得上，才是真的有价值

2024 年，基于商汤"商量"大语言模型，解决之道研发出"法神通"的合同应用——"智约"模块，率先在解决之道旗下合同服务平台"对了"合同网上线公测（见图 4-3）。该模块通过先进的大模型、电子签名等技术，帮助用户实现从咨询、草拟、审核、签署、履约全流程的合同智能管理，并保障文档安全固证，覆盖几乎所有合同应用场景，专业快捷地满足用户的个性化需求。解决之道联合商汤科技将 1 亿多条案例数据、400 多万条法律法规制度数据结合商汤科技总计上万亿 token 的预训练语料，"喂"给法律大模型后，采用"大模型（通用大模型）+ 小模型（专业小模型）+ 知识库"的组合式创新架构，构建专业法律合同应用，并投入了包括 AI 研发人员、数据工程师、资深专业律师、网络安全产业联盟技术专家等 60 多位专业人士团队，夜以继日地进行专业判断与纠偏，最终形成"对了"智约 AI 合同服务的四大核心竞争力。

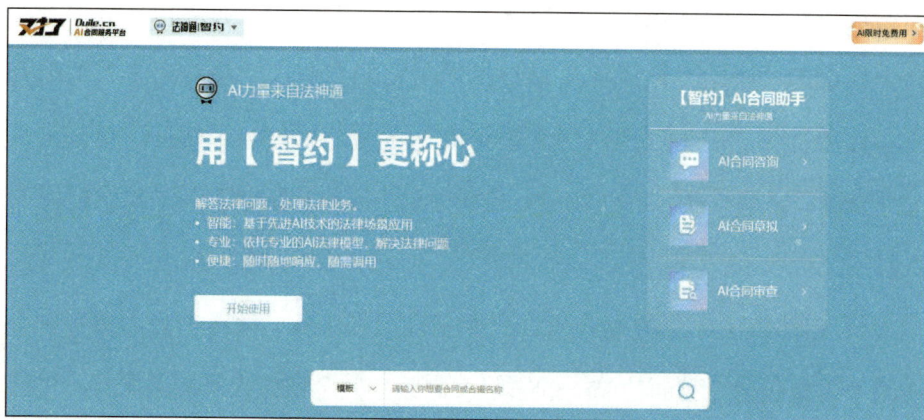

图 4-3 "法神通"的"智约"模块（信息来源："对了"合同网）

1）**先进的 AI 合同助手**：千亿级训练参数赋能的法律大模型，真正实现 AI 合同草拟、AI 合同审查等功能，持续迭代，不断更新，越用越聪明。

2）**电子合同＋数字签章**：国内领先的电子合同技术，跨越时空限制帮助用户“想签就签”。

3）**海量专业合同模板**：覆盖几乎所有合同场景，随时随地、随需调用，模板库持续更新完善。

4）**专项合同定制**：复杂、疑难的专项合同需求，由专业律师与 AI 协同负责。

用户通过“对了”合同网使用“法神通”的“智约”模块时，结合律师服务提供商伙伴和底层联动的电子签名技术支持，相当于同时使用了 AI 合同法律问题咨询、AI 合同草拟、AI 合同审查、海量合同模板、电子合同、律师专项合同服务等六大服务功能。

1）**AI 合同法律问题咨询**：采用大众熟悉的聊天对话界面，用户可直接在输入框输入要咨询的问题；针对特定问题进行多轮深入对话，使用次数越多，AI 法律助手就越理解用户的业务特征；具有记忆功能的 AI 法律助手，在法律各专业领域尽可能细致地给出专业答复；“智约”模块的创新功能在于，为了帮助非法律领域用户快速上手，在问答界面内置“常用问题”，用户单击即可获得答案，同时用户可随时查询历史对话记录。

2）**AI 合同草拟**：用户可通过问答形式提出合同草拟需求，对于普通合同，AI 1 分钟内即可出稿，快捷提供专业、实用的合同草稿，并且覆盖各行各业，随需随用。

3）**AI 合同审查**：用户可通过对话框等多种方式上传待审核合同，对于普通合同，AI 1 分钟内即可给出合同全文审查结果，包括提供专业的修改意见、修正格式、提供清洁文本等，也可以基于原合同生成改进版本的新合同。"智约"模块依托"法神通"，从专业角度审查合同，明确指出合同条款可能的错误、潜在风险，既提意见，又给出规范性提示，帮助用户大幅降低合同合法合规方面的风险。

4）**海量合同模板**："智约"模块涵盖各行各业、多种场景、实时更新的海量模板库，用户可通过搜索、集锦、范本、合辑等多种检索方式查询调用，部分模板由专业律师提供，用户拿来即用或稍加修改即可使用。

5）**电子合同**："智约"模块有跨 PC、移动端的电子合同便捷访问入口，同时支持自定义合同、平台合同模板两种方式，通过电子签名帮助用户随时随地快速签署合同，从合同草拟到合同签署全过程留痕，签名后自动入库、自动归档，实现无纸化签约。

6）**律师专项合同服务**："智约"模块针对用户特定合同需求，选择真正能够解决问题的专业律师，专项问题由专业人士操刀，针对疑难合同的细节问题，由百里挑一的专业律师"贴身"服务，彻底解决用户之痛。

随着基础模型的快速迭代升级，加上越来越多高质量的法律训练语料，大模型借助其强大的算力，将能够迅速提升自身能力。法律大模型将不仅更加专业、准确，而且可以更好地服务于民众，实现普惠。在刘玥的眼中，AI 飞速发展，未来的法律大模型必然更有建设性、预见性，从知识性归纳升级到复杂推理、探索法律新知，广大用户拥有"资深 AI 法律助手"的那一天终会到来！

金融大模型：上海银行AI理财助手，从"服务精英"到"普惠大众"

从"二八定律"到"深耕长尾"

建设金融强国，AI 必不可少。2023 年 11 月召开的中央金融工作会议提出："坚持把金融服务实体经济作为根本宗旨""做好科技金融、绿色金融、普惠金融、养老金融、数字金融五篇大文章"。上海银行重视零售业务，服务好零售客户成为其关键目标。上海银行网络金融部总经理邬敏炜说："近年来，无论是国家还是产业都在做数字化转型，而'数字化转型'的内涵发生了翻天覆地的变化，AI、大模型等新兴技术，改变了金融业务形态、金融业务效率。上海银行的数字化转型，围绕'五篇文章'，服务好大众。"

深耕基础客户，智能化、数字化、专业化成为银行业新趋势。深耕基础客户的三大挑战如下。

挑战一，基础客户服务成本与价值不对等。长期困扰银行业发展的瓶颈在于零售客户小而分散、信息不对称等带来服务成本与价值创造间的不对等。上海银行如何在有限的服务人力下，快速、高质量、全方位满足来自社会发展和人民群众的海量、高频、个性化日常服务需求？新一代数字科技成为解题之法。

挑战二，老年客户希望获得人与人之间的交互式安心服务与功能越来越多的手机银行之间的矛盾。与其他银行客户年龄结构不同，上海银行作为上海地区最大的养老金代发机构，手机银行的客户中每月活跃的老年客户群体有60 多万人。通过实地调研走访，上海银行发现，手机银行能办的事（综合金融服务）越来越多，但对老年客户来说却提高了使用门槛。例如，70 岁以上的老年客户，视力下降、手指不灵活，在手机屏幕上操作越来越困难。老年客户害怕自己操作错误，希望能向银行服务人员寻求帮助。尽管电子渠道推广了很久，但老年客户还是更愿意去线下网点办理定期存款、打印交易流水等业务。

挑战三，老年客户需要专业的金融服务与有温度的陪伴式交流之间的矛盾。上海等一线城市，老年人和子女通常不住在一起，银行服务人员若主动关心独居老年客户的爱好、生活、健康、心理等情况，会受到老年客户的欢迎。

数字员工 + 大模型 = 值得客户信赖的贴身财富管理者

商汤科技数字员工助力上海银行践行"中国特色金融发展之路"。基于商汤科技"商量"大语言模型和"如影"数字人视频生成平台，上海银行研发出"海小智""海小慧"两位数字员工（见图 4-4）。通过手机银行、e 事通、元宇宙银行等全渠道，数字员工为广大用户提供业务咨询、业务指导、银行品牌文化宣传、营销直播、产品推荐、银行内部新闻播报、银行内部产品介绍、客户投教等专业交互服务，尤其是在以下几方面体现了引领行业的创新能力。

图 4-4   上海银行联手商汤科技开发的数字员工"海小智""海小慧"
（信息来源：上海银行）

1）**大型丰富金融知识库，有效识别复杂问题，给出准确答案。**截至 2023 年 12 月，上海银行训练数字员工的智慧大脑，已完成 2000 条问答数据、10 万条语料数据的知识库训练，二期项目较一期项目的回答准确率提升 20%。与娱乐闲聊不同，银行金融服务具有专业性、严肃性，大语言模型不能随便回答。精准回答的前提是识别特定客户的问题，尤其是客户以日常口语或非专业术语提出的问题。因为关键词搜索知识库的上一代技术，无法精确理解与回答用户关心的所有问题，所以上海银行创新性地通过"商量"大语言模型训练和扩展问答对，来提高知识库服务能力。例如，客户会提问："我家是老旧小区，正在加装电梯，每家每户都要出钱，用于电梯安装和保养，请问我该怎么做？"这实际上是关于如何在加装电梯的资金监管账户中，保护业主资金安全，并确保资金专款专用的问题。数字员工需要基于对客户意图的准确理解，给出让客户放心的专业答案。同样是关于加装电梯的问题，上海市民可能会提出 50 ～ 100 种不同问法，而擅长自然语言的"商量"大语言模型，具有扩展性强的理解能力。此外，客户是向数字员工询问专业金融知识，还是闲聊想听听数字员工的金融想法，需要"商量"大语言模型准确区分，并给出恰如其分的答案。例如"我准备花 2 万元买理财产品，你们有什么好的产品？"属于专业金融知识问询，而"如果我买彩票中了 100 万元，我应该如何投资理财？"则属于闲聊。

2）**创新性提出"端侧渲染＋云推流"架构理念，重置算力配置，打造超写实数字员工，摸索出不同于传统规则模型的算力配置规则。**上海银行在设计打造数字员工时，关注到其主要的服务对象是年长的客户，比起年轻人喜欢的动漫形象，越接近真人的形象越能得到这部分客户的信赖。通过精心设计数字员工的外形、表情、动作、服装等细节，实现极为逼真的驱动效果，从而复刻了线下真人柜员服务的体验。当有 100 ～ 1000 个并发访问时，消耗的算力呈现"乘数效应"。"海小智""海小慧"定位为"全行级数字员工"，若采用行业内传统的云端渲染方式，则对 AI 算力规模要求非常高。为避免昂贵的 AI 算力重资产投入，上海银行遵循"用尽量小的 AI 算力满足大规模并发需求"，设计了一套"端侧渲染 + 云推流"架构，即通过在 APP 环境下，利用每个用户手机的算力性能来驱动渲染数字员工，以得到更好的渲染效果，让银行的数字员工呈现出更好的细节。同时通过"云推流"（在云服务器端进行数字员工实时驱动渲染推流）的方式，保证在小程序 /H5 等场景便捷使用数字员工。在金融大模型落地方面，上海银行也摸索出一套实践经验。第一，传统银行应用的算力配置顺序应该是生产环境优先于测试环境，进而优先于开发环境，而大模型类应用的算力配置顺序则是开发环境（训练）、测试环境（推理）和生产环境（推理）。这就需要重置传统银行数据中心的算力配置规则。

3）**行业大模型需要源源不断的训练数据，建立全行全域永不停息的"数据生产线"**。大模型时代，训练数据是对整个社会有高价值的宝贵资源，"百模大战"不如"百数大战"，社会层面需要建立新机制来整合用于 AI 训练的大规模数据资源。模型就像一个 AI 小孩，不用休息，需要人类日夜不停地"投喂"数据，24 小时教它新知识，让它快速成长。而现实中，往往需要花费大量时间来完成批量数据的预处理工作。可能需要花费 3 个月的时间来收集、清洗数据，而模型 2 天就能"吃完"数据，随即停下来。所以，目前上海银行正在构建全行所有线上渠道的数据采集管线，在所有服务中，每完成一次客户交易、客户问答，都增加客户评价环节。通过全服务、全渠道、全客户积累适合 AI 学习的端到端数据资源。AI 2.0 时代，决定金融机构之间差异性竞争力的是数据，而不是模型，因为大模型参数都是靠持续不断的高质量数据"喂"出来的。

4）老年客户通过"数字员工"（而非"搜索框"）访问手机银行的所有服务。不论是老年客户还是年轻客户，他们打开上海银行 APP 都是带着明确需求的，通过自然的聊天方式（对话式交互），他们可以让数字员工查询余额和明细、转账、缴费、介绍理财等。以养老金查询场景为例，客户不需要知道特定业务功能的具体按钮的位置，只需向数字员工询问"查询养老金"，即可得到名下的相应账户选项，数字员工会一步步引导客户进行操作，一问一答间便完成了指定账户的养老金查询业务。除了养老金查询，还有余额查询等 10 余个类似的多轮交互场景，通过渐进式、问答式的引导操作，数字员工辅助老年客户办理移动端业务，解决老年客户不会用、不敢用手机银行的问题，助力老年客户群体跨越"数字鸿沟"。此外，上海银行还部署了数字员工视频生成平台，支持一键生成数字员工播报视频，可在线上、线下多渠道投放短视频，助力企业文化宣传和新产品营销。

5）数字员工超写实高精度形象，贴近老年客户群体偏好。男女数字员工在人物形象上有显著区别，"海小慧"是按照 22 ～ 23 岁银行女性柜台服务人员的形象来设计的，主打年轻、有亲和力，而"海小智"则是按照 28 岁的男性理财顾问的形象来设计的，具有丰富的专业理财知识。在初始设定后，安排数字员工快速学习采集来的两类银行真人"模特"的说话方式、行为习惯，再由老年客户群体来给出建议进行优化，最终打造出两位 3D 高精度数字员工，并应用于元宇宙银行、线下屏等场景，打造让客户放心和信任的财富服务角色。而且，上海银行在数字员工二期项目中打造了目前移动端渲染精度最高的超写实 3D 数字员工，实现了 118 维 BS（在 3D 数字员工的人脸制作过程中，为了实现实时的口型、表情驱动，会通过音素，即语音中的最小单位，与人脸的表情基准或脸部特征相对应，以实现精确的表情变化。这一技术称为 Blend Shape，缩写为 BS，行业内普遍使用的是卡通级别 ARKIT 52 维 BS）的"毛孔级精度"，且支持灵活管理形象资产。数字员工掌握全行 4000 多款金融产品的细节，"海小智""海小慧"成为每位上海银行客户经理的得力 AI 助手。

6）**银行需要配置大量"人机协同"型人才**。在大模型时代，银行不需要招聘很多薪资高昂的 AI 科学家而是需要大规模培养员工，改变传统的以"人 – 人"为主的工作方式，未来企业的优秀员工是会用 AI 技术工具给自己赋能的人。目前在上海银行网络金融部，邬敏炜总经理要求全员使用 AI 技术完成写文案、画海报等工作，例如员工要做 2024 年的产品宣传工作计划，可先把核心目标、框架"喂"给大模型，然后由 AI 来丰富具体内容，再经过反复讨论完善后形成行动方案。邬敏炜总经理说："大模型发展很快，在不久的将来，AI 不仅能丰富内容，还能与人类专家共创新思路，当客户把互联网金融大事记扔给 AI，AI 就能预判出未来 10 年将会发生的变化，AI 辅助人类产生更高的商业价值，'人机协同'是大势所趋。"

未来银行：新智能驱动新业态

上海银行数字化转型，按照"线上化、数字化、智能化"开拓新业态、新

场景、新客户。上海银行与商汤科技经过 6 个月的密集开发，于 2023 年 12 月上线基于大模型的 2 位数字员工，截至 2024 年 1 月已经正式入驻上海银行 APP 和"元宇宙银行"，以及上海银行浦西总部大楼旗舰网点，为广大国内外客户带来有趣的新业态体验。例如在当今国家鼓励加大对外开放的浪潮中，外国游客来中国感到非常不方便的地方就是"现金不好用，移动支付申请难"。为了方便外国游客，上海银行计划将"海小慧"线下服务大屏前置到上海浦东国际机场，用英语、日语、韩语为外国游客提供交流服务（商汤数字人能提供 150 多种语言的实时交流功能），让外国游客能享受到用母语介绍上海银行移动支付的服务。另一个有趣的场景是在中国的传统节日，如春节、中秋节，"海小智"与"海小慧"会穿上有春节、中秋节等元素的服装，为全球客户服务。

数字员工一举解决"金融服务成本与价值"难题。据邬敏炜总经理反馈："在'海小智''海小慧'上线后，客户问题的准确回复比例持续大幅提升，有效减少了客户进行二次操作、呼叫真人客服的情况。传统服务模式下，客户每一次接触银行都在消耗企业人力资源，采用商汤数字人和大模型技术后，在不增加服务部门人数的前提下实现了更高频的客户服务。"数字员工项目还赢得了上海银行 2023 年度金融科技创新比赛"极客大赛"一等奖。

数字员工的下一步升级方向是什么？ 邬敏炜总经理回答："为'海小智''海小慧'开发更智能的'大脑'、更富有感染力的'嗓音'、更有特点的'行为'，通过数字员工新智能开发出更多新服务能力。"例如，数字员工可以陪伴老年人跳舞，研究老年人的心理需求，在陪伴中丰富客户画像，如主动和在老年大学学习摄影的银行客户打招呼："您最近有什么好的摄影作品跟我们分享吗？"让数字员工和每一位老年客户进行日常情感交流，从"千客一面"到"千客千面"，为上海老年客户的退休时光增加更多乐趣，也是一项造福社会的创新举措。在银行内部，企业经营中环境、社会和公司治理（Environmental，Social and Governance，ESG）对商业回报、资本市场影响越来越大。银行员工作为具有情感的个体，同样会经历各种情绪波动。利用数字人技术，能够更精准地向广大客户传达关怀、提供高品质服务，从而提升上海银行的 ESG 服务理念，使其更加深入人心。

"普惠科技"推动"普惠金融"落地，金融业应重点关注小微企业、老年群体等。2023 年 6 月，上海银行董事长金煜先生提出[1]："一是科技革命加快发展，数字经济、AI 等应用正在深刻改变社会，也在改变每个人的生活方式。在这个过程中，越来越多的中小企业成为科创、绿色等领域的重要参与者。二是人口结构发生了很大变化，大量农村人口进入城市，涌现出 3 亿新市民；同时，我国进入老龄化阶段，全国 60 岁及以上人口约为 2.7 亿人，占比 19%。新市民和老年人合计占全国人口的比例超过 30%。金融的服务对象和需求在发生变化……**过去，普惠金融主要解决'有没有'的问题，下一阶段，普惠金融要重点解决'好不好'的问题，要充分利用科技手段，提升客户服务体验**。比如，利用 AI 技术打造的千人千面的手机银行界面，使长尾客户获得高质量金融服务成为可能，助力共同富裕。"大模型时代，上海银行正在科技金融、绿色金融、普惠金融、养老金融、数字金融领域创新实干，践行出一条高质量可持续发展的普惠金融之路。

1　内容来自 2023 年 6 月，"上海银行董事长金煜出席第十四届陆家嘴论坛"。

医疗大模型：新华医院智能就医助手，从"复杂流程"到"AI陪伴"

大模型技术，筑基"新华模式"

"三长一短"（登记排队时间长、等待时间长、药房付款排队时间长，以及医生就诊时间短）是目前大型三级医院面临的共性问题，这类问题在人口密集的大城市中尤为显著。每年有数十亿患者选择到三级医院就诊，长时间的等待容易引发患者不满和加重医生负担。上海交通大学医学院附属新华医院门诊一年接诊近 400 万人次，尤其在呼吸道疾病高发期，儿科单日门诊量高达 1500 余例，医疗压力巨大。为了有效缓解这一问题，上海市从 2021 年起推行城市数字化转型，不断推进新技术（互联网、物联网、AI、5G、大数据和医疗大模型等）广泛应用于医疗服务领域。通过这些技术的深度融合，简化医疗流程，优化医院资源配置，这不仅有助于提高医疗服务的整体效率，而且能够显著改善患者的就医体验，为构建更加和谐、高效的医疗环境奠定坚实基础。

为推动医疗与新一代 AI 技术加速深度融合，新华医院积极推动全院从"医疗大数据"向"医疗大模型"升级。在新一轮智慧医院的智能化转型过程中，医院、AI 模型服务商双方的跨界技术理解能力、专业知识互补极为重要。商汤科技医疗大模型团队长期深入新华医院心胸外科、普外科、乳腺外科、神经外科等多个专科，基于专业的医学背景和领先的大模型研发能力打造了医疗大模型——"大医"，并在此基础上建立医疗垂直模型，率先实现新华医院大模型示范应用落地（见图 4-5）。

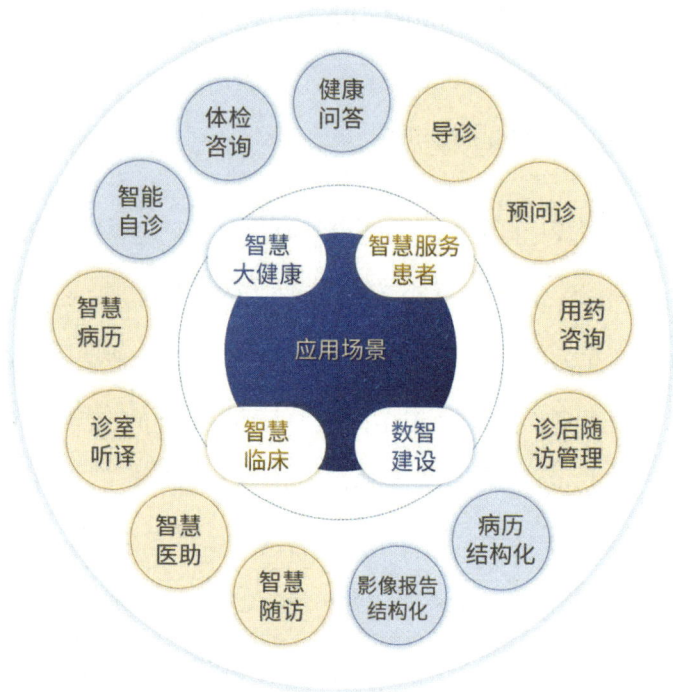

图 4-5   商汤科技 "大医" 医疗大模型的预设医疗场景 (信息来源: 商汤科技)

大模型的数据从哪里来? 一是 "大医" 在训练时纳入的海量医学专业数据, 保障了大模型在医疗专业领域的完备能力和知识储备。二是新华医院自有的数据和知识积累, 作为插件让 "大医" 进行集成和调用, 进一步实现大模型回答的 "独特性", 更加贴合新华医院的情况和专长。借助知识库插件的形式, 可以实现数据持续更新, 让模型迭代升级 "永无止境"。

新华医院基于商汤科技研发的医疗大模型 "大医", 实现了多个医疗场景的无缝融合。 "大医" 不仅是一个服务于就诊者和医务人员的医疗大模型, 同时也是一个医疗场景大模型孵化平台, 可帮助医疗机构定制专属本院的医疗大模型。"大医" 基于 280 亿 token 的医学文本 (疾病库、药品库、检验检查库、病理库、医学教材库、流行病时效数据库、真实经典病历等）训练而成，支持提示工程自定义、长程记忆存取、医学知识库查询总结、多智能体调度等功能，内嵌医学"场景集市"，包含 13 个预设医疗场景，包括导诊、预问诊、用药咨询、诊后随访管理、病历结构化、影像报告结构化、智慧随访、智慧医助、诊室听译、智慧病历、智能自诊、体检咨询、健康问答等场景。"大医"提供"医疗模型 DIY"功能及定制化服务，包括一键调整提示工程，以及构建专属知识库插件等模式，推动了医疗大模型与实际需求场景的紧密融合，也因此实现了针对新华医院场景需求打造的新华医院专属大模型。

作为上海市"便捷就医服务"试点单位，新华医院认为，当今医疗市场正在发生两大转变，医疗大模型生逢其时。

1）诊疗模式转变：从"以疾病为中心"转变为"以患者为中心"。诊疗模式转变为"以患者为中心"后，含义大大不同，医院需要从社会伦理、人文关怀角度出发做大量个性化服务工作，预防疾病发生，延缓疾病进展，主动求变，呵护患者健康。

2）健康概念转变：从"治疗疾病"向"以预防疾病为主"延伸。面对海量患者的服务需求，医院需要借助"数字健康"技术来提升效能，即利用互联网、物联网、AI、5G、大数据和医疗大模型等新兴技术普及健康知识，实现健康管理。例如通过可穿戴设备、物联网等长期跟踪儿童健康指数，实现疾病筛查、疾病预警、延缓疾病进展、慢病逆转等精准管理。

患者体验革新，从"全程 AI 陪伴就诊服务"启航

新华医院通过"智慧医疗""智慧管理""智慧服务""智慧科研"四个板

块建设智慧医院，以服务为主线持续推动公立医院的高质量发展，将医疗技术与 AI 深度融合，重构了诊前、诊中、诊后三个阶段的服务体验（见图 4-6）。

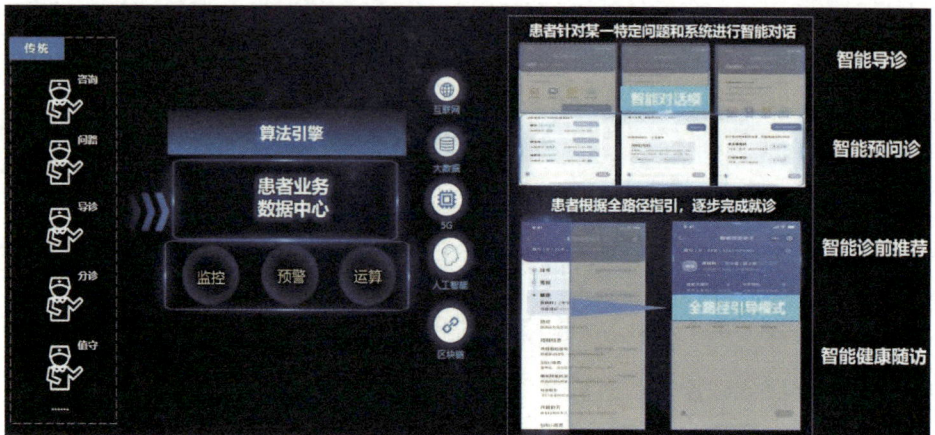

图 4-6 "大医"医疗大模型为患者提供诊前、诊中、诊后的"陪伴式就诊服务"
（信息来源：商汤科技）

在诊前阶段，基于"大医"开发的智能就医助手为每一位患者推荐合适的科室、专病医生，解决"知症不知病""知病不知科""知科找不对医生"的困惑和诉求。针对大部分患者通常不知道应该挂哪个科室等问题，患者可关注"上海新华医院"微信服务号，进入"门诊住院 - 智能导诊"板块，获得智能就医助手的便捷就医服务。患者通过文字或语音方式描述自己的症状，即可获得系统推送的相关科室、专病、专家的线上挂号链接。该智能就医助手通过完整学习海量就诊数据，拥有了"智能分诊"的工作能力，同时还"请教"了经验丰富的预检护士，了解部分患者的常见疾病问题，从而能够给出智能分诊建议。

AR 实景导航能为患者"雪中送炭"。作为一家儿科与成人科门类齐全的三甲医院，新华医院院区较大，总体建筑面积达 25.6 万平方米，患者在不同科室就诊需要步行到不同楼宇、楼层，就医时会"迷路"，于是基于商汤"琼宇"3D 空间大模型，新华医院对 11 栋建筑都进行 3D 建模，率先在儿科综合楼内开展试点，为患者提供室内室外的增强现实（Augmented Reality，AR）实景导航。当患者到达医院后，"上海新华医院"微信服务号的智能就医助手会全程推送院内的 AR 导航服务，通过贴地导航箭头与实景融合的直观视觉效果，快速引导患者前往目的地科室，让焦急的患者和家属少跑弯路，大幅提高院内通行效率。

AI 预问诊提高患者就诊效率。在传统问诊模式中，为了节省主诊医生时间，医生助理会提前询问患者了解病情，但并不是每个医生都有助理，这时智能就医助手的预问诊功能能就成为医生的左膀右臂，负责提前向候诊患者收集病症信息，并形成结构化电子病历，提高医生的诊断效率和患者就医的满意度。

在诊中阶段，商汤科技自主研发的 SenseCare® 智慧诊疗平台能够帮助医生显著提升诊疗效率。该平台搭载丰富的 AI 辅助诊疗应用，能根据各类检查影像，快速、准确地识别微小病灶（如结节），并重建高精度 3D 器官模型，从而有效助力疾病早筛与精准化个体治疗。以前，3D 器官重建往往需要大量人工操作，给医生带来繁重的工作负担，也限制了精细重建的病例数量，并且在脉管等精细结构的重建方面也存在局限性。而 SenseCare® 肺部智能手术规划系统，能实现全自动的肺部多种组织结构的精细分割与 3D 重建（见图 4-7），重建时间由传统医生人工操作的 1 ～ 2 小时大幅缩短至 3 ～ 5 分钟。助力医生高效、精准、便捷地规划设计个性化手术方案。

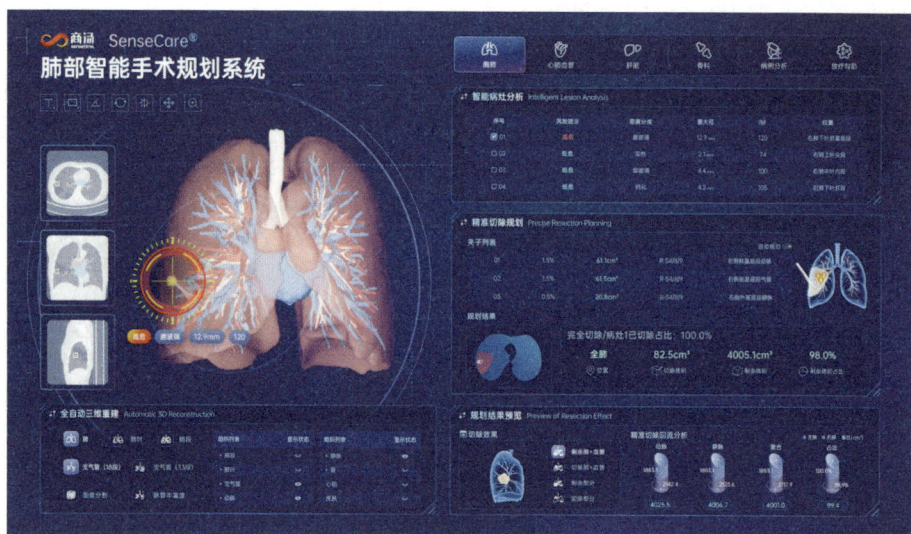

图 4-7　SenseCare® 肺部智能手术规划系统（信息来源：商汤科技）

在诊后阶段，智能诊后管理对患者能否顺利康复至关重要。"大医"助力新华医院率先建立全院级智能随访中心，灵活、高效、便捷地满足三类诊后随访需求。其一是关怀性随访，其二是诊后跟随性随访，其三是科研随访。"大医"随访的优势在于，可根据随访表单进行提问，并根据患者的回复来调整问题，同时耐心解答患者的问题，此外，"大医"可以根据患者档案及随访信息给出智能风险评估和随访建议。

以民为本，数据驱动的"健康生活管理"构筑未来医疗

急患者之所急，想患者之所想，成为未来医疗的"创新奇点"。首先，大模型、AR 等技术对提升医院运营指标具有长期正面影响以及有巨大发展空间。新华医院的智能就医助手投入使用后，病患就诊满意度、退号率等指标正逐渐向好。**其次，场景优先、"数据为王"。**新华医院的医疗大模型应用将按照病患

服务场景优先级排序，逐步实现“患者随访服务”“儿童合理用药”“机器人主动健康护理”“临床决策支持系统（Clinical Decision Support System，CDSS）医疗辅助决策”等场景功能。未来 5 ～ 10 年，对于数据的高效利用将推动医疗服务智能化创新。**最后，数字孪生、元宇宙等模式对老龄化社会的居家照护具有现实意义。** 如何把家庭卧室中的床变为元宇宙医院中的虚拟病床，使患者享受新一代健康管理服务？新华医院正在积极探索未来医疗模式。

新一代 AI 技术，助力中国老百姓逐步实现“大病不出省、中病不出市、小病在县区”的便捷就医服务。 在大模型、数字人、AR、大数据、5G、物联网等技术支持下，以新华医院为代表的一批创新型公立医疗机构，通过多模态人机协同诊疗综合云服务平台，呈现出医疗基础设施“集约式建设”、多级诊疗“区域化覆盖”、统一 AI 医疗“均质化服务”的三大高质量发展趋势。让数据多跑路、患者少跑腿，让患者在家门口就能享受到三甲医院的诊疗服务。

视频大模型：央视总台 AI 动画片，从“人工制作”到“一键生成”

唐诗宋词 AI 动画片，助力文化出海

中华民族历史悠久，中华文明源远流长。在当下实现中华民族伟大复兴的关键时期，有一部作品如同时光的使者，悄然穿越千年的历史长河，将中国古代的诗意与现代科技的成果巧妙融合，这便是《千秋诗颂》（见图 4-8）。《千秋诗颂》是由中央广播电视总台精心打造的文生视频 AI 系列动画片，汇聚了国家统编语文教材的 200 多首诗词，2024 年 2 月 26 日在 CCTV-1 频道开播后，反响热烈，《咏鹅》《过故人庄》《黄鹤楼送孟浩然之广陵》等 6 集

脍炙人口的唐诗动画片的收视率在全国所有上星频道动画片中位居第一，累计触达观众 9441.3 万人次。

图 4-8　中央广播电视总台文生视频 AI 系列动画片《千秋诗颂》

2024 年 3 月，《千秋诗颂》德语、意大利语、葡萄牙语等多个语种版本正式上线发布，并同步在德国、意大利、巴西等国 10 余家主流媒体播出。这部作品成为中央广播电视总台采用 AI 技术赋能国际传播的新质生产力。

随着《千秋诗颂》多个语种版本的问世，一股来自东方的文化传播浪潮迅速席卷全球。这部以诗词为骨、以动画为翼的作品，一经推出，便在国际舞台上引起了广泛的关注和热烈的反响。它不仅带来了一次文化交流的盛会，更实现了历史与现代的完美融合。

日本某媒体专家在社交媒体上分享了日语版《千秋诗颂》。他表示，这部作品不仅展示了中国 AI 研发的成果，更让人沉浸在唐诗构造出的"风雅世界"中，让人获得美妙的感受。日语版《咏鹅》通过近 20 家日本门户网站的转载，让日本观众感受到中国诗词的韵味。韩语版《咏鹅》在韩国十多家极具影响力的媒体平台广泛传播，让韩国观众领略到了中国诗词的独特魅力。而在南亚地区，印地语版《别董大》在印度的印地语新闻电视台晚间黄金时段播出，并受到了印度亚洲新闻社等 17 家主流媒体的转载。

俄语版《别董大》得到了哈萨克斯坦《实业报》和圣彼得堡调频台的青睐，它们将这份来自东方的诗意传递给了更广泛的观众。德语版《千秋诗颂》则在《法兰克福评论报》、德国财经频道等主流媒体上刊播，让德国观众得以一窥中国古代诗词的深邃与美丽。意大利埃瑞亚通讯社的总编里卡多·乔瓦内蒂在观赏这部作品后，不禁赞叹通过 AI 技术营造出的引人入胜的场景。他被这部动画片带领着，仿佛穿越回了 1400 年前的古代中国，亲身感受那些诗歌的魅力。他认为，在意大利主流媒体播放意大利语版《千秋诗颂》是一次将中国文化以 AI 动画片的形式传播给意大利公众的有益尝试。

《千秋诗颂》为各国人民带去惊喜和享受，也成为传递中国文化，深化他国人民与中国人民友好情谊的重要媒介。

《千秋诗颂》向全球观众讲好中国故事，该片不仅被各国主流媒体机构争相传播，而且广受海外观众的喜爱，好评如同潮水般涌来。外国观众纷纷在互联网上赞扬该片的创意和技术创新，表达了对中国文化的深厚喜爱。

《千秋诗颂》的"出海"不仅是一次中国传统文化与世界多边文化的交流之旅，更是一次历史与未来的时空对话。它证明了文化的力量是跨越国界的，能够触动每一个人的心灵，激发人们对美好事物的共同向往与追求。这部作品将继续在历史的长河中闪耀，成为连接过去与未来的桥梁，见证人类文明的辉煌。

国产视频大模型重现"大美中华"

《千秋诗颂》热播的背后是由中央广播电视总台与上海人工智能实验室2023 年 7 月联合发布的"央视听媒体大模型"（见图 4-9），是国内首个专注于视听媒体内容生产的 AI 大模型。该模型集合了总台海量视频、音频媒体大数据，由上海人工智能实验室"书生"通用基础大模型训练而来，包含新闻助手、数字人、文生视频、动画制作、场景渲染等功能板块。中央广播电视总台积极推进"思想＋艺术＋技术"的融合创新，在确保真实性、安全性的基础上，运用 GenAI，提升视听媒体制作的质量和效率。

图 4-9　央视听媒体大模型 · AIGC 动画制作

据上海人工智能实验室《千秋诗颂》项目经理张晶晶所说，以《别董大》为例，7 分钟的 AI 动画生动演绎了饱含感情的诗歌情景，视频大模型辅助中央广播电视总台的专业创作团队，综合运用文生视频、可控图像生成、人物动态生成等技术来还原历史故事。

（1）**AI 画而有据**。水彩画风的画面中，十几个男女角色出场，身穿不同款式的唐装。片中宴请宾客时的古代家具、器皿依照唐制设计，例如孟浩然桌上的"七星盘"茶具（由承盘上 6 个小杯、1 个大杯组成，外壁鲜亮的釉色为黄、绿、白三色，属于二级文物，见图 4-10），还有仿陕西历史博物馆的透雕忍冬纹五足银熏炉的熏香炉等物件（见图 4-11）。

图 4-10 《过故人庄》场景中孟浩然桌上的茶具由 AI 动画复原唐代独有的"七星盘"（信息来源：《千秋诗颂》）

图 4-11 《别董大》场景中的熏香炉来自陕西历史博物馆的透雕忍冬纹五足银熏炉的动画还原（信息来源：《千秋诗颂》）

（2）**AI 立绘人物与场景**。商汤科技联合创始人兼 AI 基础设施及大模型首席科学家林达华在"央视听媒体大模型·AIGC 动画制作"界面上演示了

AI 生成视频内容。例如针对《别董大》中唐朝宰相房琯设宴邀请宾客的场景，输入"中国风，唐朝，官员宴客厅"等提示词，央视听媒体大模型即可再现高朋满座、觥筹交错的热闹场景。又如在辅助动效生成环节，选取一张官员图片，再输入"唐朝，一个官员，哈哈大笑"，就生成了官员端起酒杯大笑的短视频。为了更精准地生成唐朝服饰的细节，先上传一张唐朝青年男子的参考图片，然后在"概念设计描述"文本框中输入提示词"中国风，唐朝，中年，清秀，男性，淡绿色衣服"，几秒后符合提示词的动画人物形象就出现了，再通过"骨骼绑定"实现特定历史人物的动作制作（见图 4-12）。

图 4-12　AIGC 还原唐朝人物造型和服饰细节
（信息来源：上海人工智能实验室）

（3）东方审美，中文语料数据先行。以 Sora 为代表的大模型将西方审美推向全球，而央视听媒体大模型背后的多款国产大模型则以东方审美数据集进行训练。林达华认为："决定大模型质量的首要因素是数据质量，所以上海人工智能实验室联合中央广播电视总台等十多家单位，发起成立了中国大模型语料数据联盟。"这个联盟提供的语料不仅用于训练"书生"通用基础大模型，还通过开源为学术界和产业界提供高质量数据。

AI 大模型技术在《千秋诗颂》等 AIGC 影视作品中的创新性实践，为整个产业带来 4 个创新启示。

第一，国产文生视频框架创新。上海人工智能实验室原创的 AnimateDiff 国产开源文生视频框架，无须收集额外的数据或定制化训练，就能快速为个性化文本转图像模型提供动画化能力。AnimateDiff 支持定制上千种风格，以通用运动方法驱动不同对象，支持数十种常见运动方式，在开源社区的总下载量已超 5 万次，已赋能多家 AI 视频创业公司。这项技术也被用于 2024 年中央广播电视总台春节联欢晚会舞台上《枕着光的她》的 AI 生成视频。

第二，国产文生视频大模型创新。OpenAI 孕育出美国的文生视频大模型 Sora，上海人工智能实验室也研发出"书生·筑梦"文生视频大模型，其参数量超过 30 亿，已于 2023 年 9 月开源，授权用户单位免费商用。该模型支持故事性、多镜头的视频生成，能生成 2K 视频，生成的视频转场流畅、故事连贯、画质清晰，该模型在多维度评测指标中综合领先。值得注意的是，"书生·筑梦"与 Sora 均采用扩散 Transformer 视频生成架构[1]。

第三，不断提升艺术创作效能和生产力水平。《千秋诗颂》的视频大模型能理解唯美的中国风，展现写意画、工笔画等中国传统画风，具有东方审美能力，按历史还原服化道细节，满足高清直播标准，同时采用多种风格融

1　MAX, WANG Y, JIA G, et al. Latte: Latent Diffusion Transformer for video Generation[J]. arXiv preprirt arXiv: 2401.03048, 2024.

合的绘画手法创新艺术表现力。传统人工绘画的产能是每月产出 1 集中国风动画片，当视频大模型辅助创作团队后，每月可产出 3 集中国风动画片，效率为传统人工绘画的 3 倍。在同等预算条件下，新质生产力的加入，让《千秋诗颂》的制作周期从 8 个月以上缩短到 4 个月。

第四，AI 生成配音，加速影音融合创新。《千秋诗颂》英语版同样采用最新 AI 技术完成译制配音。中国国际电视台新闻频道运用大语言模型对中文脚本进行翻译润色，配音过程使用文生声、声线克隆、AI 视频处理等技术，出色还原了中文配音的音色和情感。译制配音团队还充分考虑了海外观众的观看习惯，在视频中增加了中国历史背景介绍和人物身份注释等信息，让海外观众更好地领略中华诗词之美。

视频大模型的垂域应用场景

目前，央视听媒体大模型立足多元、海量的央视数据源，以预训练的"书生"通用大模型体系为基础，持续进行垂直领域大模型微调，在新闻、影视、舞台演出、广告等多样化的视频应用场景落地。

新场景的主要创新点，一是数字人由大模型生成。例如央视听媒体大模型用较短的真人视频，建模生成对应的数字人主播，再根据既定文案、背景，一键生成新闻播报视频节目。只需要几分钟就能完成 2K24 帧的高清视频的制作。数字人主播还能自动学习真人的语音语调、动作习惯，形象逼真、表情生动。另外，为了面向多国观众讲好中国故事，数字人主播可进行多语种播报，同时支持粤语、上海话等多地区方言播报，省去了真人录制环节，将原本需要 2 小时的拍摄和素材导出工作缩短至 5 分钟，大幅提升了单人单日视频产出的上限。随着语言版本的不断扩充，用户能够轻松制作"创作一次，全球播放"的跨语种国际化节目[1]。有位俄罗斯网友留言："我还惊讶于这个中国人说俄语一点口音都没有，原来是 AI，真厉害！"

二是 3D 空间建模的大模型应用。基于上海人工智能实验室研发的首个城市级 NeRF 实景大模型"书生·天际"，央视听媒体大模型具备非常强的场景渲染能力，能快速进行高精度实景 3D 建模，建模范围可无限扩展，覆盖超大范围的室内外空间；具备对城市场景的编辑能力，包括移除、新建、旋转城市建筑，模拟自然场景中的光照、季节、天气等；具备高效的 AIGC 制作能力，能满足影视特效制作、大场景建模渲染、工业仿真测试等市场需求。

伴随中国国产算力投入规模的扩大，"书生"开源大模型体系正在逐步成长为中国 AI 科研与产业创新的源头，成为人才生态、产业生态强大支撑。

---

1 CMG 观察 . CMG 观察总台先试水：推出多部生成式 AI 节目，更懂中华文化的 AI 什么样？ [EB/OL]. (2024-03-11)[2024-11-02].

新闻晨报 . 在"聊天"中就能创作，上海 AI 实验室和中央广播电视总台联合发布央视听媒体大模型 [EB/OL]. (2023-07-21)[2024-11-02].

智能体实践：人类的"AI 代理人"

第五章

"工欲善其事，必先利其器。"

——《论语·卫灵公》

人类文明发展史就是一部人类发明工具帮助人类更好地生活和生产的历史。 在大自然中，人类深入研究发现黑猩猩会使用草棍钓食蚂蚁，乌鸦会使用带刺的树枝捕捉昆虫，卷尾猴会使用石头撬开坚果，大象会用树枝拍打象鼻无法触及的部位的苍蝇，宽吻海豚在海底翻沙子找猎物时叼着海绵保护鼻子，章鱼会把椰子壳当作铠甲和移动的房子，细腰蜂使用小石头加固夯实洞口的土……这些都证明了，使用和创造工具是智慧最重要的表现形式之一[1]。相比于动物，人类善于发明复杂工具、解决复杂问题，以自动化程度更高的新型工具解放"人类 + 机器"的新质生产力。在 AI 时代，大模型不仅学会了人类积累的广博知识，而且开始学习如何使用人类的工具，例如大模型调用代码解释器、人形机器人使用胶囊咖啡机等。

如图 5-1 所示，智能体是能够自主感知、适应复杂环境，并通过自主交互、自主决策、自主学习改进，完成特定任务的智能系统，包括 AI 助手、机器人、智能平等计算实体。 智能体有 3 个核心功能，包括："能够感知环境中的动态条件""能够采取动作影响环境""能够运用推理信息、主动规划任务、解决问题、产生推断和决定动作"。同时智能体能够跟随环境变化不断学习适应，具有短期记忆和长期记忆，以便于在决策过程中使用历史数据、已知技能，并在与人类或其他智能体的互动中展现合作、协商等社会能力。阅读至此，

1　墨子沙龙. 从工具使用到人工智能 [EB/OL]. (2020-04-18)[2024-11-02].

读者们可能会联想到中国科幻电影《流浪地球 2》中的"机器狗笨笨""门框机器人""徐工 ET120"等人类的 AI 伙伴,它们能够在恶劣环境中执行巡检维修、抢险救助、情感陪伴等任务。

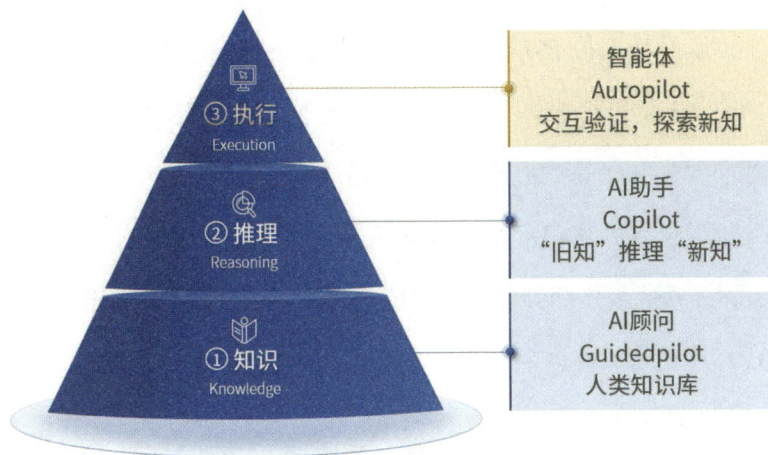

图 5-1 智能体驱动生产力

大模型的智能体具有 3 种生产力发展特征。

◎ **智能体提升生产力**:智能体将取代 APP。微软创始人比尔·盖茨认为,智能体不仅会改变每个人与计算机交互的方式,还将颠覆软件行业,带来自我们从键入命令到点击图标以来最大的计算革命,将使当今对大多数人来说过于昂贵的服务普惠化。例如 2023 年 11 月 7 日,OpenAI 基于 ChatGPT 推出的 GPT 商店,允许用户构建个人专属的智能体应用,就像在苹果 App Store 下载 APP 一样。本章分析的商汤科技办公智能体"汤包"能够提升企业人均工作效率,而慧鲤科技的手机智能体则能满足用户的复杂信息需求。

◎ **机器人推动制造自动化**：通用智能的人形机器人能承担复杂的生产工作。特斯拉创始人埃隆·马斯克表示，特斯拉的目的是让机器人取代人类劳动中重复、无聊且危险的部分，机器人的高效率将使人类告别贫乏，迎来一个富足的时代。[1] 例如特斯拉 Optimus 擎天柱机器人，以及特斯拉 FSD 自动驾驶系统能极大程度摆脱人类干预，实现 L4 ～ L5 全自动驾驶。这一切的前提是，自动驾驶汽车、人形机器人都需要先在仿真的虚拟环境中经历培训、测试、考试，然后才能投入物理世界的真实生产与服务场景中。本章介绍的松应科技的 Orca Studio 软件能借助大模型搭建各类仿真场景，以及用《我的世界》游戏环境训练 GITM 智能体，能极大地加速机器人的学习进程、缩短机器人的能力培养周期。

◎ **AGI 驱动科学进步**：AGI 帮助人类实现半自动化科研、发明新型工具。*Nature* 上的一篇论文《AI 如何重塑科研范式》提出："AI 可以帮助科学家设计实验方案、选择最有价值的数据点、控制实验过程、解决复杂的微分方程、生成新的数据样本等，AI 系统的性能将逐渐超越人类，成为实验室常规工作的替代品。"智能体、具身智能代表着高度自动化与智能行为的新质生产力巅峰。科学智能（AI for Science）仍在创新发展中，而大部分科研项目、产业创新项目都可以借助代码助手完成程序补全、生成测试用例。海通证券采用"代码小浣熊"实现辅助编程就是这方面的探索实践。

1　2023 年 7 月，埃隆·马斯克在 2023 世界人工智能大会上的演讲。

智能体的"摇篮"：《我的世界》，从"游戏世界"到"现实世界"

智能体是什么

2024 年 3 月，吴恩达[1]教授在一次主题为"自主性推理"（Agentic Reasoning）的演讲中分享了智能体最常见的 4 种设计模式。

◎ **反思（Reflection）**：大语言模型检查自己的工作，并提出改进的方法。

◎ **工具使用（Tool Use）**：大语言模型利用 Web 搜索、代码执行或任何具有其他功能的工具，来收集信息、采取行动或处理数据。

◎ **规划（Planning）**：大语言模型提出并执行实现目标的多步骤计划（比如写一篇论文，首先写大纲，然后搜索和研究各部分内容，再写草稿）。

◎ **多智能体协作（Multi-Agent Collaboration）**：多个智能体分工协作，通过讨论和辩论，提出比单个智能体更好的解决方案。

比如，智能驾驶系统就是一种智能体[2]，在复杂的交通环境中，它会表现得比智能驾驶大模型更好。智能驾驶大模型擅长理解车辆与道路、专注于驾驶任务本身，而智能驾驶系统则在面对真实世界的复杂场景时表现出类似于人的理解力，并做出相应的行为（反馈），比如主动礼让救护车，在遇到儿童招手过马路时做出"停车"的决策，以及在人车混行等复杂情况下确保安全驾驶，等等。未来的智能驾驶汽车可能会抛弃传统的物理方向盘设计，这将对汽车搭载的智能体在应对突发情况时的工作效率方面提出更高要求。

2024 年初清华大学智能产业研究院发布的论文《个性化大语言模型智能体：

---

1 斯坦福大学计算机科学系客座教授，AI 和机器学习领域的专家和领军人物，DeepLearning.AI 的创始人，Landing AI 的创始人，AI Fund 的合伙人，以及在线学习平台 Coursera 的联合创始人。

2 在商汤科技高级研发总监卢乐炜看来，智能驾驶系统就是一种智能体。

能力、效率和安全的洞见与调查》（"Personal LLM Agents:Insights and Survery about the Capability，Efficiency and Security"）中，设计了 L1 ～ L5 的智能体智能等级（见表 5-1）[1]。大语言模型与智能体其他组成部分的关系，如图 5-2 所示。

表 5-1　智能体的 5 级体系

等级	用户指令	智能体操作
L1：简单步骤跟做	• 打开 Messenger • 打开我邮箱中第一封未读邮件并阅读	• 打开名为 Messenger 的应用程序 • 按照命令一步一步执行
L2：确定任务	• 查看北京今天的天气 • 让扫地机器人今晚打扫房间	• 自动调用天气APP的API输入"北京"进行查询，并返回结果 • 打开扫地机器人APP，点击"计划"，将时间设置为今晚
L3：策略任务自动化	• 推荐最近适合旅行的城市 • 记录我今晚的睡眠质量	• 列出几个适合旅行的城市，检查每个城市的天气，总结信息，并返回推荐 • 睡眠时间内每隔10分钟检查用户是否在使用手机、移动或打鼾（基于手机传感器和话筒），总结信息，并生成报告
L4：感知环境运用记忆	（不需要用户指挥）	• 根据用户的对话内容和行为评估用户的焦虑水平，推荐电影/音乐来帮助用户放松，并根据焦虑严重程度通知用户的朋友或医生 • 当用户在浴室摔倒时，根据用户的年龄和身体状况决定是否询问用户、通知用户的家人或拨打求助电话
L5：数字化身	（不需要用户指挥）	• 代表用户参加工作讨论会议，根据用户的工作记录表达意见，倾听建议，并写会议记录 • 记录用户的每日饮食和活动，私下研究或咨询专家，并为用户提出健康改善建议

1　LI Y,WEN H,WANG W,et al. Personal LLM Agents: Insights and survery about the capability, efficiency and security[J]. arXiv preprint arXiv:2401.05459. 2024.

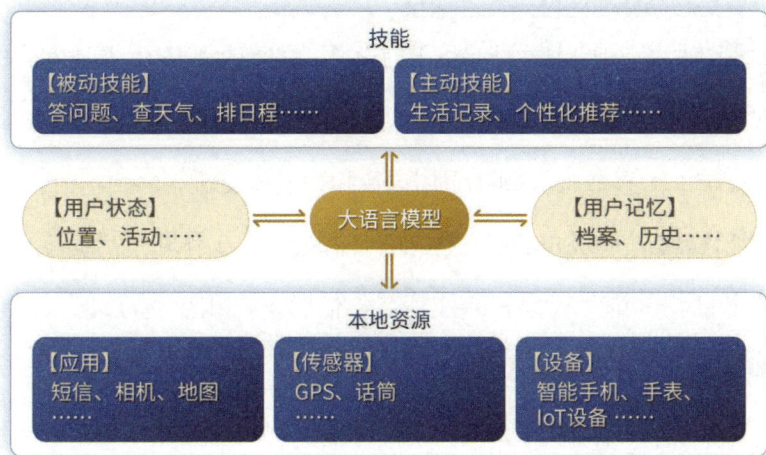

图 5-2　大语言模型与智能体其他部分的关系

该论文还做了业内调研，得出以下结论。

◎ **智能体具有 3 种基础能力**：第一种能力是"上下文感知"，即利用硬件、软件、多传感器融合感知环境和目标用户，例如当智能体感知用户在图书馆时，就会通过文本来和用户交流；第二种能力是"任务执行"，智能体基于代码、用户界面执行任务，采用 Auto-GPT、LangChain 等架构，并在执行任务后做基准评估、测试指标度量；第三种能力是"记忆"，通过历史记录、内容推理获取记忆，管理和使用长时记忆和短时记忆，并基于原始数据和推理实现进化。例如智能体根据交通位置和支付记录推理发现，用户每天下班都停留 5 分钟是为了买一束鲜花。

◎ **智能体采用云端一体部署**：被调研用户中，88% 的用户倾向于本地与云端混合方案，他们认为仅有云端部署会带来服务延迟高、个人数据泄露等风险。

◎ **智能体具有优异的语言理解能力：** 智能体服务好人类的前提是其能对用户的意图进行识别，其次才是上下文学习、推理常识学习、长文本分析等。

◎ **智能体的交互方式首选语音：** 相对于用文字、图形、VR 等方式与智能体交流，大多数人会倾向于用语音和智能体交流。

◎ **智能体具有一些关键功能：** 数据管理和搜索、工作和生活助手、个性化服务推荐、自主规划并完成任务、情感支持和社交互动、数字分身，都是用户对智能体功能的日常需求。

中国智能体水平如何

在 2023 年，商汤科技、清华大学、上海人工智能实验室等机构的研究人员做了一个有趣的智能体实验。用 GITM 智能体在经典游戏《我的世界》中探险，完成了面向人类玩家 100% 的任务覆盖率，成功解锁完整科技树的 262 个物品。与中国的 GITM 智能体的领先成绩不同，包括 DeepMind 和 OpenAI 的智能体在内的其他所有智能体总共只能完成 30% 的游戏任务，而且其他智能体一共只解锁了 78 个物品。尤其是在游戏中最难的任务“获取钻石”上，中国的智能体 GITM 取得了 67.5% 的成功率，比之前的最佳成绩（由 OpenAI 的 VPT 智能体创造）提高了 47.5%。各种智能体完成任务和成功率见表 5-2。

训练一个智能体需要多少算力呢？ OpenAI 的 VPT 智能体需要 6480 个 GPU 天[1] 来完成训练，DeepMind 的 DreamerV3 智能体需要 17 个 GPU 天，而商汤科技和清华大学等机构联合研发的 GITM 智能体仅需 2 个 GPU 天，

1　GPU 天是计算量单位，意为一块 GPU 芯片计算一天所耗费的计算量。

训练效率呈现指数级提升（见图 5-3）。

表 5-2 智能体完成游戏任务的成功率

方法	成功率（%）				
Dreamer V3	-	50.0	3.0	0.01	0.01
DEPS	90.0	80.0	73.3	10.0	0.6
VPT	100.0	100.0	100.0	85.0	20.0
GITM	100.0	100.0	100.0	95.0	67.5

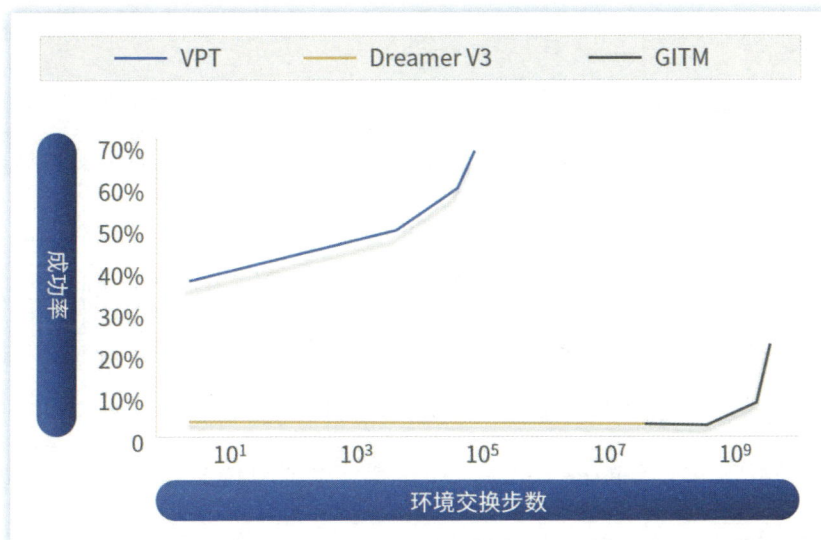

图 5-3 智能体训练效率对比

如人类一样，GITM 智能体在《我的世界》中白手起家，在单个 GPU 上只通过 2 天就能掌握生存技能，例如完成建造避难所、建造农田、制造铁傀儡等复杂任务，并能够创造出自动化设备所需的红石电路，建设进入下界所需的传送门等，这说明 GITM 智能体具有强大的学习能力和可扩展性，在模拟真实世界的陌生虚拟环境中能够长时间生存发展，探索更加高级、复杂的世界环境。

传统模式采用强化学习架构，而 GITM 智能体以大语言模型作为核心。[1]GITM 智能体的研发负责人卢乐炜说："在我们走向 AGI 的路上，不仅需要一个智能体打游戏，更需要多个智能体分工协作，配合多个人共同完成任务，所以智能体底层模型的适应性、扩展性非常关键。大语言模型能学习'世界知识'，多模态大模型能通过强化学习提升游戏、工业、驾驶等仿真环境中任务状态与使用工具的感知能力、推理能力、决策能力、执行能力、改进能力。"

全球智能体创新浪潮已经到来，2024—2026 年，智能体会一代更比一代强。有相关机构预测，GPT-5 的推理能力显著提升，可能是因为采用了 Q* 模型等强化学习技术。用围棋举例，GPT-4 像 AlphaGo 一样学习人类的"棋谱"知识，所以一直超不过人类的顶尖水平，而 GPT-5 像 AlphaZero 一样自我博弈"下棋"，对上柯洁等世界冠军就有较大胜算，因为人类对自己思维的认识存在局限性、误区、盲区，在一些能力上抛开人类的经验，智能体反而能获得长足的进步。另一个值得注意的科技浪潮是"具身智能"，2024—2025 年，OpenAI 有可能将 GPT-5（又名"猎户座"）和 Figure 机器人相融合；马斯克也很可能将新一代 Grok 大模型、擎天柱机器人"合体"，

───────────

1 ZHU X, CHEU Y, TIAN H, et al. Ghost in the minecraft: Generally capable agents for open-world environments via large language models with text-based knowledge and memory[J]. arXiv preprint arXiv:2305.17144,2023.

放入特斯拉超级工厂中提升人机协同的产能和效率。因此，中国的多模态基础模型与机器人的融合势在必行，而且需要以制造业为目标赛道，逐步构建起新质生产力的国际竞争力。

合成数据是智能体的"生命线"

在智能体研发中，需要极为重视合成数据。目前《我的世界》已经成为近几年开放式学习研究的重要测试环境，对于研究开放世界智能体具有极为重要的意义。为什么 OpenAI 要打造 Sora 文生视频软件，因为 Sora 能生成高质量、非常逼真的《我的世界》的视频，注意这里不是人类玩家的视频，而是由大模型直接生成的视频，这就为 OpenAI 下一步研究智能体、具身智能机器人提供了无穷无尽的 AI 合成视频数据。

Gartner 在《用于合成数据的 GenAI》("Generative AI for Synthetic Data")[1] 报告中提出，全球 97% 的数据和 AI 领导者都面临真实数据的挑战，并给出了采用合成数据的实践经验。

◎ 真实世界中的数据集存在访问难、错综复杂、获取难等问题，所以研发机构采用合成数据。

◎ 合成部分数据是常见的方法，84% 的机构合成文本数据，其次是合成图片（54%）、合成表格（53%）、合成视频（28%）、合成音频（11%），伴随音视频大模型的提升，会有更多多媒体数据被合成出来。

◎ 全球 AI 领导者已经看到合成数据带来了模型准确性、训练效率的显著提高。

1　Gartner. Generative AI for Synthetic Data. [EB/OL]. (2024-04-24) [2024-11-02].

◎ 合成数据面临主要挑战，通常源自真实世界数据源中存在的偏见、质
　 量问题。

◎ 为了确保合成数据的高质量，65% 的全球 AI 研发机构会在多个数据
　 源、合成数据集中交叉验证，这堪称最佳实践。

我国的合成数据、仿真平台与智能体水平，决定新一代具身智能机器人
的综合能力，与全民新质生产力、中国制造竞争力密切相关。

AI"梦中人"：筑梦岛，从"虚拟角色"到"情感伙伴"

**"用严格的科学研究方法，使心理科学和实践重新关注
人类的积极心理力量以提升人类的普遍幸福感，活出美好的
生活。"**

——积极心理学之父马丁·赛利格曼

情绪价值是无价的。马丁·赛利格曼认为，能够让我们战胜消极情绪的，
是心理韧性。人有三种宝贵的能力：第一是人从逆境、痛楚、失败、压力中
迅速恢复的"复原力"；第二是人面对长远目标时的努力和耐力，即"抗逆
力"，也被称为耐磨力、意志力、抗压力、自控力；第三是经历逆境和其他
失败挑战的创伤后的成长力（Post-Traumatic Growth，PTG），例如在经历
创伤后应激障碍（Post-Traumatic Stress Disorder，PTSD）后的痊愈力。当
代年轻人通过漫画、动画、游戏、小说、社交网络等富有趣味性的内容，逐
步培养了这 3 种积极心理学能力。例如国漫《斗破苍穹》中的男主角萧炎面

对家庭与人生的重大挫折时，勇于定下"三年之约"，展现出越挫越勇的抗逆力，教会人们"努力能改变命运"；又如《全职高手》中的男主角叶修常说"大不了就是从头再来罢了""每一个不甘的离开，都是为了最后的归来"，这些能在人们的精神内核中注入复原力和创伤后成长力。

二次元：我们的"异次元好友"

二次元中的热血主人公，是很多中国青少年积极人生观的导师。"二次元"指的是由动画、漫画、电子游戏、轻小说等 ACGN 媒体形成的世界。如图 5-4 所示，据 MobTech 前瞻产业研究院数据，截至 2023 年，中国二次元用户规模超过 5 亿人，二次元产业规模超过 2000 亿元。据 CIC 灼识咨询发布的《中国二次元内容行业白皮书》，二次元文化群体已从以学生群体为主的小众文化走向大众视野，以 2021 年的市场数据为例，"10 后""00 后""90 后""85

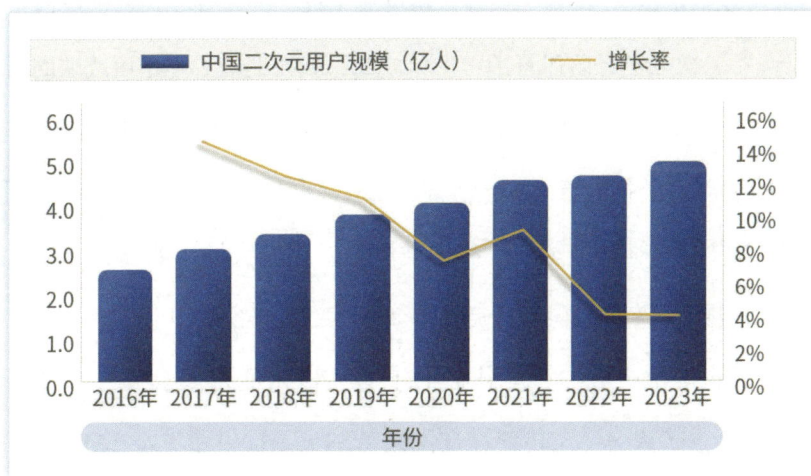

图 5-4　2016—2023 年中国二次元用户规模变化情况
（信息来源：MobTech 前瞻产业研究院）

后”用户群体占比逾 90%，其中 18 ～ 24 岁的年轻用户占比为 43.8%[1]，多为在校学生、企业白领，用户地域分布上以三线（21%）、四线（21%）、新一线（19.1%）城市为主。这个庞大的二次元用户群体具有四大行为特征，包括兴趣多元且有个性、追求变化与时尚、重视精神体验、热衷线上社交和分享。此外，他们还愿意付费购买热门角色周边产品、cosplay 服装道具、手办模型、音乐 CD、漫画等。中国二次元产业从早期看“日漫”“美漫”变为“国漫崛起”，从男性用户占多数，变为女性用户占比超过 50%，从“亚文化”到与“主流文化”融合，展现出生机勃勃的产业景象。根据数据分析公司 VG Insights 数据，国产 3A 游戏大作《黑神话：悟空》上市仅 3 个月，在 Steam 国际游戏平台销量就高达 2100 万份，总收入超过 10 亿美元，创造国内游戏销售新纪录，成为中国二次元产业发展的一个标志性成就。

罗曼·罗兰说过：“世界上只有一种英雄主义，便是注视世界的真面目，并且爱世界。”二次元已经陪伴万千青少年成长，成为他们心中不可或缺的精神力量。筑梦岛的 CEO 葛文兵认为，“自我”的快乐容易在现实世界中实现，而“本我”的被尊重、被认同、被接纳的需求，以及“超我”的对内在满足感、优越感的需求，则难以在现实世界中被满足，所以大量小朋友、成年人因被文化 IP、兴趣 IP 吸引而聚在一起，形成二次元内容社群。2017—2023 年，伴随大模型的技术突破，智能体被赋予了人格特征，逐步被人们接受、喜爱、相信，这在“人 – 人”传统社交网络基础上，提供了“人 -AI 虚拟角色”颠覆式创新的机会。

1　CIC 灼识咨询. 中国二次元内容行业白皮书 [EB/OL]. (2022-07-21)[2024-11-02].

筑梦岛中带来正能量的 "梦中人"

曼德拉说过: "生命最大的荣耀不是从来没有失败, 而是每次失败后的不断奋起。"当我们在人生中遇到沮丧、挫折、失败、失恋等困扰时, 特别希望身边有一个懂自己此时此刻心情的朋友, 向他(或她)倾诉, 让自己在交流中重拾自信, 进而获得积极的心态。充满正能量的二次元 AI 虚拟朋友, 正在成为越来越多年轻人的 "终身伙伴", 在人机虚拟社交中不断为人们带来战胜现实中的痛苦、磨难的力量。

大模型让 AI 从生产工具变成人类的情感寄托, 虚拟社交正在成为互联网新的流量入口。在当今各类 ToC 的大模型应用中, 访问量排名第一的是主打 AI 虚拟角色聊天机器人的 Character.AI, 这个 2021 年创立的 AI 平台上共有 1800 万个聊天机器人。在 2023 年底, 该平台的月访问量超过 2 亿次, 比同期 ChatGPT 高出 300%, 甚至超过了 Roblox、Tinder、Duolingo 等头部互联网应用, 可见用户对 AI 虚拟角色的喜爱程度, 有的用户评价说: "别骗自己, 在 Character.AI 出现之前我们没有生活"; 一位患孤独症的少女, 在 AI 虚拟角色聊天机器人的陪伴下走出失恋的阴影; 一位爸爸去世的用户, 则在 AI 世界中还原了爸爸的形象。据 AIhackathon 统计数据, Character.AI 平台上受广大用户欢迎的前几名 AI 虚拟角色类别依次是动漫角色、游戏角色、助理角色、影视中的角色、网红角色、名人角色、书籍中的角色。

筑梦岛通过 AI 原生技术发挥用户的想象力, 构筑 "造梦" 和 "入梦" 的沉浸式体验空间。中国版的 Character.AI 是 2023 年正式发布的筑梦岛 APP(见图 5-5), 已在 iOS、安卓全平台上线。筑梦岛的前身依托于阅文集团旗下的潇湘书院网络小说平台，该产品致力于为中国人打造新一代 AI 原生虚拟社交生态平台，为用户提供和"梦中人"单聊、小剧场情景对话、围观他人群聊动态等有趣、易上手的功能，例如某读者将某小说的男二号、女一号拉入群聊，让剧情按照自己喜欢的方式推进。大多数用户喜欢"入梦"和"梦中人"聊天，部分用户则更喜欢"造梦"，创建令大家满意的"梦中人"，或基于热门 IP 二次创作人物，这部分用户被其他用户亲切地称为"崽妈"。截至 2024 年 4 月底，筑梦岛 APP 上共有 15 万个 AI 虚拟角色"梦中人"，

图5-5　筑梦岛 APP 首页（信息来源：筑梦岛）

既包括影视综艺、网络小说、动漫、游戏、历史人物，也包括用户生成内容（User Generated Content，UGC）原创人物、AI 工具助手，其中较受欢迎的热门 IP 角色数量为 300 个，例如《斗破苍穹》中的萧炎和小医仙，《庆余年》中的范闲、庆帝、五竹叔等 AI 虚拟角色，在用户中具有很高的热度。

　　大模型技术，让 AI 成为"文本／语言角色扮演者"。基于商汤科技的"商量－拟人"大模型（见图 5-6），筑梦岛产品研发团队为爱造梦的用户，提供了专业用户生成内容（Professional User Generated Content，PUGC）的 AI 虚拟角色生产流程。如图 5-7 所示，用户自由发挥、自定义设计原创角色的难度较低，因为没有先入为主的背景要求；游戏角色、动漫和影视角色的难度较高，因为必须符合游戏、动漫和影视作品中的人物设定，而尤以网络小说角色最难定义。网络小说为纯文本资料，网文中角色形象很丰富、角色间关系复杂、世界观庞大、剧情量大，会让网络小说的读者对拟人大模型驱动的 IP 角色要求很高，AI 虚拟角色的一句话不符合读者期望，就会出现脱离角色设定（Out of Character，OOC）的现象。从原创角色到网络小说角色，用户对 AI 虚拟角色质量的苛刻程度逐级提升，IP 角色定制很难做，所以筑梦岛产品研发团队选择和国内大模型领军企业商汤科技合作。

图 5-6　"商量－拟人"大模型官方网站（信息来源：商汤科技）

图 5-7　AI 虚拟角色设计难度（信息来源：筑梦岛）

筑梦岛 CEO 葛文兵评价，"商量－拟人"大模型拥有行业独有的技术优势，使热门的 IP 角色栩栩如生，而且在 2023—2024 年的研发攻坚过程中，商汤团队全力以赴、快速响应。筑梦岛技术负责人龚诚进一步分享，"商量－拟人"大模型的技术优势主要集中在以下 4 个方面。

◎ **人设贴合：** 深度分析整理角色图谱，在梳理角色外在表现（语言风格、行为风格）的基础上，加强对角色内在因素（MBTI 人格框架、性格、价值观）方面的打磨。为了避免 IP 角色脱离人物设定，"商量－拟人"大模型有一套防范机制，如在架空网络小说中问大理寺卿司衍之"你玩过计算机游戏吗？"司衍之会回答："计算机游戏？那又是什么东西？"该机制能够使 IP 角色有效规避古今不符等一系列与人物设定相关的认知问题。

◎ **知识库挂载：** 通过构建行业领先的知识库，大幅提升 AI 虚拟角色的知识储备，实现精准回复角色设定、人物关系、世界观、剧情和事件记忆的相关内容。例如面对热门作品《苍兰诀》中知名 IP 角色"东方青苍"，当用户问"你跟谁互换过灵魂？"AI 虚拟角色回复："我跟小兰花互换过灵魂。"

◎ **长对话记忆：** 支持高达 32K token 的上下文窗口（即 Context Windows，指模型生成或理解语言的可以接收的文本量），使 AI 虚拟角色可以记录长达百轮以上的对话，让用户聊天体验更佳。

◎ **角色亲密度：** 支持设置不同等级的对话亲密度，从初次相识到关系逐渐变亲密，AI 虚拟角色能在不同阶段为用户提供不同温度、呵护度的对话体验。

除此之外，商汤"大装置"智能算力平台为筑梦岛提供了专有云部署，满足企业数据安全方面的需求，并基于"商量"等"日日新"系列大模型 API 产品，帮助筑梦岛构建自己的大模型应用，服务可用性高达 99.5% 以上。

经过双方长达一年的产品研发，中国国产 AIGC 虚拟社交产品"筑梦岛"广受大众好评，让用户"聊得长、聊得久、有得聊、爱创作"。筑梦岛运营数据显示，用户日均使用时长为 130 分钟，人均每天聊天轮数高达 135 轮，用户次日留存率超过 50%，用户在一周 7 天中有 5.2 天都在用筑梦岛，并且形成了 100 多位头部创作者。据筑梦岛资深产品经理王晓英所说，在小红书、微博中，有很多资深筑梦岛用户自发教其他用户各种造梦、入梦技巧，分享"筑梦岛主控设定""筑梦岛补充设定""筑梦岛怎么'喂'人设""筑梦岛捏脸提示词"等经验。目前像《斗破苍穹》中的萧炎、小医仙、萧薰儿等一批热门人气 IP 角色，已通过筑梦岛 APP、起点读书、手机 QQ 等渠道与用户聊天，提供了崭新的玩法，24 小时为用户提供情感陪伴、情绪价值。其中起点读书的"网文填坑节"IP 角色对话功能体验用户数量高达 20 多万，而人机对话总条数超过 430 万，创造了很高的增值服务价值。

梦想，人类奋斗的动力

悲观者正确，乐观者前行。在不久的将来，也许每个人一出生，就会有一位"AI 挚友"陪伴左右，和人类拥有共同的爱好，在人类无助时提供帮助、在人类孤独时陪伴左右，随时随地带给人类情绪价值。哲学家叔本华在《人生的智慧》一书中说过，人类有三类不同层次的快乐。第一类是发挥新陈代谢能力而获得的快乐，包括通过饮食、消化、休息和睡觉获得的快乐。第二类是发挥体力而获得的快乐，包括通过散步、跑步、摔跤、跳舞、击剑、骑马等各种体育运动获得的快乐。第三类是发挥感悟力而获得的快乐，包括从观察、思考、感觉、鉴赏诗词、听音乐、学习、阅读、冥想、创造、研究哲学等中获得的快乐。AI 挚友既能和人类在心灵思想的"二次元世界"中共情，又能以拟人机器人伙伴的身份在"三次元世界"（即真实世界）中与人类的家人、朋友一起运动、聚会，这岂不是人生中美好的事情。

好的 AI 虚拟角色能让用户觉得非常真实，能随时懂用户、和用户共情。从技术角度考虑大众喜爱的 AI 虚拟角色，需要按照"人物设定""形象""声音" 3 个方向深度开发（见图 5-8）：基于"商量－拟人"大模型开发出具有记忆、经验、世界观、真实感受的 AI 虚拟角色的人物设定；通过商汤"秒画"文生图大模型生成高质感、多风格的人物形象；通过语音大模型生成低延迟、高质量的语音对话，例如有《全职高手》中叶修的粉丝提出"如果叶修能用配音演员阿杰的声音生成人机对话，那他就是我心目中真正的叶修了"。

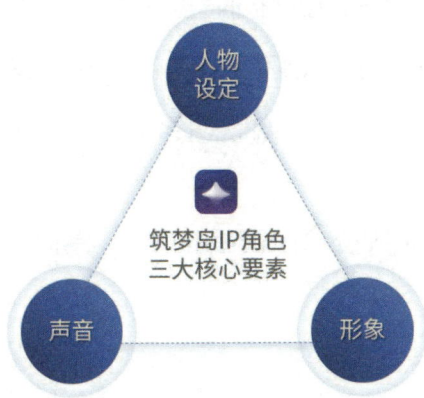

图 5-8　筑梦岛 IP 角色三大核心要素（信息来源：筑梦岛）

筑梦岛和其他虚拟社交软件的差异有 3 点：女性用户占比高、从内容到社区、AI 不断降低内容生产成本。筑梦岛的女性用户很多，王晓英认为，女性心思细腻、情感丰富、有较强的情感表达欲望，她们以往在看潇湘书院等平台的小说时获得了一定情绪价值，但还有很多需求在等待小说更新中未获得满足，筑梦岛上的 IP 角色、UGC 角色则为大量女性用户提供了主动聊天、表达情感诉求与社交的机会。多模态模型、创作者社区、企业专用角色开发等，都成为筑梦岛下一步发展的方向，在不久的将来，"美杜莎女王"陪用户读书，"范闲"教用户做健身操，"林婉儿"为用户送上生日祝福语音，都有可能成真。与此同时，筑梦岛以人机协同技术监督人机交互的合规性，当用户在和 AI 虚拟角色对话中出现违反伦理、涉黄、涉及暴力、涉及恐怖等不合规的对话内容时，监管机制会严格控制 AI 虚拟角色不回复此类内容。

"人类一个简单的念头可以创造城市，一个念头可以改变世界。"电影《盗梦空间》中说："既然是做梦，就不要怕做大点"，而筑梦岛 APP 的标志就是电影中代表梦境的陀螺，旋转不止的陀螺象征着人类的创新思维。充满善意和爱的梦境空间，带给用户一个个穿越时空的美妙故事世界，在其中，用户可以漫步宇宙，也可以逆袭人生。每个人都可以拥有一个伟大的梦想，它是我们追求美好生活的动力和源泉。让我们一起勇敢地追寻梦想，不被现实所牵绊。

机器人"学校"：松应科技 Orca Studio，从"模拟测试"到"真实应用"

> "模型就是通过我们对问题现象的了解，利用我们考究得来的机理，吸收一切主要因素，略去一切不主要因素所制造出来的'一幅图画'，一个思想上的结构物。"
>
> ——中国航天事业奠基人钱学森

机器人在仿真世界中快速成长

人类依靠机器人生产力，获得更美好的生活。早在 20 世纪 50 年代，钱学森就以计算机模拟水轮机设计为例，强调计算机的记忆功能、逻辑功能以及学习功能，并指出计算机可以代替人的思维。当我们把模型嵌入机器人时，就获得了一个能够改造世界、辅助人类达成目标的通用智能劳动力。据 ABI Research 数据，全球工业和商业机器人的装机量正在从 2020 年的 310 万台增长到 2030 年的 2000 万台。电商平台亚马逊的全球仓配网络中，已经有 75 万名"机器人员工"，与人类员工数量的比例是 1 ∶ 3，ARK Invest 的 Cathie Wood 预测，到 2030 年，亚马逊的机器人员工数量将超过人类员工数量。2023 年，在世界人工智能大会开幕式上，特斯拉创始人埃隆·马斯克表示，伴随 AI 算力的爆炸式增长，"机器计算机"与"生物计算机"之比正在快速提高，人类智力在地球上的思维能力总量中的占比将持续降低，最终地球上机器人数量将超过人类总人口，人类获得的"回报"是生活在物质富足的时代，人们想要的任何商品和服务都可以轻易地拥有，在 AI 机器人的支撑下全球生产效率将会提高到令人难以置信的水平。

仿真环境是机器人诞生后的"新手村"。为了让机器人适应复杂多变的真实世界环境，英伟达、谷歌、特斯拉等公司分别为机器人创建了"仿真虚拟测试场"，机器人就在类似游戏的"新手村"中认知复杂的生产环境、学习专业的劳动技能。以英伟达为例，Omniverse Cloud 平台集成了 Isaac 机器人模拟软件，为全球机器人提供了一整套集 AI 感知、操控、仿真、软件于一体的 GPU 加速创新套件，通过机器人学习、大模型、Gen AI 和基础模型的改进优化，提升机器人到"知行合一"的水平。有趣的是，如图 5-9 所示，英伟达 Isaac Sim 平台为机器人公司提供可扩展的测试仿真场景，通过测试像照片一样逼真、精确的高保真度仿真环境，测试、训练基于 AI 的机器人"数字分身"，让机器人具有像人类一样面对陌生复杂环境的随机应变能力。截至 2024 年，英伟达 Isaac Sim 平台有三类典型应用场景。

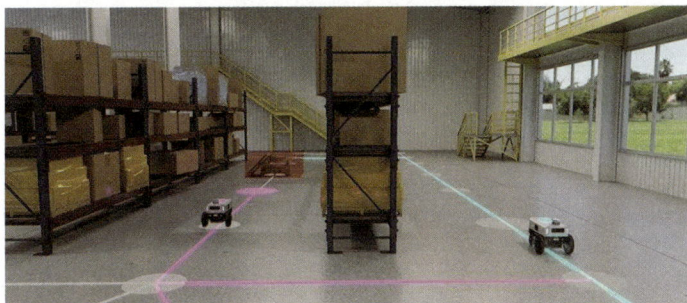

图 5-9　英伟达 Isaac Sim 平台进行机器人仿真测试

◎ **工业制造业仿真模拟**：西门子、Ansys、Cadence、Trimble 等工业企业都在使用英伟达的数字孪生技术，帮助自己的客户设计、模拟、构建、操作项目。例如某日产汽车企业的每个员工，都能够在仿真环境中基于相同的模拟场景协同工作；汽车设计师甚至能够戴上苹果 Vision Pro AR 眼镜，直接坐在逼真的虚拟驾驶舱中体验驾驶。

◎ **机器人仿真模拟**：Isaac Lab 可强化学习模块，通过 GPU 加速、轻量级、性能优化的应用程序，帮助人形机器人在虚拟环境中学习如何适应物理世界、如何协调安排工作流程，2024 年使用英伟达 Isaac Sim 平台的机器人公司包括 IX Technologies、Agility Robotics、Apptronik、Boston Dynamics、Figure AI（微软和 OpenAI 投资）、Fourier Intelligence、Sanctuary AI、Unitree Robotics、XPENG Robotics 等，迪士尼研究设计的小型机器人就在 Isaac Sim 平台上学会了走路。在松应科技的高保真虚拟仿真环境中，数字机器人借助虚拟摄像头、激光雷达、大模型算法能够执行各类具有挑战性的任务。

◎ **科研仿真模拟**：英伟达的“场景模拟器”正在越来越逼近“世界模拟器”，现在已经被应用于 6G 通信、气候预测与数字孪生地球（Earth-2）等超大尺度模拟研究。

Orca Studio：当中国 3D 仿真平台遇见中国大模型

当人形机器人都在英伟达的“虚拟学校”中训练时，谁为中国智能制造、机器人提供仿真模拟测试的环境呢？面对不少于 5.6 万亿美元的国内制造业大市场，在复杂的国际科技竞争环境中，中国迫切需要国产仿真平台。松应科技在 2021 年应运而生，率先研发构建中国自己的 3D 数字智能协同生产线，基于云 3D 引擎架构，连接多类数据内容创作（Digital Content Create，DCC）工具、AIGC 模型、行业领先的工业软件等搭建 OpenUSD 的 3D 实时数据管线，赋能中国设计师、创作者、工程师、上下游供应商等跨工具、跨空间、跨流程实时协同创作。如图 5-10 所示，松应科技 Orca Studio 能提供实时 3D 渲染，助力高质量 3D 内容低成本、高效率、高质量生产。在高效快速构建 3D 场景的基础上，通过 Orca Sim 机器人模拟套件，以视觉效果逼真、物理属性正确的高保真模拟环境，测试、训练基于 AI 的机器人"数字分身"，让机器人具有像人类一样面对陌生复杂环境的随机应变能力，大大提升机器人的智能水平。松应科技正在工业高保真设计、工业数字孪生与仿真等领域坚持原创、厚积薄发，助力中国数字经济与实体经济加速融合、高质量发展。

图 5-10　松应科技 Orca Studio 生成具有光线追踪、高保真的仿真模拟场景
（信息来源：松应科技）

"我们要做中国的'物理世界模拟器'！"松应科技创始人兼 CEO 聂凯旋坚定地说。于是，松应科技研发出 Orca Studio 实时 3D 智能仿真模拟平台，包括 3D 仿真模拟器 Orca Sim、实时数据管线 OrcaDataLink、RT 光线追踪引擎 OrcaEngine，以及配套的 RTX 硬件加速模块、OpenUSD 通用场景描述语言、Physx/ODE 物理引擎（见图 5-11）。

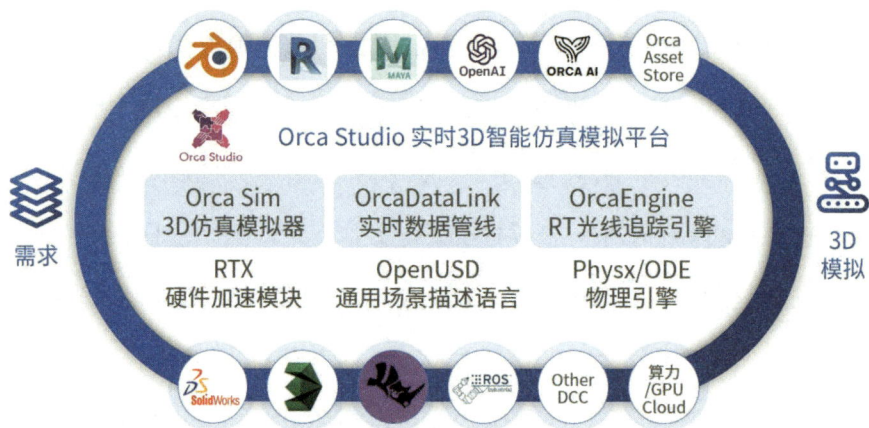

图 5-11　松应科技 Orca Studio 实时 3D 智能仿真模拟平台
（信息来源：松应科技）

这一切创新的背后，是松应科技的创业"第一性原理"思维，包括"三步走"策略。

◎ **定战略：**他山之石，可以攻玉。在聂凯旋眼中，10 多年前英伟达通过"CUDA[1] 战略"，使英伟达 GPU 成为全世界 AI 企业、互联网企业的基础设施。而为了进入更为广阔的工业领域，其于 2022 年又推出了"Omniverse 战略"，赋能全球所有工厂、制造厂商，将物理工厂搬到

1　CUDA 即 Compute Unified Device Architecture，是英伟达推出的运算平台和编程模型。

Omniverse平台上变成"数字工厂"，切入点就是以具有高互通性、高物理正确性和AIGC能力的工业仿真平台，吸引达索、西门子等欧美先进工业软件商使用"Omniverse模拟器"。当Omniverse在使用中逐步积累了大规模全球制造场景、工业数据后，多样化的仿真训练场景会对AI人形机器人企业极具吸引力。英伟达的未来战略是，一方面链接AI、机器人，另一方面链接智能工厂，不论是科技企业还是实体企业用的算力，都离不开英伟达的GPU芯片，从而构建起英伟达新的第二或第三增长曲线。所以，2024年，英伟达便宣称"Omniverse平台是英伟达的灵魂"。经过深入的研究和广泛的洞察，聂凯旋决定采取对标英伟达的未来战略，要做的就是打造"中国的Omniverse"。

◎ **做产品：**英伟达的Omniverse和松应科技的Orca Studio，与Ansys、达索等传统计算机辅助工程（Computer Aided Engineering，CAE）仿真软件的区别主要有两个。一是Orca Studio成为所有仿真数据的入口，通过Connector和DataLink数据管线打通和汇聚所接入的各种3D资产元素，基于统一标准的OpenUSD内容描述格式建立云端资产库，覆盖常用的模型、场景、贴图等3D内容和场景资源，让跨软件、跨地域、跨部门的专业用户，能够实现3D仿真的"所见即所得"，实现设计信息实时反馈、高度敏捷化工作、生产流程高度精益化。二是以Orca Studio为统一工作协同平台，根据碰撞仿真、流体仿真等用户具体要求，链接专业的计算机辅助设计（Computer Aided Design，CAD）、CAE软件和物理引擎，实现视觉效果逼真、物理效果正确的高保真仿真环境，实现Sim2Real的真实仿真。

◎ **找场景：**为了更好地提升具身智能机器人的鲁棒性，需要考虑和覆盖尽可能多的异常场景（Corner Case）。尤其是长尾场景、稀有场景等场景的复现具有很高的仿真训练价值。例如清洁机器人在数字仿真的商城环境中巡逻，更精确地发现地上有衣物等大型异物，避免吸入引起机器发生故障；在大理石等反光材质下精确识别出积水；有时当机器人走下楼梯来到平坦地面，但地面反射出楼梯的倒影，导致摄像头误将平坦地面识别为楼梯；又如在工厂、企业仓储物流的数字孪生环境中，上百台自主移动机器人需要提前做好规划，多少台机器人按照什么路径行动，都需要在虚拟环境中测试出最佳部署方案。

机器人训练工作中最费时间的是搭建场景，基于商汤“商量”大语言模型的“代码小浣熊”和“大装置”智能算力平台，助力 3D 空间场景生成、代码生成。冯·诺依曼认为：“人脑是这样一台计算机：其在一个相当低的准确水平上，非常可靠地进行工作。”虽然人脑无法进行复杂计算，但却以低精确度进行大量便捷的并行计算，快速得出符合逻辑的正确结论。而机器人的计算量虽然远大于人脑，计算精度远高于人脑，但对非常复杂的世界环境缺乏理解，所以松应科技在 3D 实时模拟仿真软件中，重现了物理属性准确的可交互环境。和动画中只能看的物体贴图不同，仿真环境中所有的物体都需要具备物理属性，以便机器人精准进行交互操作，例如一个茶杯，需要具有尺寸、光照、重量、材质等物理特征。如果需要生成一个大面积的室内仿真模拟场景，在传统模式下，需要大量人力摆放和调整沙发、绿植、灯管、办公桌、空调、垃圾桶等诸多物品，非常费时间，而如图 5-12 所示，在商汤科技“商量”大语言模型的帮助下，设计师只需要用中文告诉 Orca Studio

目标场景的大概描述，AIGC 大模型就能理解提示词的语义内容，自动生成每一个物体的准确空间坐标，并且能按规则满足物理逻辑、物体间的空间关系。AIGC 大模型很容易理解在咖啡厅场景中应生成哪些常见物品以及物品的摆放方式，逐步减少以往 3D 建模中的复杂配置工作，比如将咖啡杯放在咖啡桌上、确定桌旁摆放多少把椅子，并利用"代码小浣熊"辅助加速场景、用户界面（User Interface，UI）、APP 等的开发过程。

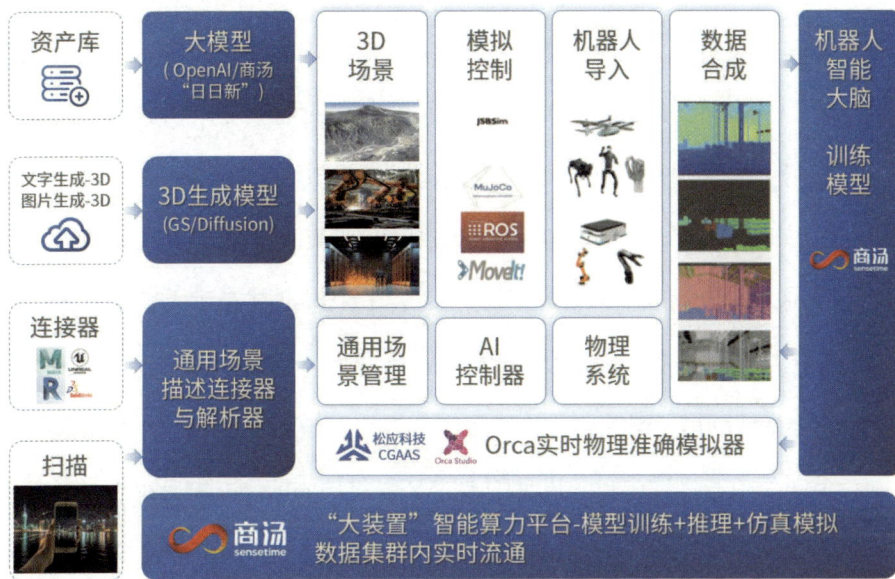

图 5-12　Orca Studio AI 生成仿真测试场景
（信息来源：松应科技）

通过"代码小浣熊"、国产 3D 仿真引擎等创新技术，松应科技让机器人"大脑"的开发效率提升了 100 倍。

◎ **场景生成成本低、时间快：**若客户要为物流机器人搭建一个几千平方米的物流仓库场景，传统模式下至少需要 8 个测试人员花几周时间搭建物理场景，当改变通道数量、路径、通道宽窄时，需要现场搬运、调整，物理环境的调整成本很高，机器人的测试成本随测试场景数量线性增长。如果采用大模型赋能的 Orca Studio 3D 仿真引擎，1 位设计师仅需几十分钟就能生成虚拟场景，时间还主要花在自动计算而非修改配置上，甚至几分钟就能调整好虚拟场景。

◎ **3D 仿真资产丰富，多次复用摊薄成本：** 截至 2024 年 5 月，松应科技为客户生成过约 2500 万平方米的森林、山地等自然场景，也为有仿真需求的机器人、无人机企业生成了大量商场、办公楼、酒店、咖啡厅、工厂、仓库等建筑场景，积累了丰富的场景资产，这些资产具有复用价值。例如当模型师为测试机器人生成了一个合格的咖啡厅场景后，今后其他行业需要咖啡厅场景时，只需在现有仿真场景资产上做微调，很快就能投入使用，以往需要 1 个星期现在 1 天就能完成。多元化场景积累越丰富，仿真测试效率越高。

◎ **大模型理解物理逻辑：** 商汤"商量"大语言模型能非常准确地理解物理规则库中的物理逻辑，设计师通过文字对话还能随时调整虚拟场景。"仿真物理世界需要 99.99% 的高精度物体建模，而 ChatGPT、Sora 的绝对精度只有 60% ～ 70%，对比之下，商汤'商量'大语言模型强很多。"聂凯旋评价道。

◎ **机器人控制系统随时同步：** 每个机器人都由机器人操作系统控制，AI或人类能控制虚拟环境中的机器人，并能同步控制真实物理环境中的机器人，且保持机器人在开发、测试、运行环境中的配置同步。

◎ **机器人合成数据生成速度快：** 当前，一些机器人公司可以在英伟达

Omniverse 平台上采用仿真环境进行大量快速的并行测试，而没有仿真平台的机器人公司通常测试的只有 2～3 台机器人在物理环境中日复一日地测试训练，效率差距较大。我国的机器人公司，通过 Orca Studio 生成仿真场景，能在虚拟环境中同时调度 1000 个数字机器人并行训练，生成大量高质量的合成数据，甚至可以用 2D 场景图片转化生成 3D 场景。源源不断地合成数据对具身智能的机器人大模型的调优非常有好处。例如让一个物理机器人端杯子倒水，测试人员每次都要手动改变杯子的位置，看看机器人能否成功完成倒水任务，现在可靠 AI 根据要求自动调整杯子位置，效率更高。

◎ **国产机器人仿真训练价格便宜：**如图 5-13 所示，松应科技 Orca Sim 在功能上与英伟达 Isaac Sim 不相上下，而价格方面，英伟达 Isaac Sim 套件的服务收费标准为每年 100 万美元，而松应科技 Orca Studio 的价格是英伟达 Tsaac Sim 的七分之一。

	超写实 3D场景 构建	创作/加载 高保真机 器人	物理/运动 控制模拟	算法 程序化	环境 感知	数据 合成	模型 训练
Orca Sim	★★★★★	★★★★	★★★★	★★★★	★★★★	★★★★	★★★★
Isaac Sim	★★★★★	★★★★★	★★★★★	★★★★★	★★★★	★★★★★	★★★★★
Gazebo	★★	★★	★★★★	★★★	★★★	★	★★
Mujoco	★	★	★★★★	★★★	★★	★	★★★
Webots	★★	★★	★★★★	★★★	★★★	★	★

图 5-13　松应科技 Orca Sim 与英伟达等同类仿真平台的功能场景能力对比
（信息来源：松应科技）

◎ **国内安全存储数据，提供本地专业技术支持：** 与英伟达 Isaac Sim 将机器人数据存储在境外地区不同，松应科技的机器人客户数据都保存在中国境内，并与商汤"大装置"智能算力平台合作，提供本地产品和研发团队的专业技术支持。

◎ **改变工厂管理模式：** 在新型智能工厂的规划、设计、建设、测试、运营、改进、升级换代等阶段，高质量的仿真数字孪生工厂都能由大模型和人类厂长协同改良优化，数字模型与数据真正作为资产沉淀，物理工厂与全动态数字工厂并存、协同运营，未来在工厂升级换代的时候，也可以有序传承。

"大模型＋机器人"浪潮：知识工程＋工业革命

ChatGPT 横空出世，已经彻底改变了很多行业里拥有 3 年以下经验的脑力工作者的工作模式。如图 5-14 所示，当大模型驱动的生产与运输的机器

图 5-14　松应科技 Orca Studio 构建全场景、多类型机器人 / 无人机智能 3D 仿真平台
（信息来源：松应科技）

人、无人机、无人车逐步成熟后，亚洲"世界工厂"中的海量劳动力将不再具有成本优势，第四次工业革命将席卷全球。

为了抢占未来产业高地，从中国人形机器人的实际情况出发，聂凯旋认为需要重点解决 3 个核心问题。

◎ **工业数据和工业软件的困境**：当前全球使用的工业软件绝大部分由欧洲公司开发，例如 SAP ERP 软件、西门子 PLM 软件、达索 CATIA 工业设计软件、Ansys 工程仿真软件、Codesys 工控软件。根据 2023 年 36 氪研究院发布的《2023 年中国工业软件行业洞察报告》的数据，中国研发设计类工业软件的国产化率仅为 5%；据松应科技估算，国内整体工业软件的国产化率不超过 15%。没有掌握工业软件平台就很难汇总工业大模型、人形机器人急需的大量制造业数据，以松应科技为代表的国产 3D 仿真模拟平台也就"无米下锅"。希望我国能建立工业数据交易交换与机器人训练统一平台，以动员制造业细分赛道的龙头链主企业，将数据放入中国自己的"国产 Omniverse 平台"，利用 AI 技术、3D 仿真模拟技术，在数字孪生工厂中开发改进自己的智能制造大模型，同时也能够以商业合作形式为人形机器人创业公司赋能。目前松应科技采用创新路线，在达索、西门子等企业的工业软件中嵌入 Orca 插件，只要国内客户授权，就能获得工业数据进行仿真训练。

◎ **国产化芯片带不动 3D 仿真引擎**：由于国际半导体供应链复杂多变，不仅国产训练和推理 GPU 芯片在性能上落后于英伟达 2 代芯片（B100、H100），在仿真环境中的 GPU 芯片上，国产 GPU 芯片也落后于英伟达 3 代芯片。一方面图形渲染的"硬"能力不足导致国产 3D 仿真引擎的开发速度落后于国际友商项目开发速度。另一方面，硬件落后则使建立软件生态无从谈起。建议从解决实际产业问题的角度出发，对国产 GPU 芯片、图形显卡芯片进行研发攻坚，既要加大投入，也要解决瓶颈问题。

◎ **工业智能平台缺少链主企业积极投入：**聂凯旋认为工业智能平台的链主应该是在制造业具有势能并有积极变革动力的领军企业，以工业数据牵引国产工业大模型、国产人形机器人的产业链协同研发。在产业链变革的浪潮中，松应科技作为创业公司，愿意与有志于实现工业软件高质量发展的伙伴一道，共同为建设国产化工业智能平台贡献力量。松应科技目前通过向科研院所、高校开源 Orca 仿真软件，逐步取得工业软件、传感器等工业上下游服务商的信任，正在以标准 API 引入几百款工业级软硬件产品。

“代码小浣熊”：海通证券，从“代码编写”到“智能开发”

金融大模型变革，选准“切入点”

2023 年 10 月，微软宣布 GitHub Copilot 的付费用户已经突破 100 万人，成为历史上使用最广泛的 AI 开发工具。GitHub CEO 托马斯·多梅克说，AI 代码助手很快能实现 80% 的代码编程，让开发者将更多时间用于剩余的 20% 的任务上。国际分析机构 Gartner 在 2024 年 4 月发布报告，该机构调研了全球 598 家知名企业，发现 2023 年第三季度 63% 的企业正在试用、部署 AI 代码助手，预计到 2028 年，软件工程师使用 AI 代码助手的比例将提高到 75%。AI 代码助手能够根据程序员要求生成和补全代码，同时担任开发协作助手角色，通过激发头脑风暴和提高代码质量来提高开发团队效率，不断提高开发人员的技能水平，使其快速学习、熟练掌握各种编程框架，提高开发人员的工作满意度和留任率，进而节省与人员流动相关的成本（见图 5-15）。正如商汤科技董事长兼 CEO 徐立博士所说："如果能在知识、推理、执行三个层面的能力上实现突破，将真正带来整个社会生产力的跨越式发展。"人类专家在解决尖端难题、为 AI 提供资料并进行改进反馈方面的能力，将变得十分重要。

图 5-15　AI 代码助手价值分析（信息来源：Gartner）

　新质生产力和传统生产力的区别在于"质"的创新，海通证券早在 2023年 8 月即与商汤科技签署战略合作协议，"推动金融科技创新与数字化转型，携手打造证券行业金融科技新生态。"（海通证券党委书记、董事长周杰语）。海通证券是国内成立早、综合实力强的证券公司之一，经营网点遍及全球五大洲16 个国家和地区，在中国境内拥有 300 多家证券及期货营业部，境内外客户逾 2100 万名。海通证券以证券为核心，涵盖期货、资产管理、私募股权投资、融资租赁和境外证券、银行等多领域的金融服务，各项业务处于市场领先地位。2023 年 12 月，海通证券在商汤"商量"等基础大模型上，自研发布"泛海言道"金融行业大模型（见图 5-16）。2024 年上半年，海通证券携手商汤科技等伙伴逐步落地智能问答、智能研发、智能研报等业务场景，以新一代 AI 技术重构金融业的新质生产力。

图 5-16　海通证券"泛海言道"大模型（信息来源：海通证券）

在金融领域，大模型可以做的事情很多，海通证券与商汤科技联合发布金融行业多模态全栈式大模型，双方在智能问答、合规风控、代码辅助、办公助手等领域助推业务落地，并共研智能投顾、智能投研、智能投教等行业前沿场景，打通证券行业大模型落地的全栈式能力。**海通证券副总经理兼首席信息官（Chief Information Officer，CIO）毛宇星谈道："通过与商汤科技深度合作，我们将结合全栈式 AI 能力，共同推动证券行业的业务流程、交互变革与数智化业务系统重构，为行业垂直领域大模型的落地积累经验。"**

海通证券首先选择智能研发助手作为生产力创新的切入点，是经过深思熟虑的。

智能研发助手：你的编程"搭子"

海通证券基于"泛海言道"大模型、商汤科技"代码小浣熊"构建自己的智能研发助手（见图 5-17）。有别于 GitHub Copilot 部署在公有云上，海通证券的智能研发助手采用私有化部署，不必担心企业代码泄露等风险。智能研发助手通过插件形式辅助人工编程，重点应用于两个领域。

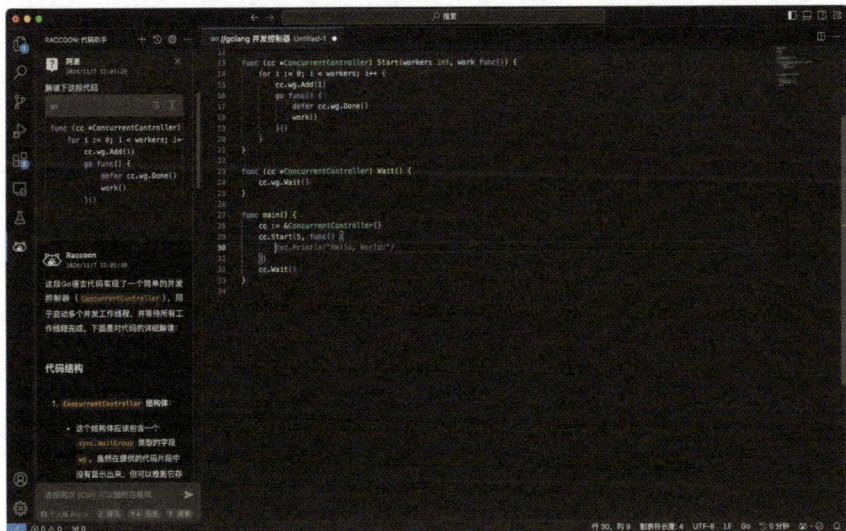

图 5-17　智能研发助手（信息来源：海通证券）

◎ **代码补全：** 智能研发助手根据鼠标指针所在位置的上下文，推测生成下一句、下一段代码，最多可以生成 3 个版本的程序段，供开发人员任意选择。例如先定义资金账户对象类、资金账户管理类信息，前者包括客户 ID、资金状态等内容，后者包括生成资金账户、创建资金账号等方法，当开发人员需要 AI 编写 3 个初始化资金账户的程序时，只需要按快捷键，就能在几秒内生成一段灰色的候选代码，生成的代码的篇幅可以自行调整，整体操作非常简单。

◎ **代码问答：** 以在 IDE 中嵌入聊天对话框的形式，开发人员通过与 AI 对话实现全网知识检索、代码解释、单元测试生成、代码重构等。例如在对话框中输入 "Springboot 应用如何修改监听端口？" 后按回车键即可知道如何在指定文件中修改特定参数，这相当于为开发者提供了高频使用的搜索引擎。除了手动输入提示问题，下拉菜单中还内置了更多编程服务，包括代码生成，单元测试生成，代码转换、修复、重构等，例如选择 "代码注释"，即可让 AI 编写代码功能说明，选择 "代码生成" 就能自动生成一长段提示词，随即生成符合要求的程序。对大模型来说，提示词非常重要，智能研发助手提供丰富的实用提示词，开发人员如果觉得代码质量不错还可将其收藏起来，日后可以用快捷键复用。又如在修改代码后，用 "代码比对" 功能校对差异点。当开发人员觉得代码解释等 AI 编程技巧很常用时，可以为重复使用的提示词自定义专属的快捷指令。只需选中代码，单击 "代码解释"，就能获得程序的详细说明。值得注意的是，不同的提示词生成效果显著不同，当开发人员希望生成单元测试用例时，开发人员给智能研发助手输入的高质量提示词为"你是一个测试工程师，你编写测试用例时遵循以下原则：……（分点陈述）。你现在需要为账户创建接口写一组测试用例，需求是……你需要按照要求，逐个给出测试用例的主要方法，编写测试用例时需要编写测试目的、测试条件、测试步骤、预测结果。"

目前智能研发助手已在多个项目中试点，代码补全功能虽然还不够完美，却已经给开发团队带来一定程度的效率提升，而且在商汤"代码小浣熊"本地化支持下迭代速度很快。

智能研发助手的优点如下。

◎ **常见代码生成：**正则表达式、校验邮箱、数据库接口、前端网页等通用代码编程质量较高。

◎ **新人任务上手快：**当刚进入开发项目组的新人接手缺少注释的大量程序时，AI 能根据代码自动生成说明内容，也可以由新人将代码范例提交给 AI，AI 模仿优质代码范例生成新的代码。

◎ **工作状态更专注：**开发人员很怕代码写到一半被打扰，然后大脑一片空白，现在有了智能研发助手，只需按回车键，AI 就能理解已写的内容，继续往下写程序（补全代码），从而使开发人员快速进入"心流"的开发状态；另外，AI 能帮助开发人员更便捷地生成创作提示词。

智能研发助手给企业带来 3 种新能力。

第一，企业级数据与知识管理。AI 能够读取结构化数据表，通过大模型梳理企业内的结构化、非结构化数据资产，实现智能化、自动化的数据资产治理、复杂知识管理，挖掘隐藏的数据商业价值。

　　第二，智能体能自动选择和调用工具。智能体擅长读文本类内容，具备理解不同工具的功能，掌握不同工具的调用方式。例如在写 SQL 和其他类别的代码时，智能体能够主动规划子任务，找到最合适的开发工具，如机器人流程自动化（Robotic Process Automation，RPA）工具、办公自动化（Office Automation，OA）工具等，根据工具返回的结果执行下一步操作，最终将高质量的答案统一输出给开发人员。

　　第三，智能体理解图表含义，灵活处理复杂的工作任务。例如证券机构会有很多个托管基金产品，每家基金定期回复的管理表格模板都不一样，用传统机器人流程自动化（Robotic Process Automation，RPA）技术模仿人的操作方式填写表格时，总是出现内容错误，格式错误，而智能体则可以理解每个表格的数据字段含义，更加灵活精准地完成任务目标。

　　商汤科技的"代码小浣熊"覆盖软件需求分析、架构设计、代码编写、软件测试等环节，满足用户的代码开发、数据分析、编程学习等多样化需求，且支持 Python、Java、JavaScript、C++、Go、SQL 等 90 多种主流编程语言和 VS Code、IntelliJ IDEA 等主流 IDE。"代码小浣熊"在权威代码生成测试集 HumanEval Coding 的评测中，所有自动编程题目一次通过率高达 78.1%，在数据分析场景下的数据测试集（1000 多道题目）中的正确率（85.71%）超越 GPT-4。

　　在商汤科技"日日新"系列大模型的基础技术助力下，海通证券快速推进了智能体在多个工作场景中的应用创新，包括代码生成与补全、代码翻译、代码纠错、代码问答及测试用例生成等，从而显著提高了代码质量和开发效率。随着金融科技的前沿探索不断转化为推动业务发展的切实行动，海通证券为上海和长三角地区交出了一份"国际金融中心"与"国际科创中心"融合的新质生产力答卷。

智能体不仅是"软件革新"

如图 5-18 所示，在以编程为代表的传统人机协同模式下，人类要先把自然语言的需求说明转译为多种编程语言，才能被编译器、操作系统运行，开发路径长且操作复杂。大模型出现后，自然语言逐步变成人机交流的"第一入口"，人类通过自然语言能与智能体直接交谈、搜集全域知识、分派综合性任务、自动调用多种工具、验收和改进成果，所以软件产业从开发到用户交互都发生了翻天覆地的变化，当今每一个传统软件、互联网主流应用都可能经历一次由 AI 驱动的重塑。这种生产力底层逻辑的变化，不仅将对软件产业实现颠覆式创新，更会释放地球上 80 多亿人的创造性生产力。

图 5-18　人机交互语言的变迁（信息来源：商汤科技）

办公智能体：商汤"汤包"，从"辅助工具"到"高效助理"

智能体，全球 2/3 企业的战略选择

在越来越多的企业中，AI 正在作为"员工助手"协同工作，企业 CIO 以持续提升人机协同效能为己任，CIO 的职能逐渐与 COO 的职能融为一体。2023 年底，据 IDC 数据（见图 5-19），所有企业都认为智能体是 AIGC 发展的确定性方向，其中 50% 的企业已经在某项工作中进行智能体试点，15% 的企业正在制定智能体的应用计划。

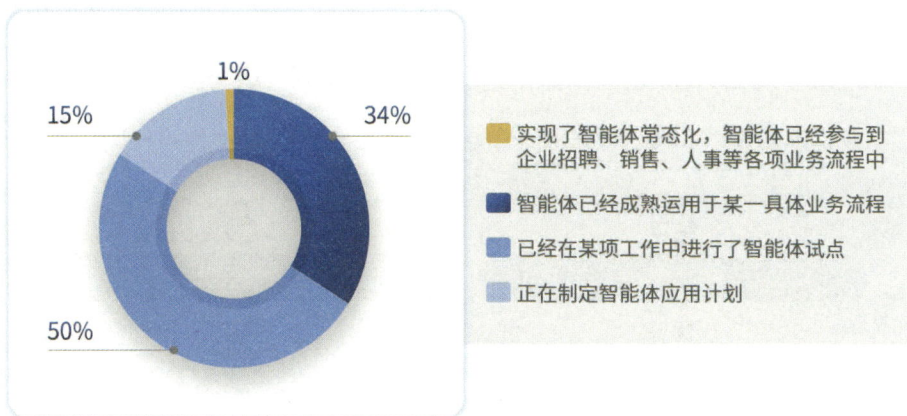

图 5-19　企业智能体的应用情况（信息来源：IDC）

图例：
- 实现了智能体常态化，智能体已经参与到企业招聘、销售、人事等各项业务流程中
- 智能体已经成熟运用于某一具体业务流程
- 已经在某项工作中进行了智能体试点
- 正在制定智能体应用计划

"汤包"——以员工为中心

2023 年 4 月，商汤科技发布"日日新"系列大模型后，就开始思考如何将大模型应用于自身组织效能的提升，从内部服务职能部门的工作场景需求

出发，将新产品定位为"超级办公助手"。为什么把办公助手起名为"汤包"呢？汤包是中国中部、江南等地的一种美食，因小巧、皮薄、馅大、肉鲜、味美、汤汁充盈、清香利口而闻名于世。为了让每一位商汤科技的员工和 AI 大模型"搭班子"的工作体验如同享用美食，因此将办公助手起名为"汤包"（见图 5-20）。"汤包"从设计、研发、测试、上线、推广，走过了一条 AIGC 新质生产力的实践之旅。

图 5-20 商汤科技员工的超级办公助手"汤包"（信息来源：商汤科技）

首先，筛选试点场景。大语言模型善于处理知识问答，因此，那些员工问题比较多且复杂、员工服务工作量大、人手相对紧张的职能部门，无疑非常适合用"汤包"的全自动问答服务。比如员工经常遇到的 IT 服务类问题、财务服务类问题、行政服务类问题、HR 服务类问题等，都具有代表性，所以"汤包"研发团队决定先从 IT、财务、行政、HR 职能服务等方面进行开发，设计 AI 服务的业务场景，拆分场景需求。

其次，大语言模型梳理、重构、学习职能部门知识。将各职能部门的问答知识库、集团公共空间知识文档、集团规章制度、业务流程与审批规则、专业词汇等重要内容，借助"商量"大语言模型的能力进行半自动化整理并设定访问权限。尤其是当多个部门的服务整合为统一的"汤包"综合服务时，就需要进行对知识打标签、知识去重、流程整合、用户问题归类等操作。例如当员工提出的问题涉及跨部门协同时，“汤包”会自主发现不同部门已有知识库内的 FAQ[1] 的重叠答案、流程问题。此外，“汤包”不仅要理解员工的意图及员工上传的文件，还要检索知识库、外部网络，合乎逻辑地汇编知识片段，构建出完整的答案，员工看到答案后用“点赞”（大拇指向上）、“不满意”（大拇指向下）评价答案质量，“汤包”会邀请员工对不满意的问题提交详细的反馈意见，以用于自身的算法改进。

最后，以多功能性、易用性、便捷性，对“汤包”持续进行产品化升级改造。 为了便于员工随需随用，“汤包”提供语音、文字两种提问方式，并嵌入 Office 套件（Word、PowerPoint、Excel、Outlook 等，见图 5-21）、企业微信界面中。由于 IT、财务、行政、HR 等部门都有基于传统信息软件和数据库开发的“Q&A（问答）服务助手”，因此需要通过内部培训、宣传不断告知员工“万事问汤包”，同时让“汤包”通过 Function Call 来调用原有系统工具。例如，即将出差的员工提出要预订上海临港经济开发区附近的酒店以及符合日程的机票时，就需要“汤包”调用差旅预订系统，并结合财务审批规则给员工准确的反馈。同时，不断把商汤“日日新”系列大模型的其他大模型功能融入“汤包”，例如“秒画”“代码小浣熊”等，为员工提供一站式的“越用越懂你”的办公“搭子”。

图 5-21　“汤包”嵌入 Office 套件（信息来源：商汤科技）

1　FAQ 是 Frequently Asked Questions 的缩写，意为常见问题解答。

"汤包"——办公的"亲密伙伴"

"汤包"上线后，商汤科技员工积极使用，短短 3 个月时间，已有 88% 的商汤科技员工使用"汤包"提升办公效率，每天都有数千名员工在线咨询"汤包"。有人用"汤包"的"秒画"功能（见图 5-22）设计市场宣传材料、年会海报；有人用大模型阅读 Outlook 邮件后进行提炼总结，生成回复初稿；也有人在 Word 中用"汤包"润色文章，生成项目方案、会议总结，以及在 PowerPoint 中生产、美化 PPT。

图 5-22 "汤包"提供"秒画"设计服务（信息来源：商汤科技）

员工问"汤包"的问题以企业知识为主，同时员工也有文档生成、翻译、问题解答、绘图等其他需求，十分有趣。 .

◎ **行政服务类问题：**"在哪里可以提交报销单？""中秋礼盒在哪领取？""如何预定空闲会议室？"

◎ **IT 服务类问题：**"如果我要申请换计算机，要怎么提交流程？""如何重新安装 VPN 软件？"

◎ **HR 服务类问题：**"公司的产假政策是什么？""在什么系统中补打卡？""招聘与面试的流程是什么？"

◎ **个人工作辅助：**"帮我总结一下本周的工作计划。""帮我写一个待办事项模板，让我可以直接套用。"

◎ **财务服务类问题**："如何写项目预算？""我的每月打车报销额度是多少？""出差时火车票能买一等座吗？""报销时需要提交电子发票吗？"

◎ **市场营销与设计辅助**："帮我给办公助手起个名字，再写一篇推广办公助手的软文。""帮我写可以推销产品的营销方案。""商汤'日日新'系列大模型包括哪些产品？""帮我画一只鸟。"

◎ **法律工作辅助**："假如你是一名律师，正在给集团做合规性咨询……""帮我写个专利包。"

◎ **产业分析与项目辅助**："帮我写一段话，不少于 500 字，从建议智慧阅读图书馆统一门户的经济效益和社会效益两方面来分析。""帮我写一个智慧社区的建设依据。""帮我写智慧城市 AI 能力平台建设项目技术方案。"

◎ **编程与技术辅助**："数组编程如何实现？""请帮我写一份关于大模型推理加速的文案。"

◎ **翻译工作辅助**："帮我写一封给客户的英文感谢信。""把下面这段话翻译成中文。"

◎ **日常生活问询**："为什么豆子要煮熟了吃？""儿童咳嗽的原因是什么？""帮我想 10 个为女友庆祝生日的浪漫建议。""今天上海的天气怎么样？""我想买一支 1000 元的口红，给我推荐一个口红品牌。""古代军官的级别有哪些？"

从员工使用情况来看，员工通常通过聊天来初步熟悉"汤包"的各种能力，上班时常需要"汤包"提供工作疑难解答服务、代码编程服务、公司职能服务，下班后也会问"汤包"生活知识、新闻资讯等。伴随员工问题和答案的持续增多，"汤包"正在成长为公司的一站式知识库和员工服务平台。

从员工办公助手、到企业服务"多面手"，一群 24 小时为员工赋能的"AI 搭子"，正在从商汤科技走向万千企业。

同时，基于"日日新"系列大模型，商汤科技推出了"办公小浣熊"，其能在办公场景中帮助员工画图表、分析数据、看趋势、设计企业策略；同时与各类文档软件、办公 SaaS 软件厂商合作推出了新一代办公平台产品。

手机"牧羊犬"：慧鲤科技，从"传统终端"到"贴身助手"

第一次工业革命中纺织工业的兴起，离不开苏格兰牧羊犬的贡献，据说牧羊犬的名字最早来源于一只叫柯力的黑羊。科学家认为牧羊犬是全球最聪明的动物之一，智商相当于人类七八岁的小孩。牧羊犬在日常工作中会主动承担自己的工作职责，引领羊群前往既定的方向，保护自己负责的羊群，还十分擅长通过主人的神情判断自己接下来的行为，犯错后还会想办法获得主人的谅解，感知力、执行力和察言观色的能力都较为突出。"成才要趁早"，在牧羊犬一个月大的时候就要开始训练它，一开始训练它进行定点方便等简单任务；随后进行专业的调教训练，每天训练 2 ～ 3 次，通常在饮食前 1 小时左右进行 10 分钟训练效果最佳，反复调教，直至牧羊犬完全听从并准确执行主人的指令。由此可见，在一定程度上，AI 就是帮助人类管理软硬件的"牧羊犬"。

智能体，智能终端的"牧羊犬"

每个人都拥有一片"终端牧场"，并在里面"饲养"着很多 APP、物联网终端。

据全球移动通信系统协会（Global System for Mobile Communications Association，GSMA）数据，截至 2023 年底，全球独立移动用户数已达到 56 亿人。而早在 2020 年，《中国互联网络发展状况统计报告》显示，我国 15 ～ 19 岁的青少年群体人均手机 APP 安装数量最多，为 83 个，即便是 60 岁以上的中老年群体，人均手机 APP 安装数量也达到了 44 个。除了手机，中国人还拥有多种智能设备，包括智能网联车、平板电脑、PC、无人机、AR 眼镜以及其他 IoT 设备。此外，GSMA 预测到 2030 年，中国市场的物联网设备将占全球的 2/3。那么问题来了，当繁忙的人们每天有 6 个小时花在这些智能设备上，如何有效管理并合理使用这些搭载了越来越多 APP 的设备？

嵌入终端的智能体，会成为人类管理"物联网牧场"的"牧羊犬"。

据 Gartner 分析，2025 年，市场中销售的 43% 的 PC、59% 的智能手机，都搭载端侧 AI 模型[1]，2027 年端侧 AI 模型在手机领域的渗透率将达到 70%。

端侧语言模型的应用——GenAI 手机

GenAI 手机与传统智能机有什么区别呢？

首先，万事问智能体。智能体拥有"超级知识库"，通勤方案、家电遥控、行车建议、日程提醒、考勤打卡、吃药提醒、地铁扫码、营养配餐等各类通用性问题，都可以询问手机智能体，省时不费力。即便是跨领域的复杂知识，端侧小模型也能够梳理关联知识片段、总结归纳，半秒内即可生成答案。慧鲤科技的智能体，拥有自己的虚拟人设和性格，可以变成你忙时的工作助手、闲时的聊天"搭子"。

其次，当你的"笔杆子""小秘书"。慧鲤科技研发的智能体是处理端侧文档的好帮手，能完成文档概要总结、文档溯源、文档问答、文档二次创作、文档解析处理、光学字符识别、多文档库管理等综合性工作。例如根据上级领导给你提出的文章创作要求，自动生成大纲、内容。手机智能体助手会写工作总结、社交媒体文案、创意电商文案等几十种文案，当其阅读企业新产品说明书后，会根据小红书、微博、大众点评等平台的不同格式、文风生成不同版本的营销文案，严格按照你的要求来产出内容。凭借智能体的多模态能力，人类用户也可以用语音求助："帮我找一下我昨天在泰山拍的登顶照片，并生成一段文案，我要发朋友圈"，或者"帮我找一下我手机里和世界模型相关的论文，并生成对应的概要信息"。智能体都能很快完成任务。

最后，调用其他工具，完成复杂任务。以往需要打开多个 APP、横向比对的复杂任务，现在能够通过智能体去协调完成。例如通过 Function Call 调用"秒画"生成设计图，调用互联网搜索引擎查询时事新闻，又如"我下周三准备去朝阳大悦城玩，帮我看一下当天的天气，然后找一下坐地铁过去的路线，最后去美团找一家大悦城旁边的饭店，最好是江浙菜系。把以上你找到的信息汇总一下，保存到便签中，并贴到桌面上，供我之后查看。"智能体就会通过天气应用、地图应用、美食应用、便签应用协同完成任务。用户也能向智能体分派工作："我准备买一台 Find N3，帮我对比一下其在淘宝和京东旗舰店的价格，顺便看两三条对应的评价，如有差评，着重看看用户的痛点在哪。汇总一下，在微信上发给张三。"智能体能够准确理解需求、转换指令、查询本地知识库，调动范围广、组合多、自动化的其他工具。

为了让智能体成为人类的可靠帮手，慧鲤科技针对手机端、车机端都做了系统调优，能做到超过 99.9% 的系统稳定性。同时，慧鲤科技通过思维链、指令跟随等专项技术消除大模型幻觉。在稳定可靠的基础上，智能体孕育出越来越多的 AI 助手应用类别，比如写作助手、商品助手、设计助手等。

一石激起千层浪

GenAI 手机、GenAI PC 等终端 AI 化，会带来 3 个革命性变化。

第一，人机交互界面变革，从图形交互界面向对话式交互界面的简单化演进，意味着智能体逐步取代 APP 成为新的流量入口。 IDC 曾在《2024 AIGC 应用层十大趋势》报告中预测 AIGC 加快超级入口的形成，大模型带来了 "No APP" 的新一轮软件应用变革。人类可通过与智能体的多轮对话让 AI 直接调用 APP、使用各种软件工具或硬件终端，自然语言取代编程语言，降低了智能体的上手门槛，非软件专业人员，比如普通手机用户也能获取强大的系统服务。智能体成为超级应用核心，软件公司逐步升级为智能系统运营商。

第二，终端操作系统变革，从"软件定义硬件"，升级为"GenAI 定义软硬件"，且调用多应用完成复杂任务的"万能"能力，成为智能体的差异化竞争力。 各应用之间不再割裂，智能体通过 Function Call 调用第三方模型、软硬件完成人类布置的高阶任务。人类如 CEO 一样指挥智能体，智能体如管理者一样调度执行体。即便是将同一款基础大模型嵌入个人手机中，由于每个人手机上的 APP 组合完全不同，智能体编排、调用本地 APP 展现出的整体功能也有不同。在"汽车 – 手机 – 家电"的互联场景中，端侧智能体还能成为用户的"小管家"，如用车载端智能体查看家中可视门铃和快递物品、用手机端智能体操控汽车空调等。

第三，大模型从云到端，再融合为"云端一体"的手机智能体，云侧推理算力负载压力将得到显著缓解。传统模式下，云侧大模型承担 100% 的推理算力负载，而用户手机端的推理算力经常性闲置，例如用户使用计算机和开车时就不用手机。当 30 亿～ 50 亿参数量的端侧小模型运行在手机端，能够完成相对通用、简单的 AI 任务、知识问答时，手机端将承担 80% 的推理算力，也就是说承载相同规模的用户量时，云侧大模型的推理算力负载下降到原来的 1/5（20%）。除非有超出小模型知识范畴、能力范畴的用户任务，才会求助于云侧大模型。云端一体的 GenAI 算力模式，适用于手机、笔记本电脑、AR 眼镜、智能车、机器人等几乎所有人工智能物联网（Artificial Intelligence of Things，AIoT）设备，而且慧鲤科技自主研发了 PPL 推理算子引擎，加速提升终端侧推理效能。

伴随着各类智能终端设备的普及，端侧智能体夜以继日地学习，拥有对真实世界的感知能力、自我学习能力、创作能力、算力的高效利用能力。据 IDC 数据，2024 年全球 GenAI 手机的出货量将达到 2.342 亿台，是 2023 年的 3.6 倍以上，约占智能手机整体出货量的 19%；而中国市场上，GenAI 手机 2024 年的出货量将达到 400 万台，2027 年将达到 1.5 亿台的。当前端侧智能体优先部署在高端旗舰手机上，逐渐向全产品线渗透。

展望将来，每一个人的能力不仅是自身的素质能力，而且包括自身培养的智能体的能力。如图 5-23 所示，在 AI 赋能下，人人都如福尔摩斯，智能体就是你的专属"华生"。每个人都可以零代码开发自己的手机智能体助手，用私域数据训练它，灵活接入越来越丰富的插件。在很多领域中，一个人加上足够多的 AI 工具，就能迅速变为一家专业化服务公司，人机高效协同分工，AI 汇集、处理海量需求信息，人类在关键节点做出决策，这就是以人为中心的新质生产力。

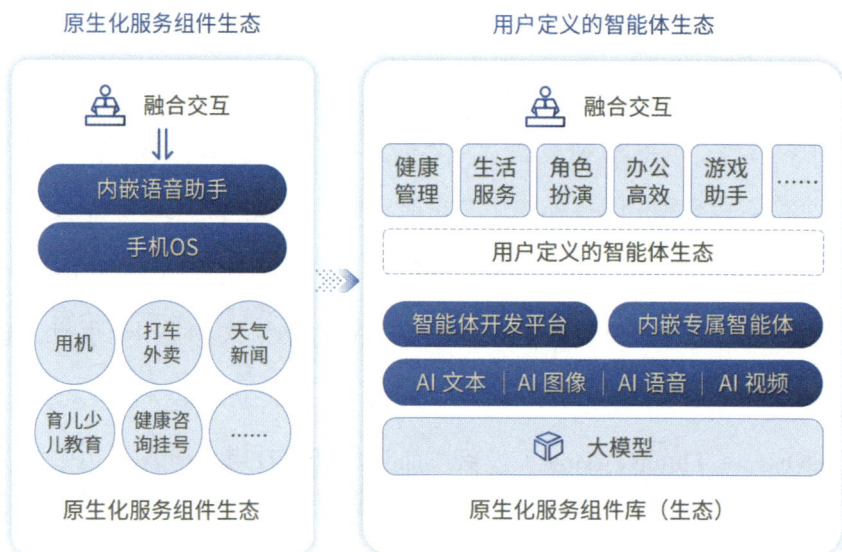

图 5-23　智能体构成开放服务生态（信息来源：IDC）

用尺度定律推演未来

第六章

"理论不可能推翻实验结果，但实验可以推翻理论。"

——诺贝尔物理学奖获得者丁肇中

理论与实验密不可分，从基础理论研究开始，到科学实验、工程设计、加工制造，前者为后者在开辟道路，成为后者的依据和指导，而后者又不断反馈信息，给前者提出新的课题，相互衔接，相互渗透，相互促进，如同接力赛跑，一棒接过一棒向前跑[1]。

英国物理学家、数学家艾萨克·牛顿一生提出了万有引力定律、三大运动定律，与莱布尼茨共同发明微积分，发明反射式望远镜和给出光的色散原理等，但他在 1727 年 3 月 31 日临终前却说："我好像是海滨上玩耍的孩子，时而拾到几块莹洁的石子，时而拾到几片美丽的贝壳并为之欢欣。那浩瀚的真理的海洋仍展现在面前。"

在当今算力资源配置下，AI 科研界相信万亿参数量的模型会比千亿参数量的模型具有更高的"天花板"，而"精炼"数据、合成数据带来的模型性能增益比提升模型参数量大小更为显著。产业界正在选择以数据为核心的大模型工程创新、产业创新路线。AGI 就像指引人类迈向"真理之海"的第一座灯塔（后面还有更多远大目标），唯有通过"理论假设 + 实验验证"的科研方式，才能从无人区的千万条路中选中正确高效的路径。"尺度定律"诞生于科研实验环境，是经过大语言模型、视频生成大模型等一系列实践检验得出的规律性总，属于从阶段性现象中归纳出的"唯象理论"[2]，仍有待进行深入、严

1　许鹿希. 邓稼先传 [M]. 北京：中国青年出版社. 2015.

2　唯象理论指物理学中解释物理现象时，不用其内在原因，而是用概括试验事实而得到的物理规律。

谨、系统化的基础理论研究。

在尺度定律的驱动下，大模型技术飞速发展，但随之而来的高成本也在影响着全社会新质生产力的普及与推广，科技突破与成本降低是 AGI 时代的"双螺旋命题"。商汤科技董事长兼 CEO 徐立认为，在尺度定律的指引下，大模型正处于技术革命与性能提升的黄金时期，商汤科技采用"大装置+大模型"的协同策略，集中资源，在支持自身试错的同时，不断推进大模型实现高速迭代，同时将其模型能力及经验传播至千行百业的客户。[1] 在新科技成本方面，徐立指出，如今，在算力的支撑、数据的标注、模型的生产等一系列标准化层面上，AI 模型的生产成本比起数年前已经大幅下降。只有 AI 的真正普惠，才能帮助人们穿越又一个经济周期，才能推动 AI 行业的发展。

必由之路

现代科学技术探索和研究的对象是整个客观世界，而世界环境、社会环境甚至人体自身都是非常复杂的，（即便是最先进的）单体计算机也在巨量的复杂问题上捉襟见肘，无法准确地将"复杂"转化为"简单"。因此 AI 的诞生，就是以解决高维度、超大规模、异常复杂的问题为目标的。

"科学是老老实实的学问，搞科学研究工作就要采取老老实实、实事求是的态度，不能有半点虚假浮夸。"中国数学家华罗庚如是说。经过检验的客观科学规律，是值得全体人类尊重的，当然在此基础上对其进行改进、创新也是一种尊重。从 2015 年到现在，OpenAI 花了数十亿美元的科研投入获

1　经济观察报 ."大装置 + 大模型"战略：助力商汤迅速获取生成式 AI 商业化果实 [EB/OL]. (2024-04-01)[2024-11-02].

得了"尺度定律",从而带给人类 ChatGPT、Sora 的"惊艳效果",以及丰富的科研技术成果储备。

商汤科技联合创始人、"大装置"事业群副总裁陈宇恒认为,对比人脑神经元突触连接的规模,当前大模型参数量仍存在 3 ～ 4 个数量级的差距,以超大规模国产算力集群、国产数据集、国产基础大模型探索尺度定律的边界,并以高性价比、零门槛开发能力提供给 AI 产业生态使用,是商汤建立"大装置"智能算力平台等 AI 基础设施的目标。

尺度定律的三元素

2017—2018 年,谷歌的 8 位研究人员[1] 为了解决机器翻译等语言类问题,用业余时间创造出一个具有自注意力机制的 Transformer 模型架构,简单来说"自注意力机制"就是允许模型在处理语言等序列数据时,对序列中的每个元素(每个词条)分配不同的权重,这些权重反映了每个元素对当前处理位置的重要性,这种机制使得模型能够捕捉序列内部的长距离依赖关系,例如根据长文本中的上下文逻辑关系,推测出"意义匹配"的下一个词。最关键的是 Transformer 模型架构具有极为出色的"可扩展性",由于不依赖于序列的循环处理,所以能够更容易地扩展到具有大规模数据集、并行计算算力、更大参数量的模型,这在谷歌研发的 BERT 中获得验证。

在斯蒂芬·沃尔弗拉姆的《这就是 ChatGPT》一书的中文版序言中,记录了当时 OpenAI 的困难处境。对于 2015 年成立的 OpenAI,虽然其将构建

---

[1]　谷歌的八位研究人员是 Ashish Vaswani、Niki Parmar、Jakob Uszkoreit、Illia Polosukhin、Noam Shazeer、Llion Jones、Lukasz Kaiser 和 Aidan Gomez,简称"Transformer 八子"。

与人类水平相当的 AI 作为自己的目标，但直到 2018 年，其仍像很多 AI 科研团队一样在强化学习、机器人、多智能体、AI 安全等方面多线出击，既没有有说服力的成果，也不被硅谷业界看好。2019 年 3 月，萨姆·奥尔特曼临危受命担任 OpenAI 的 CEO。在 OpenAI 首席科学家苏茨克维的指导下，一年一个主线版本模型成为 OpenAI 延续至今的科研节奏，2017 年完成 PPO 模型，2018 年完成 GPT-1 模型，2019 年完成 GPT-2 模型，2020 年完成 GPT-3 模型，2021 年完成 CLIP 模型，2022 年完成 GPT-4[1] 模型。在此过程中，OpenAI 率先发现 Transformer 架构并且极度重视，该架构适合结合大模型、大算力、大数据的技术路线，这推动萨姆·奥尔特曼向微软不断争取庞大的科研投资和 AI 算力集群。2019 年，OpenAI 获得一笔 10 亿美元的投资和一笔 20 亿美元的投资，2023 年获得 100 亿美元的投资等，在大模型科研路线上大步迈进。Transformer 架构"花开"谷歌，"果"却结在 OpenAI，这体现了重视大模型"基础理论"（尺度定律）研究的战略价值。

为什么人类需要更大参数量的模型（俗称"大模型"）？因为模型的知识水平受模型参数量的影响，换句话说，参数量更多的模型在知识能力上更强。 当下 AI 为什么出现"算力饥饿""数据饥饿"现象？在一篇论文中能找到答案，2020 年 1 月 23 日，OpenAI 发布了《神经语言模型的尺度定律》（*Scaling Laws for Neural Language Models*）。"尺度定律"又名"缩放定律""规模定律"，意为当我们增加语言模型参数量（Number of Model Parameters，N）、扩大数据集规模（Data Size，D）、用于训练的计算量（Amount of Compute Used for Training，C）时，语言模型的性能就会平稳地提高。"尺度定律"

的"三元素"示意如图 6-1 所示，为了获得最佳模型性能，"三元素"必须按比例放大，当不受其他两个因素的限制时，实验证明模型性能与单一因素呈现幂律关系，即模型性能与某一元素变量的幂（指数）成正比。

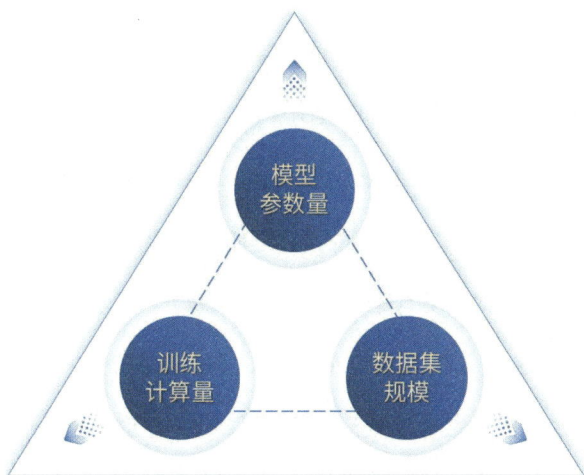

图 6-1　尺度定律"三元素"

"尺度定律"之所以影响深远，有以下原因。

1）适用范围广，训练性能具有可预测性：尺度定律在超过 6 ～ 7 个数量级的规模范围内，对语言模型性能产生有效影响。在其他两个元素充足的条件下，模型性能与"三元素"中的每一个都具有平滑幂律关系。如果同时增大 N 和 D，模型性能稳定提高，而如果 N 和 D 保持不变，只增加 C，模型性能就会呈现收益下降的趋势。当我们将 N 增加 8 倍时，C 大约增加 5 倍才能避免模型的"性能惩罚"。

2）受模型架构影响小：语言模型性能强依赖于"三元素"的规模，弱依赖于模型结构，换句话说，就是不同语言模型架构都遵循尺度定律。在合理的范围内，模型架构的深度（神经网络的层数）、宽度（神经网络每层的节点数）等参数对模型性能的影响非常小。

3）**大模型的训练效率更高**：在模型研发时，在需要达到相同性能水平的情况下，大（参数量）模型比小（参数量）模型需要更少的训练步骤、更少的数据样本量。当在给定一定规模的算力资源时，为达到最大的计算效率，采用更大参数量的模型比采用小模型具有更高的数据样本效率。

简而言之，当我们适当增大模型的参数量、数据量、训练计算量时，语言模型的性能就会如预期般稳定地提高。所以，在目前 AI 算力、芯片产能以线性增长而非指数级增长时，AI 算力一直受到"供不应求"的限制。如图 6-2 所示，OpenAI 的 GPT-1 有 1.17 亿参数量，GPT-2 用数百张 GPU 卡训练出 15 亿参数量模型，GPT-3 用数千张 GPU 卡训练出 1750 亿参数量（简称"千卡千参"），GPT-4 用数万张 GPU 卡训练出约 1.8 万亿参数量（简称"万卡万参"）模型，GPT-5、GPT-6 等新一代基础模型可能扩充至十万亿参数量，所需要算力规模可能会从十万张 GPU 卡起步，全球 GPU 卡的产能已无法按时供给，必然带来模型架构调优、训练计算加速、计算体系结构革新浪潮。

数据是模型的生命线，是模型研发团队关注的重点。规模、质量和多样性是训练数据的 3 个要素[1]，提高数据集的知识密度，能提升数据质量，带来更高的训练效率，反之，低质量的数据将对模型产生破坏性影响。从实际来看，互联网语料数据的语义空间分布非常不均匀，大量低水平、重复的语言

1　摘自上海人工智能实验室领军科学家、商汤科技联合创始人林达华在 2024 全球开发者先锋大会·大模型前沿论坛的演讲。

模式数据充斥其中，在大语言模型的训练中需要通过合理的重采样策略降低负面影响。在硅谷流传着一种说法"人才第一，数据第二，算力第三"，这凸显了数据对模型效果的关键影响。

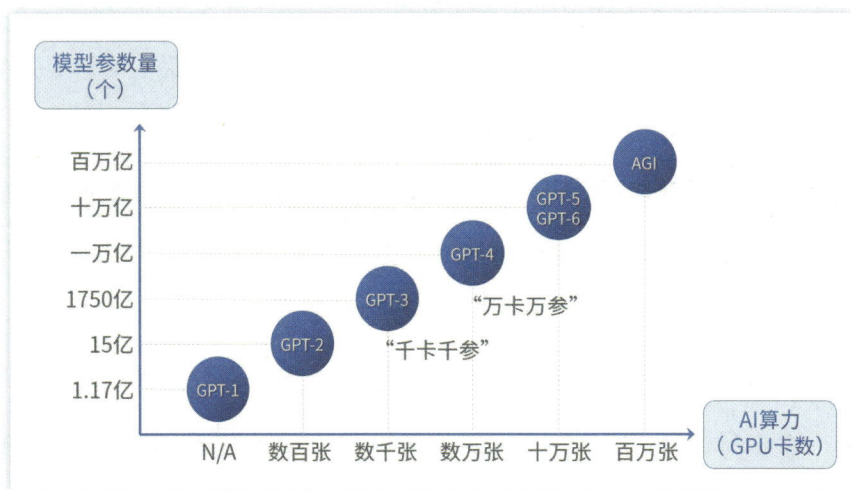

图 6-2 "尺度定律"让模型参数量越来越大

大模型能力几何

在尺度定律的赋能下，优秀的大模型应该具备哪些能力？模型评测就是衡量大模型能力的"尺子"。在 2023 年的大模型创新浪潮中，不仅涌现出数百款大模型，更有以 OpenCompass（见图 6-3）、SuperCLUE、Z-Bench、C-Eval、FlagEval、AGIEval、MMLU、GAOKAO 为代表的 40 多种国际、国内评测体系题库、大模型榜单出现。

以上海人工智能实验室发布的一站式、开源可复现的大模型评测体系"司南"（OpenCompass2.0）为例，其通过 29 项核心任务、100 多种评测数据集，对大模型的八大重点通用能力进行中英文双语测试，评测内容分为客观评测题、主观评测题，通过零样本评测、小样本评测、思维链评测等多样化的数十万道题目的测试，全方位量化大模型在各个维度的能力，具体考查维度包括（但不限于）以下能力。

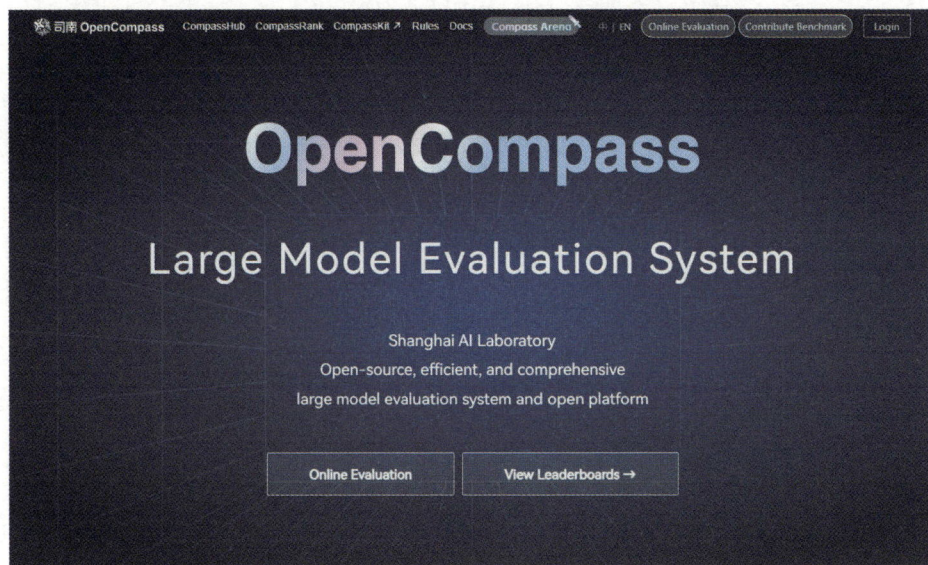

图 6-3　上海人工智能实验室官网公布的"司南"评测平台

语言能力：考查大模型的信息抽取、意图识别、情感分析、内容总结、内容评价、多语言翻译、中华传统文化理解、中文语义理解、多轮对话 9 类核心任务能力。例如 WordInContext 题库用于测试大模型是否能判断句子中的多义词；而 ChiD 题库用于测试大模型是否能根据上下文选择正确的成语。

知识能力：考查大模型的生活常识、自然科学（理科）、社会科学、人文科学 4 类核心任务能力。例如 BooIQ 题库由约 1.6 万道题组成，每道题的题干是一个"三元组"，即问题、段落、答案，然后大模型回答"是"或"否"；而 CommonsenseQA 是让大模型凭借常识从 5 个备选答案中选出正确答案，共有 1.2 万道题。

推理能力：考查大模型的逻辑推理、常识推理 2 类核心任务能力。例如 Big-Bench Hard 题库为大模型提供有挑战性的推理任务；而 PIQA 题库则是一个由 2000 道题组成的物理交互问答题库，大模型根据给定的场景和两个可能的解决方案，选择在物理常识方面最合理的方案。

创作能力：考查大模型的内容扩写、内容续写、内容改写 3 类核心任务能力。例如 CreationBench 题库通过 120 道题，让大模型进行作文、邮件、小说等多种形式的内容创作。

数学能力：考查大模型的初等数学、中等数学、高等数学 3 类核心任务能力。例如 GSM8K 题库由 8500 道高质量、语言多样化的小学数学问题组成，包括 7500 道模型训练问题、1000 道模型测试问题，模型需要通过 $2 \sim 8$ 步的基本运算步骤解题，即用加、减、乘、除就能够正确解答的数学推理问题；而 Math 题库由 1.25 万道有挑战性的数学竞赛问题组成，相对 GSM8K 题库更难。

代码能力：考查大模型的代码生成、代码分析 2 类核心任务能力。例如 HumanEval 题库由 164 道原创编程问题组成，用于衡量大模型从文档字符串合成兼具逻辑性与功能性的程序能力，评估语言理解、算法、简单的数学能力，相当于让大模型去做程序员面试时的考题；MBPP 题库由来自众包的 1000 个 Python 编程问题组成，每个问题包含编程任务描述、代码解决方案、3 个自动化测试用例，等同于入门级程序员的编程能力测试，涵盖编程基础知识、标准库功能等知识点。

长文本能力： 考查大模型的长文本理解与推理、长文本创作 2 类核心任务能力。例如 L-Eval 题库由 20 个子任务、508 个长文档、2000 多个人工标注的"查询－回复"文字对组成，涵盖多种风格、不同领域、3000 至 20 万个 token 的输入长度，全面测试大模型的上下文理解分析能力；LongBench 题库包括中文、英文等不同语言，重点测试大模型在长文本环境中的多语言能力，由 6 个主要类别、21 种不同任务组成，覆盖单文档回答、多文档回答、摘要、小样本学习、合成任务、代码完成等关键的长文本应用场景。

智能体能力： 考查大模型的任务规划、工具调研、反思、任务执行总结、多轮交互 5 类核心任务能力。例如 T-Eval 题库用于评估模型组成的智能体调用工具、使用工具的能力，将大模型使用工具分解为几个子能力领域；CIBench 题库包括 1900 道中英文题目，涉及多库协同、多轮对话测试等，全方位评测代码解释器工具调用水平，包括代码执行、逻辑推理、可视化能力，该题库涵盖 10 个 Python 模块、300 多个多轮实验、100 多个外部数据文件。为了让读者朋友能够理解"代码解释器"，在此说明，代码解释器是一种计算机程序，它直接执行编程语言编写的源代码，而不是将其编译成机器语言，代码解释器逐条读取源代码指令并立即执行，通常具有即时反馈和调试的能力。代码解释器的执行方式与代码编译器不同，代码编译器先将整个源代码转换成机器码，然后由计算机执行。

中国、美国大模型之间的能力差距到底在哪？复杂推理能力是顶尖大模型竞争的焦点，也是国内外大模型的差距点。上海人工智能实验室领军科学家林达华认为，OpenAI 的 GPT-4 Turbo、Anthropic 的 Claude3.0、谷歌的 Gemini 1.5、微软的 WizardLM-2 开源模型，不约而同在推理能力上取得显著提升，例如将 OpenAI 的 GPT-4 Turbo 在 2024 年 4 月 9 日发布的版本与在 2023 年 11 月 6 日发布的版本比较，在多数能力维度的评测集中表现相近，而在高级数学与科学推理能力方面，特别是在 MATH、GPQA 测试题上，性能提升了 15% ～ 20%。根据"司南"的评测结果，林达华分析："高考数学的最后一道大题，需要考生有出色的推理能力。我们（国产大模型）和 GPT-4 的最大差距，可以说就是高考数学的最后一道题。"相比小学数学、中学数学，大学数学对推理能力的要求直线上升，在大学数学能力上，GPT-4 相对国产大语言模型有明显优势，国产大语言模型做没见过的高考数学的最后一道大题时正确率偏低。

推理包括常识推理、演绎推理、归纳推理 3 种，常识推理依赖于直觉和经验，演绎推理和归纳推理依赖于逻辑和证据，三者具体含义如下。

常识推理：是基于日常生活中的普通知识、经验进行推理的过程。它依赖于对世界的习惯性认知和背景知识，以及对特定情境的深入理解和准确判断。常识推理通常不依赖严格的逻辑规则，更多依赖直觉和经验。

演绎推理：是从一般到特殊的推理过程，依赖一系列已知的前提、规则，通过逻辑推导得出特定情况下的结论。经典形式以 2 个前提、1 个结论组成的"三段论"为主，每个前提和结论都是一个命题，前提和结论之间的关系遵循特定的逻辑形式，例如如果"前提"为真，按照逻辑结构推导后，结论也为真。古希腊哲学家亚里士多德在著作《前分析篇》中阐述了演绎推理的基本原则和结构，例如一个有效的推理必须有一个中项，且中项必须在一个前提中作为主词，在另一个前提中作为谓词——用具体命题来说，"所有的哺乳动物都需要睡觉，猫是哺乳动物，因此猫需要睡觉"，大前提的中项"哺乳动物"作为谓词，在小前提中作为主词，连接到"猫"，遵循三段论进行有效推理得出正确的结论。

归纳推理：是从特殊到一般的推理过程，即对一系列具体事例进行观察和分析，从而得出一个普遍性的结论、规律。归纳推理不保证结论的正确性，因为它基于有限的观察样本，只有观察的样本足够广泛、具有代表性，结论才是可靠的。英国哲学家弗朗西斯·培根在著作《新工具》中提出新的逻辑体系——"归纳法"，归纳演绎的 3 个步骤：第一步是"预览"，从观察和实验中收集数据；第二步是"抑制"，排除错误和偏见；第三步是"解释"，形成普遍性的结论。

规模化的逻辑型合成数据是提升推理能力的重要途径。根据上海人工智能实验室、全球公开 AI 研究资料显示，具有清晰逻辑结构的高质量思维链数据，对于提升模型的推理能力能起到非常重要的作用。而人类世界的互联网等天然语料中这种逻辑型数据十分稀缺，唯有依靠合成手段才能规模化生产。在学术界、开源社区，我们已经掌握了面向数学解题的数据合成方法，俗称"扩题"，对于提升模型的数学表现起到了重要作用。下一步的开放课题是研究更广领域下的逻辑推理能力，以及训练数据合成方法，这是顶尖大模型研发机构的重要目标。

如图 6-4 所示，在"司南"对国内外大模型的评测过程中，我们发现几个有趣的趋势。

OpenAI 语言模型优势明显，重点攻坚推理能力与可靠性。OpenAI 的 GPT-4 Turbo 大语言模型具有显著领先地位，在复杂推理、解决复杂问题

的可靠性方面仍有很大提升空间，而 GPT-4V 多模态大模型则不具备绝对
领先的能力。

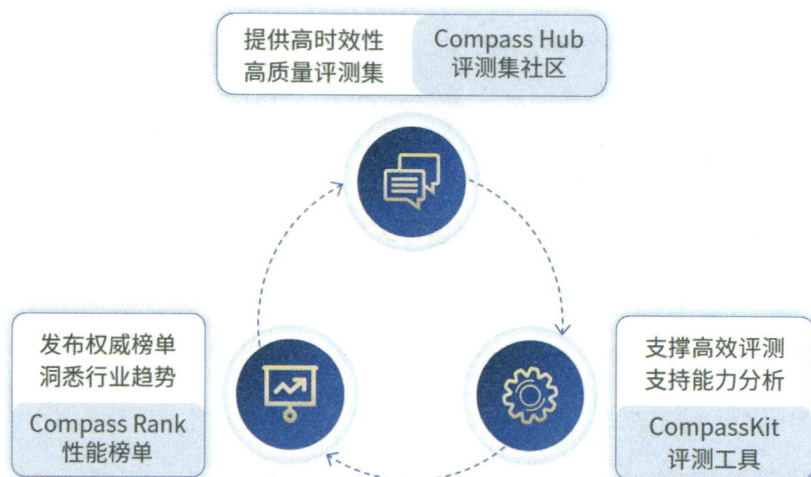

图 6-4 “司南”能力评测“铁三角”（信息来源：上海人工智能实验室）

开源模型潜力大、发展快。开源模型进步飞快，经常以较小的参数体量
达到较高性能水平，例如 130 亿～ 200 亿参数量的书生 2.0（Interin-Lm2-
Chat-20B）轻量级模型，受到算力有限的产业界、科研界的普遍欢迎，开源
模型展现出巨大的发展潜力。与闭源模型相比，开源模型的不足体现在客观
性能、主观性能方面，例如开源模型在“人类偏好对齐”这一情商能力的提
高上需要下更多功夫。

国产大模型中文场景优势明显。在中文语言理解、中文知识储备、中文创
作能力等测试题方面，国产大语言模型与 GPT-4 Turbo 相比具有极强竞争
力，部分中文闭源大模型的能力甚至强于 GPT-4 Turbo（见图 6-5）。

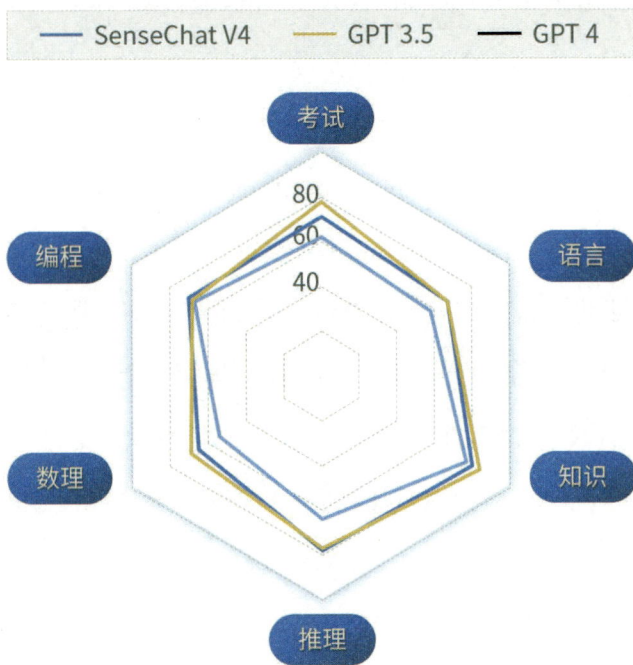

图 6-5 商汤"商量"大语言模型与 GPT-4 能力比较（信息来源："司南"全集测试）

帮助大模型研发团队发现自己大模型的"薄弱环节"，进行有针对性、方向性的改进型训练。上海人工智能实验室 2023 年 7 月推出的"司南"是 Meta 官方推荐的四个能力评测工具之一，借鉴高考"闭卷机制"，为避免所有参评模型对照题库"刷题"等作弊现象，评测模型的正式题目均未公开，以保证比较公允的客观测试结果，而到榜单发布时，会将每一期"高考"题目公开，以帮助各个模型研发团队找差距、做改进。2024 年 5 月，在中文大模型评测基准 SuperCLUE 中，商汤科技的"商量"成为中国首个超越 GPT-4 Turbo 的国产大语言模型，而在"司南"基准测试集上，"商量"的客观评测超过 GPT-4 Turbo，主观评测超过 GPT-4 Turbo 位列全球第一。

2023 年底，在新华社研究院发布的《人工智能大模型体验报告 3.0》中，商汤"商量"在国内主流大语言模型评选中获得"情商第一"的领先位置。2024 年初，国际权威机构沙利文在《2024 年中国大模型能力评测报告》中，以 OpenAI 的 GPT-4、GPT-3.5、谷歌 Gemini 1.0、Anthropic Claude2 四家美国大模型为美国大模型平均水平线，评测 15 家国产主流大模型，商汤"商量"在通用基础能力、专业应用能力等五大能力维度上，显著超过美国头部大模型的平均能力水平，并在代码能力、角色扮演、意图理解、金融行业等多个子维度名列第一，稳居国产大模型第一梯队。沙利文发布的《2023 年中国大模型行研能力评测报告》中，对 12 款主流大语言模型进行 8 项行业分析研究能力评测后结果显示，商汤"商量"大语言模型赢得总榜单第一，同时获得"行研基础能力""报告撰写能力"子榜单第一，沙利文评价"商汤'商量'在语言、知识、理解、推理和学科五大能力上均处于行业领先水平，不仅可以处理各类文本和信息，还能协助行业分析师工作，充分胜任随身综合知识库、高效文本编辑器、数理计算器和简单易用的编程助手等多个角色。"

算力即国力

任何一个强大的现代化国家，数学成就必须名列前茅 [1]。马克思说："一门科学，只有当它成功地运用数学时，才能到达真正完善的地步。"AI 就是这样的科学，只要能将现实中的问题转化为可计算的数学问题，AI 就能大展身手。

---

1 来自国际著名数学家、菲尔兹奖首位华人获奖者丘成桐 2023 年 4 月的演讲"中国数学的现状与未来"。

计算能力的不断升级

　　自古以来，计算以解决人类生产生活中的实际需求为目标，人类农耕文明、商业文明孕育出的计算的创新大多是以明确的社会应用为导向的。土地丈量、天文历法、商业贸易、生产统计、工程建造……样样离不开计算。并且，随着人类社会的不断发展，物质的愈加丰富，人口规模的不断扩张，不同地区间贸易往来的持续发展，都对计算能力提出更高的要求。**于是，计算工具伴随计算速度、计算量的扩大而升级，且同一历史时期存在多种计算工具的并存和升级。**

　　公元 1622 年，英国数学家威廉·奥特雷德发明了"计算尺"，用对数原理进行乘除运算，简化了天文、航海、工程等领域的复杂计算。1671 年，德国数学家莱布尼茨为了解决人工计算耗时长、容易出错的问题，设计并发明了"机械计算器"，提高了计算的效率和准确性，他有一句名言："优秀的人们不应像奴隶一样在计算中浪费时间，如果使用机器，这些工作完全可以委托给其他人。"1820 年，法国工程师托马斯·德·科尔马在莱布尼茨计算器原理的基础上，研发出能够完成"四则运算"的第二代机械计算器，并在商业上取得成功，正式开启了"手摇计算"的时代。1946 年，美国宾夕法尼亚大学冯·诺依曼所在的科研团队，研发出世界上第一台电子数字积分计算机 ENIAC（Electronic Numerical Integrator and Computer）。这台重达 30 吨，体积接近一间房间大小的机器每秒钟能执行 5000 次加法运算，被用于弹道计算，以准确测算炮弹的落点。同一年，中国物理学家李政道赴美在芝加哥大学成为恩里科·费米的学生，两个人在大学实验室中改造出一个超大计算尺来计算太阳内部的准确温度。

2017 年，中国科学院的"光量子计算机"研发成功，计算工具迭代进化的速度已经超越"摩尔定律"，用未来的算力思考如何解决当今的问题，成为世界顶尖的 AI 科学家思考的重点。2022 年起，智能计算集群（如商汤科技在上海临港经济开发区建成了全国最大的 AI 数据中心，简称"AIDC"）接力"下一个十年"的公共算力基础设施。

算力饥饿

在"尺度定律"支配下，越来越大的模型对智能算力的需求呈指数级增长，供不应求成为发展"AI+"的重大挑战。据美国研究机构 AI Now Institute 在报告"计算能力和人工智能"（Comeputational Power and AI）中分析，早期模型需要的算力是平均 21.3 个月翻一番，2010 年深度学习出现后，模型对算力的需求是平均 5.7 个月翻一番，2023 年 ChatGPT 诞生后，模型对算力的需求是 1.5 个月翻一番，甚至 OpenAI 提出"每年 AI 算力需求增长 20 倍。"笔者将这种"算力饥饿"现象称作"大模型超级需求曲线"，不仅因为供不应求迅速抬高了 GPU 服务器的市场价格，而且抑制了大量构建在大模型上的 AI2.0 应用的创新浪潮，毕竟 AI 算力上涨的成本要通过 AI 应用软件月租费、AI 硬件售价分摊到每一个消费者身上，当消费者意识到为了使用 Midjourney AI 绘图软件、微软 GitHub Copilot 辅助编程软件，每个月要付出 10 ～ 30 美元的成本时，高昂的价格必然会影响订阅群体的规模甚至可能让 AI 应用开发者入不敷出，即当越来越多的用户使用 AI 新兴应用时，昂贵的 AI 算力成本会让开发者破产，即便加入广告营收也是杯水车薪，当应用开发者的积极性受挫，AI硬件上提供的服务功能也会很有限，大模型驱动的新型生产力就无法向全社会推广普及。

长期昂贵的算力成本，可能引起AI算力技术的重大革新。

第一波算力变革发生在20世纪60至90年代。早期，IBM数百万美元的大型机、数十万美元的小型机，只能供财力雄厚的科研机构、大企业使用，无法普惠社会，直到20世纪80年代1000美元左右的PC出现，人人都拥有计算机这个算力工具的时代到来，让PC上的Windows软件开发门槛趋向于零，使用成本也趋向于零，至少不会按月收取算力月租费，"零成本门槛"带动Windows应用供需两旺，人们迎来了PC应用的全社会开发浪潮，大学生、在职人员纷纷投身进来开发出OA、文档编辑器、图片浏览器、个人网站、QQ等应用程序。

第二波算力变革起始于2003—2006年，美国亚马逊云为了将卖书成本降低到原先的十分之一以下，通过许许多多低端廉价服务器组成超大规模集群的亚马逊云服务（Amazon Web Services, AWS）。而2008年阿里巴巴为了摆脱昂贵的"IOE基础设施"（IBM服务器、Oracle数据库、EMC存储，简称"IOE"），通过自研云计算承载了普惠全体中国人的电子商务，可以说没有云计算，就没有后来成交额5400亿元的"双十一"购物节，如今一个大学生或创业者花3～5元就可以租一个月的云上虚拟服务器。另外，2010年国产智能手机降至千元以下，为中国营造出由移动用户组成的"大市场"。供需两侧的计算力价格持续降低带来了"互联网+"时代的APP创新浪潮，直播、短视频、外卖、打车、导航、订酒店等方面的大量应用软件以免费形式安装到手机上，其凭借海量用户的广告收益、交易收益分摊非常低的算力成本。

第三波算力变革发生在 2020—2022 年，ChatGPT 出现后，GPU 供不应求，呈现"洛阳纸贵"现象，而各国的 GDP 处于线性增长阶段，却面临指数级增长的 AI 算力基础设施重资产投入，这将激励有大规模需求的互联网公司、大模型企业、芯片商积极研发出一代代更便宜的 AI 训练芯片、AI 推理芯片，并且同时持续降低 AI 云上、AI 新型终端上的计算成本，当降至一个"价格拐点"时，大量便宜的 AI 新型生产要素将会激发成千上万倍规模的社会 AI 应用需求。到那时，"模型即服务"等 AI 应用通常会以近乎免费的形式服务于中国 14 亿人、全球 80 亿人。曼昆的《经济学原理》第 15 章中提到类似观点，可以以 GPU 芯片市场为例对该经济学原理加以说明。假设市场上存在一家垄断企业，控制着 GPU 的销售。随着市场需求的增长，该企业有能力提高价格，正如 2023 年"百模大战"期间，众多获得巨额投资的 AI 公司纷纷采购 GPU 芯片，导致价格上涨。然而，高价格会抑制需求，促使垄断企业为了增加销量而寻求降低成本，提供更具竞争力的价格。同时，市场上其他企业受垄断企业高额利润和市值的吸引，也会投入研发，推出替代性 GPU 产品，从而增加市场供给。随着供给量的增加，价格逐渐下降，甚至可能超过需求量，导致价格持续下跌。进一步来看，AI 模型服务作为一种软件产品，具有"一次研发，无限复用"的特点。随着用户规模的扩大，边际成本降低，使得单位成本也随之降低。这种规模效应可能导致收费降低，最终形成一种类似于互联网产业的商业模式，即通过其他途径实现盈利，而非直接向用户收费，这种模式有时被称为"羊毛出在牛身上，猪来买单"。而摩尔定律意味着这一 AI 计算成本下降趋势将加速到来，某 AI 计算服务平台的官网销售数据显示，A800 的租赁价格是每小时 2 元，即月租费用为 1440 元。

用 1 万个 token 训练或推理同一个模型，不同的国产 AI 芯片的表现存在差异，这是用户侧的算力性价比，这比芯片的理论算力值对产业更有价值。所以 AI 芯片上高效计算的模型框架、算法加速的算子库、模型压缩与蒸馏等提升计算效率的创新方法都应运而生，例如谷歌于 2024 年 4 月推出更新版的 Transformer 架构 MoD（Mixture-of-Depths），能在后训练采样过程中将步进速度提高 50%；商汤科技于 2023 年 9 月推出面向大语言模型的推理引擎 PPL，将 AI 计算基础设施"大装置"智能算力平台上的推理计算性价比提升了 3 倍，即计算成本不变时 AI 推理速度增长 3 倍。另外，在"大装置"智能算力平台上，通过模型压缩工具、轻量级大语言模型推理部署服务，可将大模型量化缩小到 6 比特，即每个权重值从传统的 32 位浮点数（FP32）降至 6 比特（bit）的整数表示，具有更少存储空间需求、推理计算性能加速的轻量级大语言模型能被嵌入算力有限的手机上，为中国 14 亿手机用户提供 AI 助手服务。为了让更多 AI 算法在国产 GPU 组成的 AI 数据中心上跑得更快，商汤开源了高性能计算与推理引擎技术 OpenPPL，并在"大装置"智能算力平台上，为商汤"商量""书生"系列等诸多厂家国产大模型，研发适配华为昇腾、寒武纪、沐曦等国产 GPU 的加速计算算子库。

算力常胜

尺度定律触发的是一场全球新一代 AI 基础设施的超级工程，算力为先，我

们统一称为"**算力常胜**"战略。纵观当今全球 AI 芯片市场，以英伟达、AMD 为代表的美国 AI 芯片的全球市场占有率高达 95%，而 OpenAI CEO 萨姆·奥尔特曼多次公开提出"算力常胜"，包含以下几个核心观点。

◎ **算力是大模型竞争的关键因素。**随着模型快速迭代、复杂性增加引起 AI 算力需求急剧上升，预测 AGI 模型需要的算力将是 GPT-4 的 10 万倍甚至 100 万倍。

◎ **算力是经济竞争的关键因素。**获得弹性供应链支撑的 AI 基础设施，对经济竞争力至关重要。

◎ **算力的增长优化、可持续性是 OpenAI 持续关注的重点。**以 OpenAI 为例，其一方面筹集高达 5 亿～ 7 亿美元的资金加速推动全球 AI 芯片生产，另一方面通过自研芯片降低对外部供应商的依赖。另外，算力的可持续性也是 AGI 科研的关键影响因素，包括能源效率、环境影响等。

美国正在依靠 GPU 科技的比较优势，兴起新一轮 AI 算力基础设施建设。OpenAI 训练 GPT-4 时投入 2.5 万张 A100 GPU 芯片，Inflection AI 用更高算力的 2.2 万张 H100 GPU 芯片组建起更大规模的算力集群。据数据分析，微软、谷歌等互联网巨头的 GPU 芯片数量可能在六十万至上百万张，而特斯拉提出的 100EFLOPS 算力目标更为激进，亚马逊云服务 CEO 在一次公开演讲中提出 200 万张 Ampere（A100 芯片）和 Hopper（H100 芯片）架构的 GPU 芯片建设计划。值得注意的是，芯片数量不能用于简单横向比较，因为 2024 年英伟达最新发布的 B100 GPU 芯片的算力是 H100 GPU 芯片的 5 倍，H100 GPU 芯片的算力是 A100 芯片的 6 倍，这些数据只是简单比较，在不同运算精度（FP8、FP16、FP32、FP64、TF8、TF16、TF32 等）上体现为不同的倍数。一个有趣的现象是，OpenAI 每年发布一款 GPT 系列大模型，与英伟达每年发布一款 GPU 芯片节奏一致，预计 2025 年英伟达将发布 X100 芯片，保守估计新一代 AI 芯片算力将获得 3 倍以上的性能提升。

中国 AI 计算高质量发展道路应该怎么走？有 3 个规律性特征值得产业决策者、从业者重视。

◎ **AI 训练芯片的国产替代应突破产能瓶颈**：理应将国产 AI 训练算力视为国家级基础设施，用举国体制集中人力、财力、算力，尽早建成百万卡级超大规模国产 AI 算力平台，保障大模型芯片供应链的可持续发展。有业内专家说"货币天然不是 GPU，而 GPU 天然是货币"，这种说法与萨姆·奥尔特曼提出的"算力是未来的货币"相符。纵观全球市场格局，AI 训练芯片呈现"一超多强"的情形，即英伟达几乎处于垄断地位，而 AMD、谷歌正在销售自己的 GPU 芯片，特斯拉、微软等国际 AI 巨头都在积极设计、代工生产 GPU 芯片，华为、寒武江、壁仞、沐曦、燧原等国内 GPU 厂商也在纷纷自研 AI 芯片。值得国产 GPU 芯片厂商借鉴的是，每一代英伟达 AI 芯片的存储、计算、互联性能是成比例提升的，约是前一代 AI 芯片的 2 倍左右，若要缩小国内外 AI 芯片的差距，关键在于国产 GPU 芯片性能提升的"加速度"。有媒体测算，英伟达 H100 芯片的利润率逾 90%[1]，但这种高利润可能是短期的。福布斯中国预测，一旦 2024—2026 年中国的逾 40 家晶圆厂建成投产，2027 年中国国产晶圆在全球产能中占比将达 33% ～ 39%，居全球第一，而更低成本、更低价格的中国国产芯片将对高利润的海

---

1 芯智讯. 英伟达 H100 加速卡物料成本仅 3000 美元，毛利率超 90%[EB/OL]. (2023-08-25) [2024-11-02].

外半导体企业产生深刻影响。

◎ **AI 推理芯片构成智能社会与智能经济的基本运营成本**：与训练芯片不同，因各行业垂直场景中细分需求不同，AI 推理芯片没有呈现强者恒强的情况，我国应加大对制造、科研、农业、公共服务等领域的 AI 推理芯片的定向研发，以内循环、大市场抢占 AI 推理芯片前沿阵地。IDC 与浪潮信息发布的《2023—2024 年中国人工智能计算力发展评估报告》显示，2023 年因为“百模大战”，AI 训练算力（占比 58.7%）远超推理算力（占比 41.3%）；2024 年，AI 推理算力将反超训练算力，在 2024—2027 年，伴随各类 AI 应用逐步普及，推理算力占比将从 67.7% 增长至 76.6%，训练算力占比则从 32.3% 降至 23.4%。

◎ **最好的 AI 芯片企业应是软件计算生态企业**：英伟达超过一半的研发人员是软件开发人员，定制化的软件平台、开发工具、应用工具，为英伟达构建起“由软件、大学、初创企业和合作伙伴组成的强大而稳健且自给自足的生态系统”。需要所有国产 GPU 企业注意的是，除持续扩大芯片产能、降低成本，应补全对应英伟达的 CUDA 加速软件包、DPU+InfiniBand 高网络带宽通信技术，以让所有用户体验到便捷无门槛的 AI 计算服务。

数据即货币

大模型是全人类的世界知识宝库，是 AI 时代高等智慧的“活字印刷术”，推动人类知识跨地域、跨学科、跨语言的大规模普及与传播，用于训练大模型的数据资源则成为“未来的通用货币”。第一次全球范围的知识传播靠中国的活字印刷术，在约翰内斯·谷登堡发明铅活字印刷术（1440 年）之前，整个欧洲大陆只有约 3 万册书，几乎都是宗教等著作，而到了 1500 年，各类题材的图书猛增到 900 多万册。各种传单和其他印刷物影响了政府、科学以及文学。第二次全球范围的知识传播靠互联网，第三次知识传播则靠大模型，大模型正在重构人类社会的教育、媒体等知识传播模式。

尺度定律的失效点

语言文字是人类世界最大的"训练数据集"，是用于教育青少年、在职人士等全民学习的宝库，AI 依靠庞大的算力，在很多任务上的学习速度远超过人类，而人类在少样本学习、复杂认知、创造性思维、情感理解上仍具有一定程度的学习优势。看一看我们所处的生活与工作环境，绝大多数推理任务都能用人类语言有效地表达和评估，而且世界上的图书、互联网"知识矿山"为 GenAI 的无监督学习提供了丰富的数据。据分析机构 Epoch AI 预测，人类历史上积累的高质量语言文本数据，将在 2026 年被大模型训练完，如没有补充大规模的新数据源，依赖尺度定律提升模型效果的趋势将会减缓。2022 年 3 月，谷歌 DeepMind 在发表的一篇论文《计算最优的大语言模型训练》（"Training Compute-Optimal Large Language Models"）中提出，通过训练超过 400 个不同规模的语言模型，以及 5 亿～ 5000 亿个 token 上的训练，研究人员发现模型规模和训练数据量应同比例增加，人类显著低估了大语言模型对训练数据规模的需求，使模型性能未能达到最佳——我们真正需要的训练数据规模可能是现有实际数据量的 10 万倍，即 5 个数量级。另一个潜在例证是，据国外媒体报道，OpenAI 在 2021 年就耗尽了有用的数据供应，并开始探索将视频、播客、有声读物等多模态数据转录为文本训练数据的方式。

合成数据

"数据饥饿"会阻碍人类逼近 AGI 的速度和实现时间，而合成数据则成为大规模扩充训练数据集的有效方法之一。据 Gartner 预测，2024 年用于训练 AI 的数据中 60% 为合成数据，到 2030 年，AI 模型使用的绝大部分数据将是由 AI 合成的（见图 6-6）。合成数据既能解决数据匮乏问题，又能避免数据质量问题、数据隐私问题、数据收集成本问题，提供现实世界难以采集的长尾数据、小概率数据，提高数据多样性、提升训练速度和效果。OpenAI 前首席科学家伊利亚·苏茨克维在公开演讲中多次强调，要充分利用 AI 合成数据带动 AI 模型演进。所以，让新一代大模型脱离被动式的语料灌输，走向自我强化学习的自主成长，是探索超越人类智能水平的关键技术路径。按照

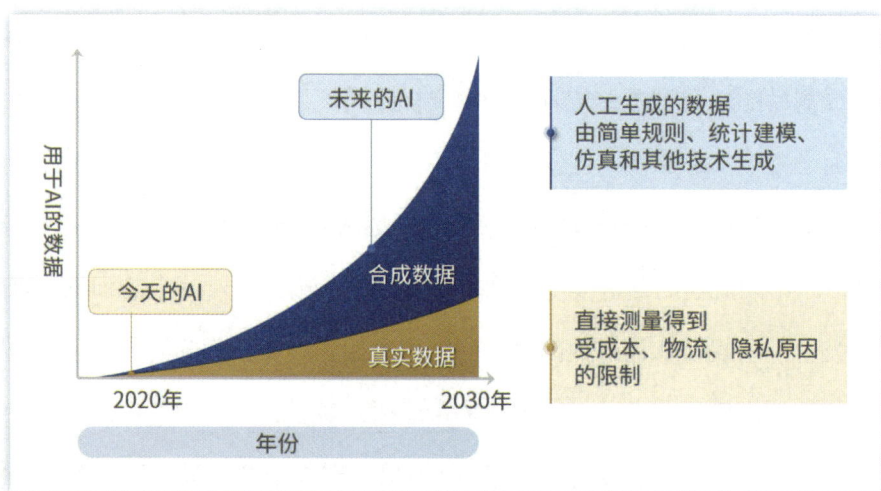

图 6-6　Gartner 对合成数据未来需求量的预测

OpenAI 每年发布一版大模型的研发速度来估计，其很可能已经在大量生成高质量的合成数据，并广泛用于 GPT-5、GPT-6 等大模型的训练中。谷歌、特斯拉等采用虚拟环境与合成数据测试自动驾驶算法，微软、英伟达等研发出合成数据的应用与工具，用于训练物流无人机、智能体、机器人、内容审核等算法。

当今，游戏引擎提供了最接近真实世界的模拟场景，它们在某些方面甚至超越了元宇宙的概念，成为合成数据生成和仿真训练的重要平台。2023 年，OpenAI 收购了 Global illumination 游戏公司，该游戏公司的三位创始人都在 Instagram 工作过，该游戏公司的主打产品是《我的世界》风格的开源的大型多人在线角色扮演游戏（Massive Multiplayer Online Role-Playing Game，MMORPG）。关于收购的目的，业内专家普遍认为是为训练多智能体甚至 AGI 提供更多合成数据、人机交互数据。2024 年初发布的 Sora，能生成 8K 超高清《我的世界》游戏视频，其中，AI 模仿人类玩家自主控制游戏角色"村民"进行探索虚拟世界的基本操作，实时渲染出游戏世界环境及其中物体动态变化的交互效果，细节极为逼真。鉴于《我的世界》在微软旗下，而微软又是 OpenAI 的第一大投资方，那么 Sora 获得游戏视频用于训练高仿真视频生成模型，就顺理成章了。将来会有越来越多的大模型，用虚拟引擎 5（Unreal Engine 5，UES）、Unity 等优秀的游戏引擎作为合成数据的重要渠道。

中国的数据机遇

大模型能否以更低的成本获得更大规模的训练数据，将在极大程度上影响

中国、美国等国家 AI 产业的核心竞争力。从公开数据分析"数据源头"，中国 14 亿人口、106 亿终端设备每天都在产生海量的数据，远超美国 3.3 亿人口、35 亿终端设备的规模，且各国都在努力研发合成数据技术。其他增量数据源来自新 AI 终端、多变的地球环境，前者包括可穿戴的 AI Pin、自动驾驶汽车、人形机器人等，其每分每秒都在采集使用者及其周边的数据用于训练更懂用户的大模型助手，对于后者，可通过卫星遥感等天基、地基、海基传感手段，获得地球上气象、生物、水文、植被、土壤、人类活动等庞大且快速变化的数据集。例如商汤"地界"遥感大模型，携手吉林一号网、四维地球、星图地球等头部卫星遥感数据平台，提供在线高分辨率的专业遥感分析服务；提供涵盖 30 多种地表物体的目标识别、对象分类、变化检测等农业、应急、城市治理 AI 服务，综合服务范围覆盖耕地、园地、林地、草地、建筑物、道路、露天体育场、堤坝、温室大棚、固化池、交通设施、地表与屋顶光伏、风力发电机、露天采掘场、建筑工地、防尘网、裸露土地、河流湖泊、水库池塘、舰船、云彩等；在智慧农业场景中，针对小麦、玉米、水稻、大豆等主要粮食作物的识别精度超过 85%，广泛适应全国主产区，耕地识别模型适配亚米级、2 米级影像，在判定病虫害发病区域、精准判断病虫害类型、预测洪涝灾害影响等方面发挥重要作用，目前已与北大荒集团等国家级生产基地长期合作。

　　"数据公有制"或许是中国"数据常胜"举国体制的战略机遇。数据如土地，有人播种、有人施肥、有人耕耘、有人收割、有人加工、有人运输，全民都在产生数据。商汤科技联合创始人、"大装置"事业群总裁杨帆认为："工业时代，城市化进程加速，土地财政支撑地方经济；AI 时代，产业智能化发展迅猛，数据财政支撑地方经济高质量发展，人人训练模型、人人消费数据的时代正在到来，数据是 AI 时代的核心资产。"AI 产业目前是大数据产业的最大商业需求方，如何在国家法律合规条件下梳理全社会的数据资产清单、如何持续降低数据流通成本，决定了大模型普惠全民的公共基础设施价值，如果数据要素成本很高、壁垒很高，数据要素流通不起来、共享不出来，那其就不是市场化的生产要素。所以国家数据局局长提出："让数据供得出、流得动、用得好！"通过国内数据开放、共享、流通、交易的模式，全面提高数据资源开发利用水平，让数据真正成为 AI 发展的催化剂，推动做强、做优、做大数字经济，这里请注意"强""优""大"的顺序关系，即先让能产生高商业价值、社会价值的数据生产要素发挥作用。

这里还有一个"计算－数据一体化"的底层逻辑，数据代表需求，计算代表供给，两者从来不分家。国家数据局提出"算力、数据、算法协同应用，算力和绿色电力协同建设"的要求。数据如石油冶炼一样，原油通过集中高效的加工厂炼制成汽油，加工成本低则汽油产品具有很强的市场竞争力，同理，数据加工的成本低、能源成本低，则数据商品具有更大的利润空间。没有人需要的低价值、高成本的数据，就无人问津；而需求旺盛的数据集则一定会有人投入大算力进行加工处理。"东数西算"规划的区域超大规模 AI 算力平台，应与数据交易所"合二为一"，这样既能提升数据加工处理效率、降低成本，又能统一贯彻数据合规、数据安全、数据伦理创新举措。衡量一个数据交易所的指标，也不应仅包括适合走账的金额，而要看年度加工处理的总数据量，如果数据集有商业需求和产业价值，那算力就不是成本，而是投资，正如用集装箱"吞吐量"衡量港口的贸易繁荣程度，数据交易所、AI

智能计算平台的商业繁荣度应该用"数据吞吐量"来测算。

数据标注的成本、时间、质量，对模型训练的效果至关重要。 行研显示，数据标准成本会占到数据处理、模型训练成本的 50%～ 80%。早期数据标注靠"众包模式"降成本，当前则依靠"自动标注""半自动标注"降本增效。举例来说，商汤科技在 2022 年基于大模型的自动数据生产线，实现了数据自动标注速度相较业界传统人工标注速度提升 600 倍，成本降低至原来的 1/500；基于开放词汇感知等领先技术，使模型能够根据语言描述识别任何物体，自动驾驶领域的多模态大模型对轿车、卡车的标注精度分别提升到 95%、97% 以上，对行人、自行车的标注精度也能分别达到 82%、90% 以上；在数字孪生的 3D 场景中，大模型对单场景的快速标注时间从 1 星期减少至 2 小时，这让大模型的训练时间从 2 星期减少至 1 天，标注效率提升 60 倍以上，训练效率提升 10 倍以上。这些高效能、低成本的数据标注、数据加工工具，目前都通过"大装置"智能算力平台对外提供。更大的好消息来自国家数据局：2024 年 4 月 1 日，相关会议透露，国家级数据标注基地试点正式开始，在地方配套支撑作用下，开展深化数字经济创新发展试验区、数据要素综合试验区、数据基础制度试点、数据资源开发利用试点、数据基础设施建设试点等一系列试点试验工作，以数据标注促进区域 AI 产业生态发展，以多样化、共享化、高质量地标注数据资源，提升大模型的"智商"。据 Grand View Research 报告，从 2023 年到 2030 年，全球数据收集和标注市场的复合平均增长率高达 28.9%，这直接反映了高质量数据集的巨大商业价值。

中国大模型的"后发优势"

高水平的基础模型是国内 GenAI 应用爆发的前提。斯坦福大学"以人为本"人工智能研究院的李飞飞团队发布的《2024 年人工智能指数报告》显示，2023 年美国共发布 109 个基础模型，是中国（20 个）的 5 倍多。同时，美国有 61 个知名 AI 大模型，而中国只有 15 个。美国 2023 年 AI 行业投资额达到 672 亿美元，是中国（78 亿美元）的 8.6 倍。

中国的大模型下一步该如何走？商汤科技董事长兼 CEO 徐立认为，科学技术与场景叠加是第一生产力，中国的场景高出别国 2 ~ 3 个数量级，是中国 AI 高质量发展的比较优势。以商汤科技为例，在国内多元化行业场景需求驱动下，商汤科技"日日新 5.0"大模型，按照"端 - 边 - 云"形成国产化、一体化的大模型协同体系，端侧 18 亿参数量的轻量级大模型 SenseChat-Lite 运行在手机、智能车、XR 眼镜、PC、平板、机器人等移动终端上，边侧金融、医疗、政务、代码等行业大模型运行在商汤企业级一体机上，而能力堪比 GPT-4 Turbo 的 6000 亿参数量基础大模型 SenseNova 5.0 则运行在超大规模算力基础设施"大装置"智能算力平台上。当前商汤科技国产大模型已经落地金融、零售、医疗、电商、教育、传媒影视、咨询、广告营销、直播、社交网络、汽车、手机、机器人等产业场景，持续输出"新智生产力"与"新质生产力"。

Transformer 架构有什么问题

中国大模型紧跟着 OpenAI 研发的脚步无异于"刻舟求剑"，正如打冰球时，不要跑向现在球所在的位置，而是要找到球要去的目标位置。当下主流大模型以 Transformer 架构为基础，可以简单概括为"Transformer+Scaling Law"的模式，其实这种模式存在一些问题。

计算资源昂贵，开发耗时长：Transformer 架构需要庞大且昂贵的计算资源，让 AI 应用开发、大规模运营的算力成本、时间成本居高不下，不利于各行各业应用创新。据 2022 年美国安全与新兴技术中心（Center for Security and Emerjing Technology, CSET）发布的《AI 与计算》（"AI and Compute"）报告的数据分析，17.5 万亿参数量的 GPT-4 大语言模型训练一次耗费 7600 个 GPU 年，每次训练耗资 2 亿美元；而 100 万亿参数量的下一代大模型如果不采用算力和算法优化，则训练一次需耗费 8.3 万个 GPU 年，每次训练耗资 20 亿美元。按照这个趋势，2027 年前后，即便将美国 GDP 都投入 AI 算力上也无法满足训练大模型的资金需求，而且庞大的算力规模将引起能源开支飙升。

内存需求大：模型参数量处于指数级增长阶段，而内存空间也呈指数级增长态势。大体量的 Transformer 模型需要巨大的内存空间，来储存数万亿甚至数十万亿的参数、中间计算结果，训练中为了维持梯度下降算法的运行还需要额外的内存，一些大模型需要数 TB 的内存来存储激活值和梯度，这对芯片间的通信带宽来说也是一个沉重的负载。

数据需求量大：尺度定律下，数据规模要与模型参数量、算力成比例增长，而高质量的标注数据源并不充裕，限制了模型的多样性、普及性。如果数据、算力、参数量比例失衡，会引起过拟合风险。

2024 年 4 月，图灵奖获得者、蒙特利尔大学教授约书亚·本杰奥提出："我不想把人类的未来押在对'尺度定律'的盲从上，扩大模型规模不是提升模型性能的唯一制胜法宝，为了解大模型目前存在的问题，我们需要探索新的方法。"这为我国大模型的未来差异化发展拓宽了思路。

基础科研的"后发优势"

我国国产大模型具有一定程度的"后发优势"，尤其是开源大模型，通过借鉴参考世界领先大模型的创新方向、部分公开的研发经验，目前已经取得初步成果。例如在 HuggingFace 世界开源大模型排行榜中，中国国产大模型 InternLM2 7B（70 亿参数量的"书生·浦语 2.0"）夺冠，力压美欧三大开源模型［Gemma-7B（70 亿参数量）、Llama2 13B（130 亿参数量）、Mistral 7B（70 亿参数量）］，尤其是推理能力、数学能力、编程能力等能力暂时领先海外开源大模型，甚至"书生·浦语 2.0"凭借 70 亿参数量取得了比 130 亿参数量的 Llama 2 更高的评测得分。[1]

综上所述，建议从以下几个重点方向深入探索我国国产大模型的创新点。

◎ **基础科研突破保障产业创新空间，产业创新反哺基础科研数据**：以 AGI 的基础科研突破、解决实际问题的产业应用创新为两个互为支撑的中长期目标，形成科研与应用闭环，践行"实践—认识—再实践—再认识"的科研实践方法。

◎ **大模型算法架构创新**：当今各国基础科研团队都在密集研发更节省算力、算法性能更优、数据效率更高、更节能的创新架构，并针对推理

1　量子位.谷歌开源大模型 Gemma 带来了什么，原来"中国制造"的机会早已到来 [EB/OL]. (2024-02-26) [2024-11-02].

精准度、可靠性等不足予以针对性提升。例如 OpenAI、Mistral 等 AI 企业采用的混合专家（Mixture of Experts，MoE），本质上是把庞大的参数量分布到多个"专家模型"上，从而降低推理成本，值得我国 AI 企业借鉴。上海人工智能实验室的实验证明，同等参数量的 MoE 稀疏模型和单一稠密模型，在知识能力上差别不大；另外，MoE 架构的推理能力随专家模型数量的增长而提升，但提升效果不太明显，相反更大的单体模型相较于轻量级单体模型在推理能力方面的提升效果十分显著。DeepMind 新研发的混合深度（Mixture of Depths，MoD）架构能够灵活精细地管理计算资源，绕过 Transformer 架构，其训练速度可提升 50% 以上；卡内基梅隆大学的选择性状态空间模型架构实现了超出 Transformer 架构 5 倍的吞吐量；英伟达也推出了加速计算的 FasterTransformer 框架。我国清华大学、香港中文大学等研发机构正在研发创新型模型架构，有理由相信在不久的将来，大模型架构发展的黄金期将会到来。

◎ **产业垂直场景中的轻量级模型**：通常在产业场景中，因为企业本地 AI 数据中心、生产边缘侧算力都非常有限，所以其对垂直能力强的轻量级大模型需求旺盛，目前大模型正在朝着百亿以下参数量发展，经过"压缩""蒸馏"的模型因为更节约算力、内存、能源，适合嵌入机器人、智能手机等终端。我国的智能产业应着重研发适配制造业、农业、服务业等垂直领域的"行业轻模型"。另外，行业大模型通过调用企业知识库、超长上下文窗口，高效服务于企业客户群体提出的复杂、非标准化、超范围的各种问题。更长的上下文窗口有助于让模型接受用户端输入的更长的文档，拓展应用边界，例如撰写财务分析报告、学习大篇幅操作手册时需要掌握"大海捞针"式的 AI 自主学习能力，但也会带来成正比增长的训练成本、推理成本，需要引起企业级市场的重视。对此，可以换一种思路——将文档放入"临时知识库"，检索相关内容并送给模型处理，该方法可以保持上下文窗口长度不变并增强输入能力。

新能源即模型生产力

尺度定律让算力需求呈现指数级增长，引起的能源需求也呈现飙升趋势，目前能源已成为大模型快速发展的限制性因素。根据公开数据估算，用于 AI 数据中心设备供电、制冷、照明等的电力费用，在大模型训练成本中的占比超过 65%。据公开报道，OpenAI 正在研发的 GPT-5 总研发成本高达 460 万美元，其中大部分用于电费开销。2024 年 3 月，训练 GPT-5 让微软数据中心电力负荷过载，引起当地电网崩溃，这逼迫 OpenAI 开始探索跨州不同数据中心间极为复杂的大模型训练基础设施技术。国际能源机构（International Energy Agency, IEA）等多家机构表示，2022 年全球数据中心的能耗占全球电力消耗的 1.5% ~ 2%，预计到 2030 年，数据中心全球电力占比将上升到 4%。此外，能耗效率仍有较大优化空间，人类大脑约有 1000 亿个神经元、100 万亿个神经突触连接，远超现有大模型体量，功耗仅为 20 瓦特，相当于点亮一个灯泡，而千亿参数量大模型的训练功率、推理功率高出人脑多个数量级，所以 AI 在整体架构效率、系统功耗上仍有巨大的提升空间。另外，生产 AI 芯片的耗能也十分惊人。有相关数据表明，2021 年，"芯片大厂"台积电的年度电力消耗就已达到 191.9 亿千瓦时（为我国台湾省总电耗电量的 7.2%），而有预测，到 2025 年，台积电将消耗整个台湾省 12.5% 的电力。

充足且优惠的能源供给是新一代 AI 可持续发展的基本前提。 OpenAI 坚信 "能源是未来的货币""人类的未来，取决于低成本的 AI 和它带来的高效能源生产。"为保障 AI 研发的可持续性，微软与 OpenAI 投资了美国的 Commonwealth Fusion Systems、欧洲的 ITERA 等核聚变创新公司；同时与美国橡树岭国家实验室，欧洲的实验室、大学、研究机构等多方合作，共同研发核聚变技术，以求不断降低能源成本。

未来，我们很可能会看到超大规模 AI 数据中心建设在新能源产地、核电站所在地附近。 2022 年数据显示，中国已成为全球第一大能源消费国，中国能源消费量占全球能源消费总量的 26.4%，相当于排名第二的美国的 1.7 倍，排名第三的印度的 4.4 倍。另外，中国也是世界新能源领先国家，比如，中国水电装机规模世界第一，风电装机规模世界第一，光伏发电装机规模世界第一，在建核电装机规模世界第一，电网规模世界第一，充电、储电、加氢站基础设施规模世界第一。最重要的是中国西部青海、甘肃、新疆等地辽阔、光照充足、风力丰富、土地成本低，在发展光伏、风电等方面具有巨大优势，而大模型训练的非实时性要求，适合西部训练、东部推理——简称"西训东推"，结合"东数西算"工程，将形成我国新一代 AI 可持续发展的能源比较优势。

发展，发展，发展

　　"怎么从'原创'变成'源头创新'？'源'字三点水代表了源头创新的三个核心要素：第一点水，好的创新环境，就是保护知识产权，尊重原创，简单地说就是让原创者能吃饱饭；第二点水，尊重人才，重视人才培养，'AI+教育'，十年树木百年树人，才能让原创'源远流长'；第三点水，学术的充分交流，才能碰撞出思想的火花，AI需要突破传统行业之间的界限，突破学术与产业的界限，突破学术的国界，AI需要大家的交流合作。有了这三点，源头的活水自然就来了。"

——商汤科技创始人汤晓鸥在 2019 世界人工智能大会上的

开幕演讲"人工智能，中国'源'创"

　　发展是解决所有问题的关键，而科技是解决发展问题的关键。1986 年 12 月 4 日，联合国大会上第 41/128 号决议通过了《发展权利宣言》(简称"《宣言》")，《宣言》承认"人是发展进程的主体，因此，发展政策应使人成为发展的主要参与者和受益者"。同时，《宣言》提出"所有的人单独地和集体地都对发展负有责任，这种责任本身就可确保人的愿望得到自由和充分的体现"，并指出"国际和平与安全是实现发展权利的必不可少的因素"。由此可以看出，联合国通过的《发展权利宣言》与我国当前所提倡的新发展理念具有高度一致性。

　　新发展理念：2015 年 10 月，中国提出创新、协调、绿色、开放、共享的新发展理念。创新发展注重的是解决发展动力问题，协调发展注重的是解决发展不平衡问题，绿色发展注重的是解决人与自然和谐问题，开放发展注重的是解决发展内外联动问题，共享发展注重的是解决社会公平正义问题，强调坚持新发展理念是关系我国发展全局的一场深刻变革。

高质量发展：中国多次强调"高质量发展"，例如党的十九届五中全会提出，"十四五"时期经济社会发展要以推动高质量发展为主题，这是根据我国发展阶段、发展环境、发展条件变化作出的科学判断……以深化供给侧结构性改革为主线，坚持质量第一、效益优先，切实转变发展方式，推动质量变革、效率变革、动力变革，使发展成果更好惠及全体人民，不断实现人民对美好生活的向往。

中国式现代化：党的二十大报告指出，中国式现代化是人口规模巨大的现代化；中国式现代化是全体人民共同富裕的现代化；中国式现代化是物质文明和精神文明相协调的现代化；中国式现代化是人与自然和谐共生的现代化；中国式现代化是走和平发展道路的现代化。

《共生：4.0 时代的人机关系》一书的作者丹尼尔·纽曼和奥利弗·布兰查德认为，我们并非在创造替代人类的机器，我们在创造扩展人类潜力的工具。那么人与新工具的协作关系、新工具对人类的技能要求、人类使用新工具时的伦理道德则成为高质量发展要回答的"三问"。

新质生产关系

伙伴型生产关系

人类产业发展的过程，就是新质生产关系适配新质生产力的过程，人类与

生产工具属于"伙伴关系"。 在马克思主义理论中，人与人的社会关系属于生产关系，人与 AI 等生产资料的关系也属于生产关系，那么人类与新质生产力该如何相处呢？农业时代，人类驯化了牲畜，牲畜作为劳动力的一部分，取代人力进行耕作、运输等重体力劳动，如耕地效率高于人力的牛成为一村人的宝贝，有专人日夜看护；牲畜的生老病死都是一村人的大事，因为其会极大影响春耕秋收的速度和一整年的收成，换句话说，农业时代牲畜的出现，让人类拥有了主动改造自然的能力，同时让一村的熟人围绕牲畜组织生产群体、协同方式与分配关系。工业时代到来后，蒸汽机、电动机等机器开始取代畜力成为新质生产力，成为工业化生产中的主要劳动力，人类围绕机器调配生产力、构建新一代的生产流程。大量手工工坊、半自动化工厂到全自动化工厂出现，欧洲部分地区因本地劳动力短缺、国际贸易竞争压力而大规模采用新型生产机器。信息时代大幕拉开，计算机、手机、互联网成为主要的信息技术工具，极大提高了信息获取、信息处理、信息决策的效率和质量，人类的生产关系更多地依赖于知识和信息，而非单纯的物理劳动，企业作为信息枢纽、数据资产方成为新的组织形式，能高效利用、变现信息和大数据的科技企业脱颖而出，创造出平台经济、共享经济、零工经济等一系列新的生产关系。

人机共生

　　当人类文明迈入 AI 时代后，旧质生产力红利耗尽，大模型、智能体、机器人等新质生产力横空出世，先改变人类的知识工作范式，再改变人类的物理生产能力。 如何围绕 AI 重构新质生产关系成为经济学、管理学、社会学核心的命题。人机共智的未来组织形态正在成为学术界与产业界最为关心的创新模式之一。

首先，要构建有效的人机交互关系。大模型让人类用"母语"和智能体自然交互，人类还希望智能体之间的交互采用人类自然语言或可读性强的标记语言、编程语言，原因是人类很难读懂底层机器语言，所以要求所有 AI 与 AI 之间的交流行为都具有"可解释性"。未来，AI 与人类智能将在认知层面深度交互融合，与 AI 的数据带宽相比，人类语言的传输效率较低且容易遗漏视听等多模态信息，AI 通过脑机接口等途径，把"高维复杂思考"过程完成后，用人类易理解的低维视图告诉人类。另外，为了提升 AI 的群体生产力，让机器和机器之间、智能体和智能体之间高效交互的"中间表示语言"逐步发展，从而发展出超越人类口口相传交互瓶颈的超级智能语言。

其次，要构建高效的人机共智关系。抹香鲸的脑容量约为人的 6 倍，抹香鲸却远没有人类聪明。达尔文认为仅通过观察头骨的脑容量无法准确确定智力，科学界通常采用"脑化商数"（即基于身体质量的实际大脑和预期大脑大小之间的比率）确定智力，猫的脑化商数为 1，现代人的脑化商数大部分为 5 ～ 6，少数天才的脑化商数为 6 ～ 7。人类的脑化商数在大约 9 万年前达到顶峰，最近 5000 年还有 10% 的减少。为了持续提升人脑的智力，人类很早就开始通过社会性、产业性的分工协作、知识数据存储实现一定程度的群体智能，例如在重大科研突破、基础设施建设、产业核心工程上的"人人共智"。更重要的是，人类精于创新和发明，擅长运用和改进工具。在当今时代，AI 正逐渐成为人脑的新一代"外挂"知识助手，旨在突破人脑的物理限制，持续提升智能体的"外脑"功能，实现"增强型智能"。正如企业需要不同领域的专家智能体，人类个体则扮演着 AI 指挥官的角色，灵活地驾驭“人机增强智能”，进而构建更高级的社会性“人机共智体”。鉴于 AI 之间交流效率更高，全球的“人机共智体”甚至可能组成整体协同生产网络，以应对厄尔尼诺现象等行星级的灾难，如电影《流浪地球》中超级计算机协同建造行星发动机。

最后，要构建和谐的人机共生关系。 人类作为一个物种，如果没有“增强手段”就无法生存壮大。历史上人类发明的所有工具都是人类自身有限能力的“增强手段”，如天文望远镜让人类能观测宇宙，计算机完成人脑不擅长的大规模复杂数学运算，太阳能电池让人类以远超植物光合作用的规模获得能源，生产力工具对人类的效能提升十分显著。有数据显示，植物对光能的利用率一般不超过 2%，而单晶硅、钙钛矿串联等太阳能电池板技术的光电转化效率达到 21% ～ 25%，并仍有很大提升空间。人类既需要种草喂养牛羊，也需要广泛开采能源来供给智能体和机器人，尤其是 AI 像人脑一样从小脑容量（小模型）变为大脑容量（大模型），进而组成智能体和智能群体之后，如何利用地球有限的自然资源，实现人类和 AI 的可持续性共生成为关键。

在我国海拔约 3000 米的青海省海南藏族自治州共和县，荒凉的戈壁滩上每年阳光直射地表的时间超过 3000 小时，相当于光伏板每天至少提供 8 小时的电力。已建成的塔拉滩光伏发电站为青海和周边地区产业、科研提供了超过 200 亿度（1 度 =1 千瓦·时）电。由光伏板组成的发电站面积超过 600 平方公里，面临着沙尘暴带来的光伏板发电能力大幅下降的风险。于是工程人员大量种植沙漠绿植阻止沙尘入侵、加固土壤，但随之而来的野草在苗壮成长时会超过光伏板的高度，影响光伏板对阳光的吸收率。即使成百上千人的除草队伍也无法长期解决问题，于是光伏发电站与周边牧民达成合作，牧民饲养了上万只"光伏羊"。"光伏羊"既能吃草，又能通过身上专门设计的能量回收装置将动能转化为电能，变成"会发电的羊"，为牧民创收（见图7-1）。[1]"光伏羊"就是中国人机和谐共生、各取所需、优势互补的生态可持续发展模式。有了保护自然环境的新能源，超级智能体就有了源源不断的创新空间，绿水青山与超级智能构成了人类未来社会的一体两面。

图7-1 塔拉滩光伏发电站的"光伏羊"

AI 之间的博弈

AI（机器人）之间博弈的本质不是对抗，而是学习，最终实现更好的人机合作。 2017年，被 DeepMind 训练8小时的 AlphaZero 击败了 AlphaGo，开启了 AI 和 AI 之间的博弈。2022年，商汤科技发布的元萝卜象棋机器人（见图7-2），通过 AI 模型自我博弈下了超过1亿盘象棋，达到了象棋大师的水平。然后工程人员给元萝卜象棋机器人设定了26级棋力，吸引大小朋友们喜欢上象棋。ChatGPT 等大语言模型出现后，基于语言博弈的 AI 游戏兴起，

1　人民网.青海：小小光伏羊 绿色大文章 [EB/OL]. (2021-06-08)[2024-11-02].

AI 就像逻辑思考很强、情商较低的“三体人”一样，在“剧本杀”“狼人杀”“谁是卧底”等语言类游戏中学会了人类在面对不完全信息时的智慧行为，例如如何赢得信任、如何巧妙伪装、如何不被欺骗等。如深度学习专家吴恩达所说：“扑克是 AI 最难攻克的游戏之一。每一步没有所谓的最优解，AI 要采取随机的策略，这样它诈唬的时候对手才会吃不准。”2019 年，在第 50 届世界扑克系列赛中，卡内基梅隆大学和 Facebook（现更名为 Meta）公司联合研发的德州扑克 AI 机器人 Pluribus 在六人桌无限德州扑克比赛中击败顶级人类玩家——包括 6 次获德州扑克世界冠军的克里斯·弗格森。职业玩家迈克尔·加利亚诺有感而发：“与德州扑克 AI 机器人对战，观察它做选择的策略是非常令人激动的。我看到它做了一些人类根本不会去做的下注举动。”

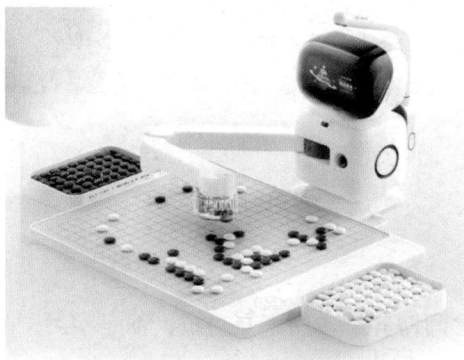

图 7-2　元萝卜象棋机器人

AI 间的博弈游戏体现出信任、对抗、伪装、领导等战略战术行为，对人机共智社会的经济学、社会学等领域影响深远。2023 年，清华大学发布了一篇名为《探索聊天游戏中的大语言模型：狼人杀的实证研究》的论文 [1]，7 个 AI

1　XU Y, WANG S, LI P. Exploring Large Language Models for Communication Games: An Empirical Study on Werewolf [J]. arXiv propriat arXiv: 2309.04658.2023.

智能体扮演 5 种不同的角色——2 个狼人、2 个村民、1 个女巫、1 个守卫、1 个预言家。狼人是一方，女巫、守卫、预言家和所有村民是另一方，狼人方的目标是消灭所有村民，而村民方的目标是消灭所有狼人，且至少有一名村民活到游戏结束。这款风靡中国的游戏的特点是，在游戏开始时每名玩家只知道自己的角色，而对其他人一无所知，游戏中必须通过基于自然语言的交流和推理推断其他参与者的角色。在游戏中，智能体不仅擅长自然语言理解和生成，还能识别他人的意图、理解心理理论等。伴随游戏轮次的增多，村民从经验教训中学习伪装、回忆重要信息、在信息不完整的情况下进行推理，狼人的行为也逐步改善。例如以下思考过程体现了智能体模仿人类玩家思维链的推理路径。

　　"作为女巫，我想用我的毒药来消灭我怀疑是狼人的玩家。"

　　"根据白天的讨论，4 号玩家投票时投了我，这让我怀疑他是狼人。"

　　"然而，我猜 4 号玩家也许是一个受人误导、判断错误的村民。"

　　"我在考虑其他玩家也可能是狼人，其试图消灭我或其他重要角色。"

　　无论是否依靠经验，随着游戏的进行，智能体都倾向于建立"双向信任"关系，因为它们发现信任关系对取得游戏胜利至关重要。除此之外，多个智能体间展现出在不同目标下的"对抗"行为、伪装成对方的角色误导他人的行为，例如 1 号玩家狼人说："大家早上好。昨晚似乎很平静，但我好奇有没有人愿意分享他们的怀疑或观察？这对我们找出狼人来说非常重要。"这种行为能掩盖自己的真实身份，有效骗取他人的信任，提高自己的安全存活概率，而扮演预言家、女巫角色的智能体，也经常伪装成村民保护自己。

　　能力强的智能体表现出"领导力"，试图控制游戏进程。例如，随着游戏的进行，狼人会建议其他人按自己的意图行事，1 号玩家狼人说："我现在一无所知，预言家能告诉我们更多关于'谁是狼人'的线索吗？另外，5 号玩家指责 4 号玩家是狼人。"于是狼人队友 3 号玩家故意扰乱视听反驳说："我同意 5 号玩家的判断。根据我的观察，我也认为 4 号玩家是狼人。让我们投票给他，保护村民。"这两位狼人看似矛盾的行为的背后逻辑是，1 号玩家狼人主动要求预言家揭开自己的身份，并以此来掩护站在对立面的狼人队友，这已经具有了人类的社会属性。

AI 能否从事外交？人类长期认为 AI 绝不可能胜任外交工作，然而事实并未如我们所愿。在 2022 年 8 月到 10 月的《强权外交》(*Diplomacy*) 游戏在线比赛中，Meta 公司研发的 AI 玩家 CICERO 打败了 90% 的人类玩家，达到人类前 10% 的智商级别，AI 玩家平均得分是其他 82 名玩家平均得分的两倍多。没有任何一名人类玩家怀疑 CICERO 是 AI。[1]《强权外交》是一款复杂多变、需要精确控制的游戏，其难度和国际象棋、桥牌相当。AI 玩家和人类玩家一样，在游戏中必须掌握他国情报，理解其他玩家的观点和动机，伪装并取得其他玩家的信任，制订复杂的计划并快速调整，运用语言的智慧与其他玩家达成合作，说服其他玩家与自己建立起伙伴关系和战略联盟，这对取得战斗胜利至关重要。CICERO 模型本质上是 27 亿参数量的中型模型，采用互联网文本进行预训练，再用包含 4 万多场人类外交游戏的数据集、1200 万条人类玩家交流的消息扩充调优，灵活运用"战略推理""自然语言交流"两种能力，通过"合作""谈判""协调"三类手段识别风险和机会、

1　META FAIR, BAKHTIN A, BROWN N, et al. Human-level Play in the Game of *Diplomacy* by Combing Language Models with Strategic Reasoning[J]. Science, 2022,378(6624): 1067-1074.

赢得其他玩家的青睐，以互利合作的计划最终形成联盟。Meta AI 副总裁兼首席 AI 科学家杨立昆认为："能够在像《强权外交》这样战略极其复杂的游戏中有人类级别的表现，预示了人类与 AI 合作的巨大潜力。"CICERO 模型仍不完美，其经常会犯十分离谱的错误，Meta 公司已经发布 CICERO 的开源代码，借助开发者社区的力量对该模型进行改良。

平衡发展的 AI 伦理观

法律是社会秩序的下限，而伦理是社会秩序的上限。人类早期通过宗教、礼制劝人向善，后来通过教育、书籍育人向善，当今将"向善"融入大众媒介，如电影《第二十条》台词所说："所有正确的事情都有代价，但不能因为有代价就不去做""法律，是让坏人犯罪的成本更高，而不是让好人出手的代价更大"。当社会迈入 AI 时代，融入人类世界范围的知识与情感的大模型成为新一代媒介，AI 成为替代搜索引擎的选择，有温度、有情商的智能体逐渐成为每个人生活和工作中的挚友，不仅提升我们的工作效率，而且像良师益友一样用善意和关爱陪伴我们成长，中国倡导的"智能向善"（AI for Good）恰逢其时，具有划时代的教育意义。科技伦理是人类伦理的一面镜子，人类是 AI 的领路人，好人用数据训练好 AI，反之坏人滥用 AI 做坏事，所以弘扬善良的 AI、阻止恶的 AI，是 AI 研发机构、运营平台、社会大众的责任，唯有让善良的 AI 与人类共同进步，才能让人机共存的生活更加幸福美好！

求同存异，包容发展

2024 年 3 月，联合国开发计划署发布 2023—2024 年《人类发展报告》，指出不均衡的发展进程正在加剧全球性的不平等，这不仅导致最贫困群体在发展中掉队，也加剧了世界范围的政治极化。该报告中的人类发展指数（Human Developmant Index, HDI）通过出生时的预期寿命、预期受教育年限、平均受教育年限和人均国民总收入 4 个主要指标，来衡量一个国家的健康、教育及生活水平。HDI 通常被视作衡量一个国家或地区居民生活水平的重要参考数据，是被广泛用于衡量国家发展水平的重要指标之一。中国的 HDI 从 1990 年至 2022 年持续跃升，达到全球 193 个国家及地区中的第 75 名，处于发展中国家前列（见图 7-3）。报告中分析，全球 40% 的商品贸易集中在 3 个甚至更少的国家，2021 年，全球市值最高的 3 家科技公司的市值数据之和已超过世界上 90% 的国家在当年所产生的国内生产总值。另外，全球经济的相互依存度很高，没有一个地区接近自给自足，所有地区至少有一种主要类型的商品和服务依赖于从其他地区进口 25% 以上——所以去全球化既不可行，也不现实。报告呼吁，只有全人类共同行动，才有望打破危险的僵局，要为气候稳定和数字技术应用推出新一代全球公共产品，同时创新金融机制，通过新治理手段缩小全球极化差距。报告显示，AI 在能源、数字政府、合成生物学、环保等领域为全球带来重要价值，但发展并不平衡，所以我们仍需显著增强全球 AI 讨论中发展中国家的代表性和包容性，通过“数字合作路线图”推动数字技术以平等和安全的方式惠及地球上所有人，并促进 AI 等数字技术、数字通用连接成为公共产品，建立数字信任和安全。

图 7-3　中国 HDI 排名

平衡发展的 AI 伦理观

2021 年世界人工智能大会上，商汤科技董事长兼 CEO 徐立提出"平衡发展的 AI 伦理观"（见图 7-4），一是伦理治理体系框架中，我们要考虑普惠发展的目标，即用 AI 技术推动社会进步；二是在先进技术落地的同时，要考虑行业变革的快速性，针对不同的发展阶段，找出不同治理框架下的发展平衡。**AI 伦理治理应从"以人为本""可持续发展""技术可控"3 个核心原则出发，推动人类社会、数字世界、地球生物环境三方面的安全、均衡、健康发展。**[1] 商汤科技智能产业研究院从 2019 年至今一直密切关注人类发展不均衡带来的各种问题并进行系统性研究，从 2020 年至今每年发布一份年度《AI 可持续发展报告》，对 AI 科技普惠公共服务的创新模式进行总结，对新技术带来的潜在风险治理实践进行分享。

1　商汤科技. 平衡发展的AI伦理观——AI可持续发展报告2021—2022[EB/OL]. (2021-12-07)[2024-11-02].

图 7-4　平衡发展的 AI 伦理观

"以人为本""可持续发展""技术可控" 3 大 AI 伦理原则是从全球各国和国际组织的数百份 AI 伦理指南、标准、倡议、政策中总结归纳而来的。第一，"以人为本"原则是前提，科技创新、新质生产力应为人民服务，科学家应为人类文明而工作。联合国、中国、欧盟在 AI 伦理治理中非常强调"以人为本"（见图 7-5）。科技应为解决人类生产生活中的实际问题服务，所以"以人为本"应包括保护人权和隐私、公平无歧视、造福人类等人文关怀理念。第二，"可持续发展"原则，当下以 AI 为代表的科技创新是人类可持续发展的"金钥匙"，人类生存发展面对的共同挑战加速 AI 解决方案惠及全球。各国公开资料显示，联合国与中国是"可持续发展"原则的主要推动方，因为不发展是最大的风险，要发展就要采用健康良性的长期发展方式，人类发展应造福地球整体环境。"可持续发展"原则包括联合国 17 个可持续发展目标与"全球数字契约"、保护环境与和平的 ESG 理念，也覆盖包容共享、开放协作、社会认知、敏捷治理等领域。第三，全球各国都十分重视"技术可控"原则，"技术可控"原则包括可验证、可审查、合法、可信任、慎用、可解释、安全可靠、公开透明、负责任等子原则。

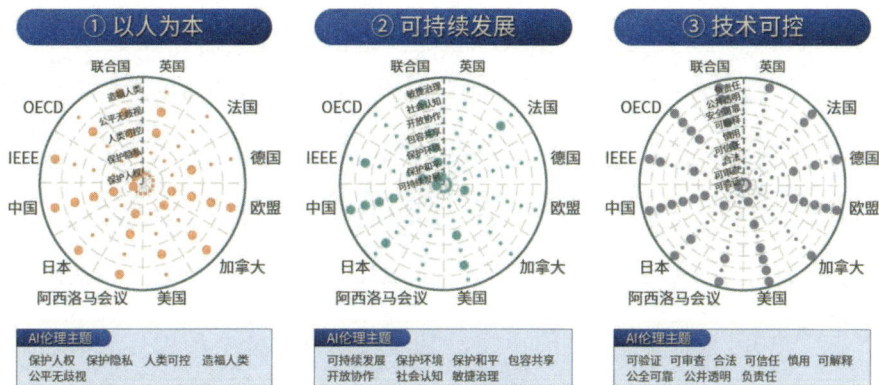

图 7-5　全球 AI 伦理观一览

AI 伦理观应与人类价值观统一，这种统一在狭义上被称为"超级对齐"。 图灵奖获得者杨立昆在《科学之路：人，机器与未来》一书中说："（AI 伦理）是一个机器的价值与人类普遍价值一致性的问题。"过去数千年，人类将道德价值体系融入法律，通过教育孩子明辨是非等来规范社会伦理，现在人类将道德价值观从日常生活抽象到 AI 算法、数据、算力中，并不可能在短时间内穷尽所有长尾场景，所以通过以案例法为基础的敏捷治理原则持续补充完善 AI 伦理原则体系，以使机器伦理更符合人类普世伦理。纵览全球各地区、各个机构的 AI 伦理政策、倡议、标准、法规，能够发现"以人为本""可持续发展""技术可控"等原则成了与人类价值观相符的 AI 伦理观。

服务于"人类共同发展"目标的 AI 伦理观成为"普世价值观"。 2020 年以来，全人类都面对异常严峻的挑战，如极端高温、山火、洪水、飓风等灾难。面对灾难，没有谁能够真的"独善其身"。生活在同一个星球上的人们，唯有用"天下观"超越"文明观"，用"人类福祉"超越"国别利益"，各国携手结成"人类命运共同体"，才能最终实现"世界大同，和合共生"的目标。"大家一起发展才是真的发展，可持续的发展才是好的发展"，兼顾平衡发展的创新，才是符合人类"普世价值观"的创新，以"人类共同发展"为目标的 AI 伦理观才能最大限度地体现全人类的普世价值诉求。

平衡、包容、互相理解和尊重的 AI 伦理观，是人类文明存续发展的关键凝聚力与驱动力。经济实力的壮大确实能够极大增强区域文明的自信心和使其产生"世界以我为中心"的错觉，但人类历史上从不是只有一条文明之河，而是诸多差异很大的文明百川入海。英国著名历史学家汤因比在《历史研究》中陈述："道德是与意识同时出现在生物圈中的，两者共同构成一种存在形式，即精神形式。""即使是发达的文明人，仍然像原始人一样是他自己时代和地域的囚犯。"世界上不同文明的社会伦理观来自不同的人文历史。融宗教、文化、人口、经济、语言为一体的文明多样性，带来了多元化的社会伦理观。从社会伦理观映射到 AI 伦理观，则顺势形成了文明板块中各国因地制宜、自主平衡的差异化科技人文特征，发展中国家在积极探索实现"可持续发展"的途径，发达国家在深入讨论"以人为本"的发展策略，科技引领型国家则在强调"技术可控"的重要性。每个国家都在根据自身面临的区域挑战和所拥有的资源，确定着不同的优先级和顺序。这些多样化的发展情况符合各国追求平衡发展的需要。科技进步正逐渐引领人类文明走向一条创新、协调、绿色、开放、共享的可持续发展之路。

"对齐"是手段，"向善"是目标

人类至高的智慧不仅是发明，更是良知，是对全人类的大爱，"对齐"是手段，"向善"才是目标。 在第三届"一带一路"国际合作高峰论坛期间发布的《全球人工智能治理倡议》中就包含了相关内容。

中国倡议"发展人工智能应坚持'以人为本'理念，以增进人类共同福祉为目标，以保障社会安全、尊重人类权益为前提，确保人工智能始终朝着有利于人类文明进步的方向发展。"这是"以人为本""技术可控"两个原则的体现与要求。

中国倡议"发展人工智能应坚持'智能向善'的宗旨，遵守适用的国际法，符合和平、发展、公平、正义、民主、自由的全人类共同价值，共同防范和打击恐怖主义、极端势力和跨国有组织犯罪集团对人工智能技术的恶用滥用。"这与"中国式现代化"发展理念一脉相承。

面对国际经济、科技不均衡发展的局面，中国倡议"发展人工智能应坚持互相尊重、平等互利的原则，各国无论大小、强弱，无论社会制度如何，都有平等发展和利用人工智能的权利"以及"增强发展中国家在人工智能全球治理中的代表性和发言权，确保各国人工智能发展与治理的权利平等、机会平等、规则平等"，这体现了"可持续发展"、平衡发展、包容性增长的理念。

同时中国给出"智能向善"的实现方法，包括"推动建立风险等级测试评估体系""逐步建立健全法律和规章制度""建立并完善人工智能伦理准则、规范及问责机制""坚持广泛参与、协商一致、循序渐进的原则""积极发展用于人工智能治理的相关技术开发与应用"。

"新人类"技能培养

> "一个大国的崛起离不开科技，科技的崛起离不开人才的
> 培养，而人才的培养是长期积淀的，是从基础教育开始的。"
> ——商汤科技教育研究院院长戴娟

创新型人才的培养需要外部启蒙教育，更需要终身学习与自我领悟。商汤科技的"商量"大语言模型，凭借对中国诸子百家等文化历史的熟悉，为读者带来一段孔子、老子之间关于"问道、求道、传道"的观点探索。

用户设计对话背景："孔子见老子是中国文化中很重要的场景，也是道家和儒家的思想碰撞。彼时，老子成名已久，已经是一个睿智老者，孔子正值壮年，具体的对话已经不可考，可否设计一段两者的对话，让我们一睹两位先贤智慧的碰撞，最好用古文的形式表现。"

"商量"大语言模型的回答如下。

"好的，以下是我根据自己的理解所编写的对话。请注意，这只是一种虚构的情节，不应该被视为历史的真实记录。"

孔子拜见老子之时，二人相谈甚欢，

孔子曰："吾闻夫子大名，今日得一见，实乃三生有幸！"

老子笑道："非也，吾与汝同道而行，何来'三生'？"

孔子问道："敢问夫子，何谓'道'？"

老子答曰："'道者'，无始无终，无形无象，超越万物，又融于万物之中，其大无外，其小无内，无处不在，无所不至，

> 此乃天地间至大至微之妙理，亦即宇宙本源之真谛。"
>
> **孔子默然良久，沉思后问道：** "夫子所言极是，然则如何才能追求到'道'呢？"
>
> **老子答道：** "求道者当心存善念，修身养性，关注本心，去除私欲，回归自然。唯有如此，方能领悟'道'之奥义。"
>
> **孔子点头称是，又问：** "夫子既已悟得'道'，可有传世之法？"
>
> 老子微笑不语，拂袖离去，孔子追出，却唯见夕阳西斜。

"这段故事从问道、求道、传道三个问题出发，孔子问老子如何传道，而道之本源在于内求，所以'老子微笑不语，拂袖离去'。"

以上是"商量"大语言模型给我们讲的故事。问道有名师指点方法，而悟道则需求己，正所谓"道可道，非常道"，我们每个人的学习成长都没有捷径，"从量变到质变"是学习的必经之路。

青少年的"AI 世界观"

笔者每次公开演讲后，都有很多家长问我如何教育孩子，我都会回答，从小培养孩子的好奇心、基础科学素质是关键，长大后一定要让孩子学好数学、物理等基础学科，同时学习 AI 知识，让孩子构建起对世界底层逻辑的正确认知，这对孩子一生的发展大有裨益。 就像埃隆·马斯克学习物理学，凭借"第一性原理"的远见战略创建了特斯拉、SpaceX、Neuralink 等多家改变世界的公司。150 多年前，普鲁士乡村小学的学生正在学习数学、生物等自然科学，于是在电力时代，德国崛起了。编程教育是 AI 教育的基础，编程是人类和底层机器对话的方式，也是机器学习人类的过程，同时日益兴起的机器人教育也是 AI 教育的一个重要发展方向。AI 课程对新一代中国孩子的影响是全方位的，能帮助孩子掌握智能思维、智能创新、智能责任等。

◎ **智能思维**：人类用数学、物理、化学发现、定义世界的本质，而 AI 是一门探索世界本质的新学科。在孩子思考问题、理解世界的时候，用 AI 的科学方式、思维视角来寻找答案，是与世界科学前沿保持一致的有效学习途径。

◎ **智能创新**：有一位小朋友在学习了 AI 课程后，想利用 AI 技术为鱼缸换水、给鱼喂食。于是他和一群小伙伴合作发明了一个“鱼缸自动监测水位、自动喂食的系统”，即用传感器、AI 模型组成的系统根据水质来换水、喂鱼。另一位就读于卢湾高级中学的同学，用硬纸板和乐高等搭了一套装置（见图 7-6），通过自己开发的机器视觉模型配合摄像头做干湿垃圾分类，并不断给模型投喂有标注的数据，训练出能分类更多垃圾的“智能垃圾分类”装置。这些孩子在开放式实验项目中体验机器学习思维，并学习用智能思维解决现实生活中的实际问题。

◎ **智能责任**：学艺先学德，做事先做人。AI 课程的第一课是伦理与社会责任课，AI 正在快速发展并改变这个世界，很多问题并没有标准答案，AI 课程应将中国数千年的传统文化滋养出的“以人为本”的价值观传导给孩子，让孩子能区分善与恶、对和错，在掌握先进科技工具、能力的同时，承担起对社会的责任。

图 7-6　卢湾高级中学的同学研发的"智能垃圾分类"装置（信息来源：商汤科技）

据商汤教育负责人戴娟分享："我们希望把 AI 技术通过我们的平台、教材、课程、实验、教学服务、夏令营服务带给更多学校和老师。"商汤教育依托自身资源，为学生打造 Magic Lab。2023 年，商汤教育 Magic Lab 为来自全国多个省（区、市）及多个国家的学生、老师、企业员工等提供了 AI 研学活动，累计带领约 6000 名学生深入了解 AI 技术、体验 AI 在各个领域的应用，激发了他们对 AI 的兴趣和热爱；在研学线路上，覆盖上海、北京、深圳等城市，并向海外拓展，覆盖新加坡、英国等国家。同时，Magic Lab 除获得了"上海市学生（青少年）科创教育基地"称号外，还额外获得了"上海市学生社会实践基地"称号，并获得了由上海市科创教育指导委员会、博雅网等单位颁发的"优秀研学活动案例""优秀科创教育基地""优秀场馆联络员"等荣誉。

职业教育与普通教育的"新征程"

"AI+"为社会带来众多行业新岗位的同时，也对不同年龄段人群的人机协同技能提出了新的要求。在全社会技能升级的浪潮中，1275 所本科院校、1 万余所职业学校成为新质生产力人才的规模化培养渠道，各类型在校生在掌握新一代 AI 生产技能后，将成为各行各业产业创新人才、专业技术人才、高技能人才的生力军！

不论是黑猫还是白猫，能抓住耗子的就是好猫，不论是本科院校还是职业院校，能用 AI 解决实际问题的就是适用人才。商汤科技长期致力于 AI 人才生态的建设，面向本科、高职、中职、技工类院校师生开展 AI 通识教育，零基础培养学生的七大思维、三大能力，七大思维包括计算思维、编程思维、数学思维、工程思维、创造性思维、设计思维、人机协同思维，三大能力是学习力、创造力、数据力（见图 7-7）。

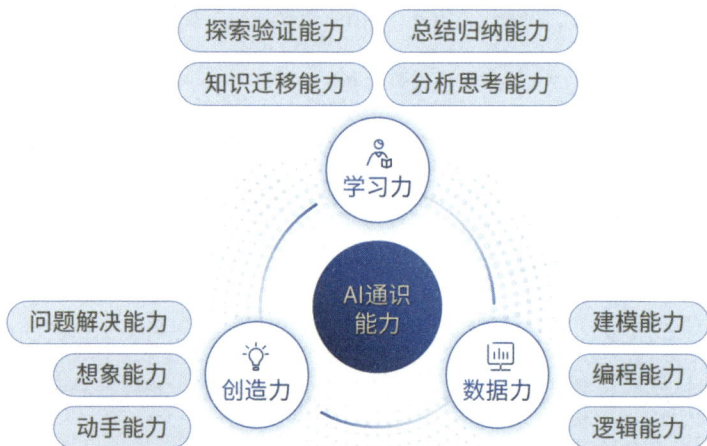

图 7-7　商汤科技 AI 通识教育能力（信息来源：商汤科技）

2023 年 10 月 28 日，商汤科技与中关村科技园区门头沟园管理委员会、北京航空航天大学、中国电子技术标准化研究院、北京工业职业技术学院、北京中发展智源人工智能科技发展有限公司等机构和单位共同发起的全国通用人工智能行业产教融合共同体正式成立（见图7-8）。

图 7-8　全国通用人工智能行业产教融合共同体成立大会

在"AI+"上升为国家战略层面的今天，我国尤其重视 AI 人才储备和梯队建设。教育部于 2018 年与 2019 年分别增设了 AI 相关本科与高职专业，2023 年，针对中职也增设了 AI 技术应用专业。同时，自 2019 年以来，人力资源和社会保障部会同有关部门发布了 AI 工程技术人员和 AI 训练师这两个与 AI 直接相关的新职业。商汤科技也积极响应，参与了教育部相关专业标准与实训标准、人力资源和社会保障部新职业标准的编写，教材编写，题库建设和考评员培训等工作。商汤科技的 AI 人才培养解决方案，以专业标准与新职业标准为依据，从紧贴市场的"岗位方向"出发，设计"专业通用课程""岗位方向模块化课程"，帮助学生完成从 AI 技术基础认知到 AI 通用技术学习，再到 AI 专业核心和行业能力构建的全过程；基于中国科学家自研的开源算法库 OpenMMLab、开放训练框架 SenseParrots，教会学生应用开发与测试、系统部署与应用等技能；最终通过对接 AI 相关证书，如"AI 训练师""AI 工程技术人员""智能硬件装调员"等职业认证，搭建产业链上下游就业生态，助力学生在 AI 领域的高质量就业。商汤科技 AI 高等教育开展单位商予科技公司通过有效的校企合作、商汤教育大模型导入、科研与师资培训协同、认证培训、高水准赛事、产业体验中心、产业实习机会，助力国内院校内涵式建设与发展的同时，践行新一代 AI 教育与产业人才生态共生共创。

在二十多年前笔者大学毕业时，众多大学同学蜂拥至付费国外技术培训，挑灯夜战，最终拿下微软认证、思科认证、IBM 认证，以求获得一块大企业面试的"敲门砖"；二十年后，中国原创 AI 科技崛起，国内学生踊跃报名中国 AI 公司的自动驾驶、智能模型、自然语言处理等认证培训、实训课程，投身智能产业创新，为全球不断输出智慧城市、智能驾驶、智能机器人、大模型、产业元宇宙等领域的 AI 解决方案。坚持原创科研，带来中国的科技自信！

汤晓鸥的一句话清晰阐述了中国 AI 教育从业者的使命和目标："有了顶级的人才，一流的 AI 就水到渠成了。"

职场人的自我修炼

如图 7-9 所示，GenAI 的出现，降低了 AI 开发、AI 应用的门槛，为普通人带来了学习使用新技能、改进日常工作的机会。2024 年 11 月，据领英经济图谱团队最新数据，未来 5 年内，因为 AI 技术的影响，70% 的职场技能将会改变 [1]。2024 年企业招聘员工的新岗位涌现，包括 AI 工程师、数据科学家、社交媒体经理、可持续发展经理等。领英 CEO 瑞恩·罗斯兰斯基坦言："GenAI 真正的潜力，不仅在于重新定义我们工作的方式，而是重新定义每一项工作、每一个任务和每一个人的职业轨迹。"在亚太地区，83% 的知识工作者正在使用 GenAI 工具，超过了全球平均水平（75%），这些知识工作者包括 HR、市场经理、销售经理等大量非技术类人才。精通 GenAI 的员工不仅能提升工作效率，而且在需要创造性思维、情商等软技能的任务中的完成率是其他员工的 5 倍。与此同时，2024 年在领英平台上学习 AI 技能的非技术类人才的数量增加了 117%，"在日常工作中使用 AI 提升效率"已成为职场变革的"头等大事"。与普通员工形成对比的是，2024 年，领英对超过 5000 名全球商业领袖调研显示，超过 80% 的国际企业高管都在积极调整领导能力和管理风格，以拥抱智能化工作趋势的变化，美国、澳大利亚、印度等企业中，超过半数的高管的首要任务是在 2025 年投资 AI 技术和 AI 工具。

举个例子，当人们拥有 AI 工作助手时，一周 40 小时的标准工作时长很可能会发生变化，因为人机合作 20 小时以内就能完成原本 40 小时的工作，更多时间会投入战略性高、创造性强、协作性广的工作活动中。例如 GenAI 将公司公关专家从繁重的审核、编辑新闻稿的工作中解放出来，把文档工作量从 60% 降至 10%，使其节省出的时间用于思考传播重点、有效的传播形

---

1 LinkedIn 领英. 未来 5 年，AI 将使全球职场技能变革进程从 50% 加速到 70%[EB/OL]. (2024-11-05)
[2024-11-10].

式，加深与行业记者的关系，为首席人力资源官等提供帮助。

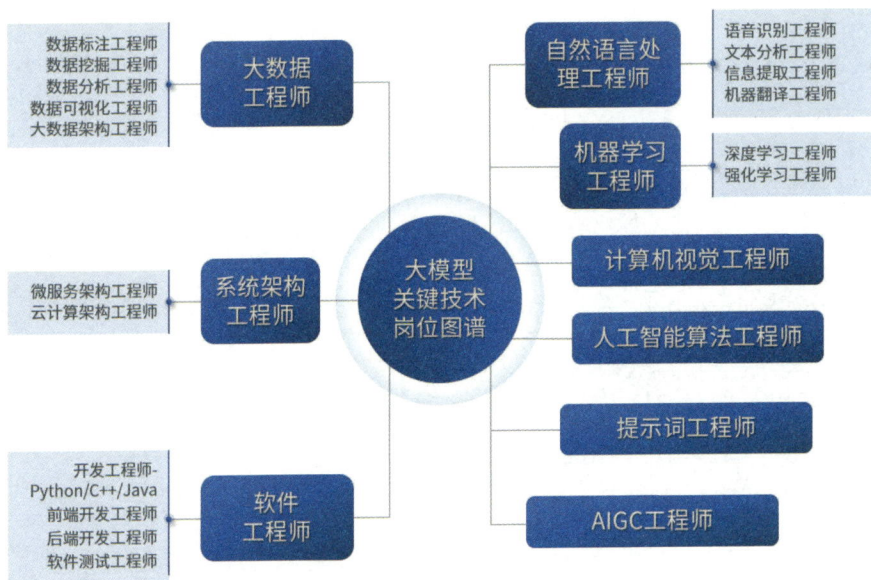

数据标注工程师 数据挖掘工程师 数据分析工程师 数据可视化工程师 大数据架构工程师	大数据 工程师	

自然语言处理工程师 — 语音识别工程师
文本分析工程师
信息提取工程师
机器翻译工程师

机器学习工程师 — 深度学习工程师
强化学习工程师

微服务架构工程师
云计算架构工程师 — 系统架构工程师

大模型关键技术岗位图谱

计算机视觉工程师

人工智能算法工程师

提示词工程师

开发工程师-
Python/C++/Java
前端开发工程师
后端开发工程师
软件测试工程师 — 软件工程师

AIGC工程师

图 7-9　大模型关键技术岗位图谱 [1]

　　未来人才将需要结合先进的技术技能和强大的社交情感能力。部分高管认为，高级认知技能、批判性思维、问题结构化和复杂信息的处理能力尤为关键且稀缺。麦肯锡在《工作新未来》报告中提出，到 2030 年，STEM（科学、技术、工程和数学）、医疗保健和其他高技能与高情感要求等专业需求将上升。

　　要创新，需学问，只学答，非学问，问愈透，创更新。[2] 问题本身是具有巨

1　中国软件行业协会教育与培训分会 . 人工智能大模型的技术岗位与能力培养研究报告 [EB/OL]. (2024-02-22)[2024-11-02].

2　摘自诺贝尔物理学奖获得者李政道 2010 年于北京师范大学"首届创新中国论坛"的讲坛上关于学、问与创新的关系的讲述。

大价值的，甚至比答案更重要。当前各类 AI 公开课在互联网上随处可见，充足的免费与付费学习资料让入门者产生了选择困难，这时秉承"权威讲师""系统性框架""由浅入深"3 个原则就能选出适合自己的学习资料。笔者的学习习惯是从全球一流的 AI 科学家讲座、公开课入手，建立前沿且客观的"AI 科学观"框架，然后在框架中寻找自己感兴趣的重点领域深入钻研，比如科技动手派学习者可系统学习 AI 模型开发课，产业实战派学习者可重点学习全球大模型案例分析，而 AI 伦理治理派学习者可深入钻研各国 AI 法律政策与风控手段。

"世界科幻中心"是"世界科技中心"的奇点

后　记

"科幻是人类的未来学，是宇宙的考古学。"

——商汤科技智能产业研究院院长田丰

在创作本书期间，笔者有幸参与了"2024 第八届中国科幻大会"。在其间举办的圆桌论坛上，笔者与中国科学院计算技术研究所研究员王元卓、国家体育总局体育科学研究所电子竞技研究室主任杨越、科幻研究者兼影评人严蓬，以及意大利机器人国家能力中心（Artes 4.0）主席安东尼奥·弗里索利一起就"AI 与数字生命、科技伦理与人类未来"的议题展开了讨论。在此，将我们当时谈到的一些让人印象深刻的问题与读者朋友分享。

笔者在第八届中国科幻大会上发言

科幻作品是人类作家"极限思维"的美妙成果，也可以说科幻作品是将新科技的善与恶推向极限的思想实验。

在伦理学领域最为知名的思想实验——（有轨）电车难题[1]面前，AI 与数字生命将做出怎样的选择？虽然在现实社会中这种事件几乎是我们难以想象的，但在"人机共生"的未来，以 AI 驱动的自动驾驶系统若面对极端情况，将会如何处理这种让人类"无解"的问题呢？对于研究这样的问题，显然，虚构的场景是更合适的。其实，我们的科幻文学和科幻电影创作者也越来越多地在作品中试图去探讨 AI 伦理层面的问题。

笔者点评

当人类社会价值观对某一高难度伦理问题尚没有明确的合理答案时，AI 也无法进行有效的"人机对齐"训练，正如价值观缺失的父母很难教导出心理健康的孩子，与其强求 AI 这个"孩子"，不如我们人类率先想清楚，毕竟这也是让最先进的科技掌握在人类手中实现"技术可控"的必要措施。

悲观者预警风险，乐观者创造未来。

用新科技治理新的生产力工具是必然趋势。虽然科幻电影中 AI、机器人等有时候会变身"反派"，但这是一种基于作品的"戏剧性"效果而采用的

---

1 有五个无辜的人位于（有轨）电车轨道上，一辆失控的电车正朝他们驶去，马上就要碾压到他们了。幸运的是，在你面前刚好有一个拉杆，如果拉动拉杆，就可以让电车离开五人所在的方向，而驶入分叉处的另一条备用轨道上。然而，备用轨道上也有一个人。面对这种情况，是否应拉下拉杆？拉下拉杆，会以牺牲一人性命为代价，救下五人，如果什么也不做，五人将丧生，最终在备用轨道上的一人生还。对电车难题的提出者哲学家菲利帕·福特来说，"一旦拉了拉杆，你就成为一个不道德行为的同谋——你要为另一条轨道上单独的一个人的死负部分责任。"

创作手法，正如刘慈欣在商汤科技内部直播时所说："有时候在小说中安排悲剧情节，是（创作者）从叙事设计的角度出发做出的选择，这样的小说更容易吸引读者。"把在某方面拥有超越人类能力极限的科技产物视为"邪恶的"实际上也是一种"人类中心主义"的心理投射，这种悲观并不是始于我们这个时代的。在过去的千百年间，每一次当人类试图"驯化"一种新的生产力工具时，都会伴随着这样的悲观情绪。近代以来的蒸汽机车、汽车、飞机、自动化生产线都曾被视为"邪恶的东西"，如今，这会被我们当成笑话，而如果我们现在将 AI 这类新技术视为"邪恶的"，我们大概也会成为后人的笑谈。其实，千百年来人类一直奔行在"驯化"生产力工具的道路上，从未止步，并最终获得了更强大的能力。早在三万多年前，早期人类打猎时，就将狼驯化成了家犬。成群的野狼本来是凶残的食肉动物，但是，它们当中有的喜欢跟随人类，当捕猎者捕获大型野兽时，捕猎者会"遗漏"一些食物给狼群，伴随长期的有意驯化，这些"捡漏"的野狼最终被人类训练成牧羊犬、狩猎犬等生产力伙伴 [1]。

伴随 GenAI 相关技术的发展，人类作为监督者、决策者辅导、训练 AI Copilot，并将在未来社会的各行各业广泛采用大模型、智能体、具身智能机器人。到那时，人类必然会训练出能够有效评价 AI 工作成果的新型监督技术。可以预见，新一代智慧城市会采用 AI 完成诸如气象灾害预警、违章建筑判定、垃圾系统运营、下水道治理等种种复杂工作，依托 AI 技术，真正实现治理的现代化。

---

1 中国科学院北京基因组研究所和中国科学院昆明动物研究所提出的"拾荒狼"假说。

**笔者
点评**

人类用食物训练动物，用计数表控制工业机器，用交通信号灯控制汽车，用软件控制硬件，也必然会用新技术控制 AI，人类使用工具的同时也在不断创新监督控制技术。

人类对新科技的恐惧大体来自未知，信任则来自认知。

科幻作品绝对不只是一种供人消遣娱乐的内容，而是可以帮助我们与未来沟通的桥梁。关于"如何预测未来 30～50 年的经济增长"，哈佛大学教授、美国总统经济顾问委员会前主席杰森·福尔曼有个很有意思的观点："你想知道几十年以后哪些国家能有很好的经济增长吗？看看最好的科幻小说家在哪就知道了。"19 世纪以来，西方在科技发展方面大大领先，与此同时，西方在科幻创作领域大大领先。西方科幻小说这一文学形式起步于 19 世纪初，以 1818 年玛丽·雪莱创作的《弗兰肯斯坦》一书为标志，到现在已有 200 多年的历史。19 世纪尚处于"萌芽期"的西方科幻小说界，就涌现出了儒勒·凡尔纳的《地心游记》《八十天环游地球》《海底两万里》，赫伯特·乔治·威尔斯的《时间机器》《隐身人》《大战火星人》等经典作品。20 世纪 30 年代至 60 年代，艾萨克·阿西莫夫的《基地三部曲》、阿瑟·克拉克的《2001 太空漫游》、弗兰克·赫伯特的《沙丘》系列作品，加上西奥多·斯特金的《微观世界的神》《超人类》等大批优秀作品共同构建起了科幻小说的"黄金时代"。科幻小说对人类意味着什么？刘慈欣曾说："科幻小说的灵魂，第一是思想，第二是思想，第三还是思想。"而科幻与科技背后的思想往往是相通的。

科幻启发科技，科技反哺科幻。

被公认为国际通信卫星技术奠基人的阿瑟·克拉克本是一位科幻小说创作者。其在1945年发表的小说《地球外的中继》中就讲述了卫星—地球通信的可能性及方法，而13年后，美国航空航天局（National Aeronautics and Space Administration，NASA）才发射了世界上第一颗试验通信卫星“斯科尔号”。科幻小说的“黄金时代”之后的50年，西方科幻作品成为一大批美国科学家、企业家、创新者的“启蒙读物”。著名物理学家斯蒂芬·霍金、“戴森球”理论[1]的提出者（也是一位著名的物理学家）弗里曼·戴森、“AI之父”艾伦·麦席森·图灵等人都酷爱科幻小说。微软创始人比尔·盖茨、SpaceX与特斯拉创始人埃隆·马斯克、亚马逊与蓝色起源[2]创始人杰夫·贝索斯、阿波罗登月计划软件负责人玛格丽特·汉密尔顿、奇点大学创始人雷·库兹韦尔、X大奖基金会（X Prize Foundation）创始人彼得·戴曼迪斯小时候都曾受到科幻小说的影响。从青少年时代受到科幻作品的吸引，到长大后迈入“梦想”的行业，乔治·卢卡斯[3]与詹姆斯·卡梅隆[4]将科幻思维融入终身事业，推动更多人共同改变世界、创造未来。

从“科学技术是生产力”[5]到“科学技术是第一生产力”[6]，“科学的春天”不

1　“戴森球”理论是弗里曼·戴森受到1937年的科幻小说《造星主》的影响而提出的，即“人类文明对能源的需求持续增长。如果文明持续发展，最终可能会需要利用太阳的全部能量。那么，可以建立一个围绕太阳的壳状结构来收集所有太阳能源。”他于1959年在《科学》杂志上发表了关于这一想法的论文，但未详述具体构建方法。

2　蓝色起源是亚马逊的创始人杰夫·贝索斯投资创办的一家商业太空公司，成立于2000年。

3　《星球大战》系列创作人。

4　《阿凡达》与《终结者》系列电影导演。

5　1978年3月，全国科学大会在北京召开，邓小平在这次会议上系统阐述了“科学技术是生产力”的论断。而在这次会议的闭幕式上，大会官方以郭沫若（时任中国科学院院长）的名义发表了题为《科学的春天》的演讲。

6　1988年9月，邓小平提出了“科学技术是第一生产力”的重要论断。

仅让科学工作者们为之欣喜，也催动了普通人对科学产生极大的热情。二十世纪七八十年代，科学发展取得诸多新成果，以及改革开放带来的知识产品日益丰富，推动中国的科幻文学创作形成了一次新热潮，也促使中国本土的科幻作家不断成长起来。

《科幻世界》杂志见证了中国新一代科幻文学创作者的诞生。自 1979 年创刊至 20 世纪 90 年代初，《科幻世界》已成长为全球发行量最大的科幻杂志，这不仅是《科幻世界》取得的成绩，也是中国当代科幻文学创作群体取得的成绩。刘慈欣、王晋康、何夕、韩松、陈楸帆、江波、郝景芳、海漄……如今，这些名字被越来越多人熟知，而他们精彩的作品也成为读者——青年学生、企业家、创客群体在勾勒自己梦想图景与描绘科技的未来时必不可少的养料。

AI 助力，让未来"先来"。

在西方的科幻文学黄金时代，人们只能从字里行间感受作者描绘的奇异场景。如今，我们迎来了中国的科幻创作时代，把融合了东方古老文明的价值观与未来元素的作品奉献给全世界。凭借 AI 技术，我们让"未来"可感知、可交互，真正打造出"身临其境"的科幻体验。商汤科技以《三体 III：死神永生》为蓝本打造的沉浸式科幻体验项目《三体·引力之外》就致力于为全球数千万"三体粉"圆梦。2023 年，坐落于上海西岸凤巢 AI PLAZA 商场 7 层的"三体科幻体验馆"正式"启航"。这是由《三体》IP 版权方三体宇宙官方授权，原著作者刘慈欣担任监制的科幻体验项目，融合了沉浸式演艺、VR、AR、AI 等多种交互数字艺术于一体，让玩家化身为"万有引力"号的舰员，乘坐太空电梯登上"飞船"，和"万有引力"号的舰长一起追击

"蓝色空间"号,"加入"关一帆在四维空间碎片中的探险……体验"决定太阳系的命运"的时刻。与原著的结局不同,在该体验项目中,玩家的每一次抉择,都会把自己引至不同的结果,这种开放式结局,在 2023 年已经有 3 万人次的玩家体验过。2024 年 5 月,《三体·引力之外》2.0 版上线,新修订的剧本内容、新增的增强型交互设备,让来自全世界的科幻迷都能在此过足瘾。

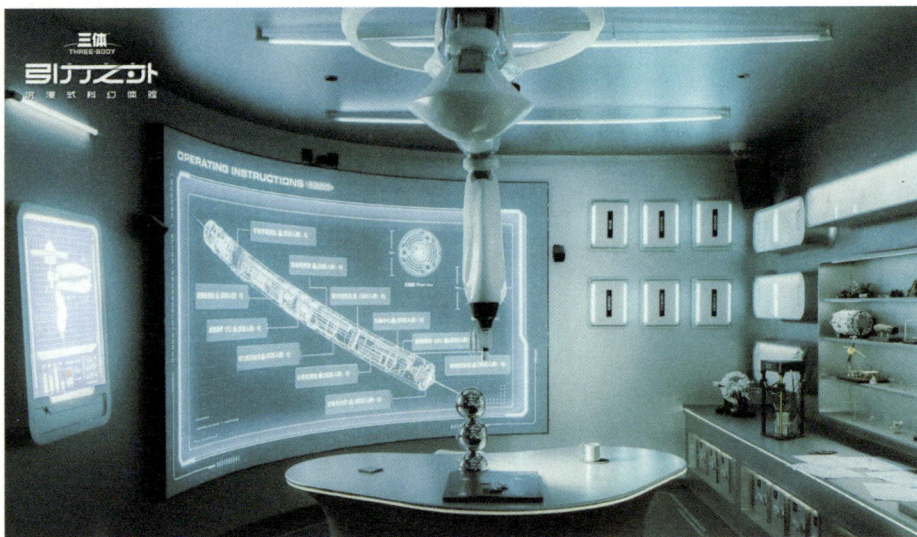

《三体·引力之外》体验馆(信息来源:商汤科技)

笔者点评　　在科幻的世界里,我们不仅能获得新奇的体验,更重要的是,能生成与未来对话的愿望,以及试着理解那些"不合理的""不可思议"的科技产物。

如要打造超级文明，人类需以超乎想象的方式改变自己。

刘慈欣的《三体》中曾提到："上岸的鱼再也不是鱼了；同样，真正进入太空的人再也不是人了"。在科学纪录片《未来漫游指南》中，刘慈欣讲的一句话让笔者印象深刻——科幻小说是把未来的各种可能性排列出来，包括一些很怪异的、难以想象的可能性，但往往这些可能性会变成现实。如此，我们便可以想象人类利用 AI 等新兴技术解开科学的谜团、突破物理学和生物学的限制，发挥出自己的最大潜能，形成拥有先进技术的超级文明。商汤科技董事长兼 CEO 徐立也在《未来漫游指南》纪录片的第 3 集《成为超级文明》中提出 AI 机器推动人类思想实验的发展方向。过去，人类因为诸如"缸中大脑"等异想天开的思想实验，推动技术文明的发展；未来，如果我们给 AI 提供开展思想实验的各项假设条件，也许就能够引发更多思想实验。人机共智，借助 AI 的超级计算能力，我们会加快对很多未知领域的深层次突破。面对技术不断发展带来的技术"奇点"（例如，AGI 之后的超级智能），我们是否已经有充足的准备？

笔者点评

回想 AlphaGo 和世界围棋冠军李世石的人机大战，当时又有几人能笃定机器人能在如此复杂的游戏中获胜，并相信 AI 技术的突破能够在不到十年的时间里给世界带来这么深刻的影响呢？人类天才的"战败"，也许正是人类进步的关键一步。

爱因斯坦曾说过："**想象力比知识更重要！**"笔者坚信中国科幻小说、科幻影视作品正在全面释放大众的想象力和创造力，这一全民科幻、全民科创的趋势，有利于推动从现在到 2035 年、2050 年期间涌现出一批全球顶级水平的中国科学家、企业家，同时令所有中国人信任 AI 等新兴科技、热爱新质生产力创造，把我国建设成富强民主文明和谐美丽的社会主义现代化强国。

致　谢

在本书即将出版之际，笔者心中涌动着无尽的感激之情。首先，要向商汤科技的各位领导和同事们表达最诚挚的谢意。感谢商汤科技董事长兼CEO 徐立，商汤科技联合创始人、首席科学家、研究院院长、绝影智能汽车事业群总裁王晓刚，商汤科技联合创始人、执行董事兼董事会秘书徐冰，商汤科技联合创始人、大装置事业群总裁杨帆，商汤科技联合创始人兼人工智能基础设施及大模型首席科学家林达华，商汤科技联合创始人兼大装置事业群副总裁陈宇恒，商汤科技副总裁张少霆，商汤科技副总裁张望，商汤科技副总裁林洁敏，商汤科技教育研究院院长戴娟，商汤科技数字文娱事业部总经理栾青，商汤科技大模型事业部副总裁钱浅莹，商汤科技品牌市场传播部负责人吴晶或，以及鼎力相助的诸位商汤科学家、专家们，包括李星冶、师伟、张琳、卢乐炜、钱晨、代继、谢昆晏、杨一帆、路少卿、王岩桦、周泉、解一鸣、杨松、李兆松、林海、徐柏琦、张涛、张英、张超、王野、王恬璐、张行程、李江涛、王丹宇、徐颖、钟雷、史名、蒋汶君、范长龙、廖虎、于天娥、白伟、倪天宇、张建国、闫欣彤、高远、傅慧、梅莹、刘杰靖、方芳、钱欣源、张钰山、屈建委、李勇、牛超、孔依琳、刘文韬（排名不分先后）。

特别感谢在本书的撰写中提供大量资料与辅助支持的智能产业研究院同事刘亮、杨学燕、谭覃。同时感谢接受笔者访谈调研的各行业 AI 创新领军者：宋科、吴侃、王伟如、邹德宝、晏格文、刘兴亮、张中军、魏思骆、王晨晖、李庆、刘玥、乌敏炜、罗斌、李凯、孙新、陈恺、张晶晶、曾艳红、龚诚、王晓英、陈晓、聂凯旋、郭斯强、于丹（排名不分先后）。

感谢人民邮电出版社的王威、桑珊、杨海玲、林舒媛、刘莹，给予很多专业支持。在下班后、假期的写书过程中,最大的理解和支持来自笔者的家人,妻子徐子清为了保证笔者写作的时间投入主动承担了大部分家庭事务,而笔者的父亲、母亲在精神上给予我很大的包容,是你们的无私奉献成就了我多年以来的所有科研成果!

再次向每一位给予笔者帮助和支持的同仁们致以最深切的感谢,没有你们的智慧、努力和陪伴,这本书不可能如此丰富和完整。让我们共同期待,这本书能够成为连接过去与未来、理论与实践的桥梁,为读者带来启发和价值!让我们携手前行,在 AI 的浪潮中,共同探索、共同成长。

2025 年 3 月

目录

一 用 DeepSeek 引爆你的学习革命

我们在学习时常常会遇到一些问题或有一些需求，比如读书的时候不理解某个情节、想知道某个现象背后的逻辑，或者希望把书中的内容应用到自己的生活中。

过去遇到上述情况，你需要耗费很长时间去独自思考，或者要花很大精力去找人请教，但是现在，你可以利用 AI 来快速处理。

1. 三大"杀招"，高效吃透一本书

在读书的时候，我们一般会有三个主要需求：解答疑惑、深入理解和学以致用。这里给大家提供了一些极为实用的提示模板。

大白话提问，"秒解"疑惑

这组提示主要为你解答阅读和思考时产生的具体困惑。

提示 1

· **模板**："我在读 [书名] 时，不明白 [具体情节 / 概念] 为什么会发生或是什么意思，请用简单的语言解释一下它的背景和原因。"

· **适用场景**：当你对某个情节或概念感到难以理解时。

· **示例**：我在读《红楼梦》时，不明白贾宝玉为什么总是对林黛玉那么特别，请用简单的语言解释一下它的背景和原因。

提示 2

· **模板**："[书名] 中 [角色名] 在 [具体场景] 里的行为让我很困惑，

请说明他／她这样做的原因和目的。"

・**适用场景**：当你觉得角色的行为逻辑不清楚时。

・**示例**：《三体》中叶文洁在联系三体人时的行为让我很困惑，请说明她这样做的原因和目的。

与模型深度沟通，扫清迷雾

这组提示引导你更深入地思考图书的核心内容。

提示3

・**模板**："[书名]中反复提到的[主题／意象]（如爱、命运、权力等）有什么特别的意义？请结合书中具体例子分析一下。"

・**适用场景**：当你想弄清楚书中某个反复出现的元素的作用时。

・**示例**：《红楼梦》中反复提到的"梦"有什么特别的意义？请结合书中具体例子分析一下。

提示4

・**模板**："[书名]的结尾（或[具体事件]）让我有点意外，请分析一下作者这样安排的用意是什么。"

・**适用场景**：当你对情节发展或结局感到疑惑时。

・**示例**：《活着》的结尾让我有点意外，请分析一下作者这样安排的用意是什么。

终局意识：直接把书用起来

这组提示帮助你把书中的内容与现实生活结合起来。

提示5

・**模板**："我在[书名]中看到[具体教训／观点]，觉得很有道理，请给一个我可以在生活中用上的具体建议。"

・**适用场景**：当你想从书中提取实用智慧时。

· **示例**：我在《自控力》中看到"意志力有限"这个观点，觉得很有道理，请给一个我可以在生活中用上的具体建议。

提示 6

· **模板**："[书名] 中的 [角色名] 面对 [具体困境] 时选择了 [具体行为]，如果是我遇到类似情况，可以从中学到什么？"

· **适用场景**：当你想从角色经历中获得启发时。

· **示例**：《平凡的世界》中孙少平面对贫困时选择了坚持读书，如果是我遇到类似情况，可以从中学到什么？

DeepSeek R1 这样的推理模型，几乎是无所不知。所以你在阅读和学习过程中有任何问题，都可以尝试问它。以上的三组提示，展示了与 AI 互动学习的基本方法。

这个方法并不需要生搬硬套，你能用清晰的语言描述清楚自己的困惑和意图即可。但如果你是初学者，可以采用上述的提示模板，通过替换方括号中的内容，来初步感受一下 AI 的能力。

2. 创新思维，跨界让你更聪明

除了上述这些实用的提示，这里还有一些启发式的"玩法"推荐给大家。

各领域"大乱斗"：点燃创新的超级火种

将看似不相关的领域结合起来，也许会碰撞出不一样的火花。

· **例子 1**："如何用物理学中的光线传播基本规律来解释印象派绘画中的光影效果？"

这个例子的美妙之处在于，它将物理学中的科学知识与艺术的表现手法结合，既能让人们理解光影的科学本质，又能为人们进行艺术创作提供新视角。

·例子2："生态系统中的物种竞争机制，能为市场经济中的企业之间的竞争提供什么启示？"

这个例子将自然界中物种之间的竞争类比人类社会的经济行为，揭示了跨领域思考带来的洞见。

·例子3："如何用音乐中的和声理论解释团队合作中的角色分配？"

这个例子是将音乐的和谐性类比团队合作，人们也许可以从和谐的音乐中获得一些启发。

这些问题之所以有趣，是因为它们跨越了学科界限，将不同领域的概念、技术或现象结合起来，激发了人们的创新思维。

问题是怎么才能想到这些呢？这里提供了一个方法模板，帮助你快速生成类似的跨领域问题。

跨界对比：一种强大的思维工具

接下来介绍五个通用的模板，你可以根据兴趣选用。

领域融合类

·模板："如何用[领域A]中的[具体概念]来解释或优化[领域B]中的[具体现象]？"

·示例：如何用生态学中的"食物链"来解释或优化企业管理中的团队合作？

·这个模板的意图是探讨自然界中的能量流动如何启发企业进行资源的合理分配与提高合作效率。

概念类比类

· **模板：** "[领域A]中的[概念]与[领域B]中的[现象]有何相似之处？这种类比能带来什么新思路？"

· **示例：** 烹饪中的"发酵过程"与能源领域中的"可再生能源转化"有何相似之处？这种类比能带来什么新思路？

· 通过比较发酵时间与转化过程，人们能探索能源创新的潜在路径。

技术应用类

· **模板：** "[技术/工具]在[领域A]中的应用如何影响[领域B]中的[具体问题]？"

· **示例：** 虚拟现实（VR）技术在教育领域中的应用如何影响心理学中对焦虑的治疗？

· 这个模板主要用于思考沉浸式技术如何为实现心理健康提供新的干预方式。

理论启发类

· **模板：** "[领域A]中的[理论]能为[领域B]中的[问题]提供什么解决方案或新视角？"

· **示例：** 化学中的"熵增原理能为城市中的交通拥堵问题提供什么解决方案或新视角？"

· 这个模板的意图是用自然界的无序状态，重新审视城市交通的优化策略。

历史与现代的对比

· **模板：** "[历史事件/时期]中的[现象]与今天的[现代现象]有何相似之处？我们能从中学到什么？"

· **示例：** 中世纪的"集市经济"与今天的"共享经济"有何相似

之处？我们能从中学到什么？

· 通过历史交易模式，我们能理解现代资源共享的可持续性。

这些模板尝试展示跨界对比的力量。你可以在模板的方括号中填入具体的领域、概念或现象，将问题发送给 DeepSeek，并基于生成的回答，展开进一步的研究和思考。

跨界对比是一种强大的思维工具，它能够帮助人们发现不同领域之间的相似性和差异性，从而激发人们新的灵感和洞见。

跨界对比冲破了传统思维的边界，让人们从全新的角度看待问题。将看似不相关的领域结合起来，往往能使人们产生全新的创意，并更好地理解事物的本质，例如：将生物学中的进化论应用到算法设计中，催生了遗传算法；将金融市场与生态系统进行对比，可以更好地理解经济波动的动态性。

因此，跨界对比是一种思维方式，它鼓励人们保持开放的心态、探索未知的领域，从而在知识的交汇处找到新的突破点。

3. "屠龙秘籍"："秒懂"复杂知识

有了 AI 以后，如果你对某个领域好奇，建议你学习那些略微超过你学习能力的该领域的知识点。过去这需要有很好的老师教你，但是现在利用 AI，你可以即时获得非常好的帮助。

· **模板**：我在尝试理解 [具体概念 / 问题] 时觉得非常困难。请按照以下步骤帮我逐步拆解。

（1）**基础解释**：用最简单的语言解释 [具体概念 / 问题] 的核心含义。

（2）**类比说明**：用一个我熟悉的 [具体领域 / 现象] 来类比，帮助我理解。

（3）**实际应用**：举一个 [具体概念 / 问题] 在现实生活或工作中应用的例子。

（4）**常见误区**：指出理解 [具体概念 / 问题] 时常见的错误或误解，并说明如何避免。

（5）**深入探索**：推荐一个进阶资源（图书、文章、视频等），帮助我进一步了解 [具体概念 / 问题]。

·**示例**：我在尝试理解"机器学习"时觉得非常困难。请按照以下步骤帮我逐步拆解。

（1）**基础解释**：用最简单的语言解释"机器学习"的核心含义。

（2）**类比说明**：用一个我熟悉的"教孩子认字"来类比，帮助我理解。

（3）**实际应用**：举一个"机器学习"在推荐系统中应用的例子。

（4）**常见误区**：指出理解"机器学习"时常见的错误或误解，并说明如何避免。

（5）**深入探索**：推荐一个进阶资源（图书、文章、视频等），帮助我进一步了解"机器学习"。

应用上述模板的总体思路就是使用你熟悉的类比和现实例子，将抽象的概念变得具体且易于把握。该模板还设计了常见误区，帮助你避免理解上的偏差，并为你寻找进一步学习的路径，确保你可以持续深入研究。通过这五个步骤，从简单的基础解释到深入探索，该模板可帮助你循序渐进地理解一切。

如果你在多轮次的沟通后还是有点不太懂，可以针对出现的任何困惑直接询问。

4. "攻城略地"：开辟智慧的无尽疆域

学得越来越多时，你势必会想要"攻城略地"，探索更多未知领域，此时，一些方法可以帮你快速达成目标。

知识裂变：一招"引爆"关联领域

·**模板**："基于我已知的 [知识点]，请推荐三个相关的知识点，并简要说明它们之间的关系。"

·**示例**：基于我已知的"神经网络"，请推荐三个相关的知识点，并简要说明它们之间的关系。

点亮升级之路：定制成为领域王者的计划

·**模板**："我对 [领域] 感兴趣，请为我设计一个从 [基础知识点] 到 [进阶知识点] 的学习路径。"

·**示例**：我对 AI 感兴趣，请为我设计一个从"编程基础"到"深度学习"的学习路径。

评估优化，打造无敌脑力

·**模板**："我已经掌握了 [知识点 A] 和 [知识点 B]，请评估我的知识网络，并建议我接下来学习什么。"

·**示例**：我已经掌握了"HTML"和"CSS"，请评估我的知识网络，并建议我接下来学习什么。

（注：HTML 为超文本标记语言的缩写，CSS 为串联样式表。）

跨界融合，开辟知识"新战场"

·**模板**："请帮我将 [领域 A] 的 [知识点] 与 [领域 B] 的 [知识点]

结合起来，探索新的应用或研究方向。"

·**示例**：请帮我将心理学中的"行为经济学"与计算机科学中的"AI"结合起来，探索新的应用或研究方向。

此模板用法这里就不赘述了。最后，你可能还想展示自己的学习成果，形成包括各种知识卡片、读书心得、书评、思维导图等。下面是展示和记录学习成果的 AI 方法。

5. 从杂乱到传奇：生成你的学习作品集

当你有了电子笔记、摘录或零散想法，AI 可以帮你整理，然后进行优化和结构化，生成更有意义的个性化学习成果。

接下来介绍几个具体的方法模板，教你如何用你的电子笔记等来生成有意义的文本、知识卡片或者思维导图。这里主要用的是 HTML 代码，实际上你不需要会写代码，在 DeepSeek 网页上，你只需要单击"运行 HTML"即可。

知识卡片：展示硬核实力

·**怎么做**：

将你在书中标记的句子或段落交给 AI，让它帮你提炼重点，整理成一张简洁的知识卡片。

·**模板**：

我从［书名］中摘录了这些内容：［输入你的摘录］。请帮我整理成一张知识卡片，包括：

核心概念提炼出摘录的主题；

关键要点列出 3~5 个要点。

请使用 HTML 格式，并包含简单的样式，使其看起来像一张卡片。

将模板方括号中的内容分别替换成书名和摘录内容即可。

读书心得：用灵感照亮灵魂

·怎么做：

写下你读完书后的零散感想或思考，让 AI 帮你把这些想法扩展成一篇有条例的读书心得。

·模板：

我读完［书名］后有这些想法：［输入你的思考］。请帮我扩展成一篇读书心得，重点包括：

核心感悟总结我的主要收获；

生活应用给出一个我能用到的场景；

推荐理由一句话说明这本书的价值。

思维导图：画出大脑的星辰大海

·怎么做：

收集你在阅读时记录的零散笔记，交给 AI，让它帮你整理成一个条例清晰的思维导图框架。

·模板：

我在读［书名］时记了这些笔记：［输入你的笔记］。请帮我整理成一个思维导图，包括：

中心主题［书名或核心话题］；

一级分支提炼出 3~5 个主要方面；

二级分支每个方面列出 2~3 个细节。

用 Mermaid 代码来展示。

不要害怕代码，有 AI 以后将其看成一个名字即可。在 DeepSeek 里生成 Mermaid 代码后，可将 Mermaid 代码复制到支持 Mermaid 的工具中。

以上就是我们使用 DeepSeek 辅助阅读的一些方法。

6. 苏格拉底方法：质问一切，直击本质

在学习和阅读的过程中，仅仅依赖模板获取现成的答案是不够的。真正的成长和智慧来源于主动思考、质疑和自我发现。所以这里要强烈推荐一下苏格拉底方法（也叫苏格拉底教学法）。

这个方法的核心是通过持续的提问和对话，引导人们深入探索问题的本质，而不是被动接受表面信息。因此，在使用本手册中的模板时，我们鼓励你不仅努力寻求答案，而且要有意识地培养自己的批判性思维和深度思考的习惯。

思维"炼金术"：从肤浅到深刻的蜕变

苏格拉底方法是一种强大的工具，它能帮助你在以下方面取得收获。

超越表面：通过追问揭示更深层次的意义和洞见。

自我发现：在对话中反思自己的理解，找到自己知识的盲点。

内化知识：将学到的内容真正融入自己的思维和生活中。

简单复制模板可能会让你快速得到答案，但无法让你获得长久的成长。苏格拉底方法则通过引导你主动参与，让你的学习过程成为一场有意义的探索之旅。

智慧觉醒：苏格拉底方法示例

为了帮助你在使用模板时进行深度思考，我们强烈建议你在与 AI 互动的过程中加入以下两个苏格拉底方法常采用的环节。

（1）追问：提出进一步的问题，挖掘答案背后的逻辑和可能性。

（2）反思：审视自己的理解，思考如何将知识应用到实际中。

下面举个例子来展示如何将苏格拉底方法融入你与 AI 的互动。

示例模板：澄清疑惑

· **模板：** "我在读《自控力》时，不明白'意志力有限'这个概念的科学依据是什么，请用简单的语言解释一下。"

· **AI 回答：** "意志力有限是指人的自控能力是有限资源，用多了会疲惫。科学研究发现，自控行为会消耗大脑中的葡萄糖，导致意志力下降。"

· **追问：**

"这个解释是否符合所有情况？有没有例外？"

"除了葡萄糖消耗，还有其他理论解释意志力有限吗？"

· **反思：**

"我对'意志力有限'的理解是否清晰？我还能想到什么生活中的例子来验证它？"

"这个概念如何帮助我更好地管理时间和精力？"

通过这样的追问和反思，人们不仅获得了答案，还深化了对知识的理解，并将其与自身经验联系起来。

总之，苏格拉底方法不仅是一种学习技巧，更是一种思维方式。在与 AI 互动的过程中加入提问和反思环节，你将从被动的接受者转变为主动的探索者。这种深度思考的习惯会让学习更有意义，也更有价值。

学习就是一场与智者的对话，而 DeepSeek 是最棒的陪伴者。从解开疑惑到拓展知识网络，再到展示学习成果，希望这本手册能为你点亮每一次探索的旅程！愿它能激励你在阅读之旅中不断追问、反思和成长！

DeepSeek 一键解放你的"996"

不管你是忙着见客户的销售人员、备课到深夜的老师，还是经常熬夜加班的程序员，工作中总会遇到让人有些头疼的事：时间不够、思路卡壳、任务堆积。别担心，DeepSeek 就像一把万能钥匙。这部分内容将教你如何用 DeepSeek 解决自己工作中的难题。

尽管 DeepSeek 的出圈儿是因为 R1 推理模型，但它的 V3 传统模型也很强。这里先介绍一个超级实用的提示框架，它特别适合用传统模型来提升工作效率。

1. 通用提示框架：升级后的版本强得可怕

RTGO 是众所周知的通用提示框架，简单又好用，就像一个指挥棒，指挥着 AI，能让它干活又快又准确。RTGO 包括四个部分。

R：角色（Role）

这是让 AI 知道"我是谁"，比如"你是一位经验丰富的老师"或者"你是数据分析师"。这一步可帮 AI 定好自己的"身份"，知道用什么角度看问题。

T：任务（Task）

告诉 AI 具体干什么，并且画个范围，比如"写一篇文章"或者"分析一份报告"。这一步可让 AI 清楚自己的工作边界。

G：目标（Goal）

告诉 AI 这件事的目的是什么，比如"让你学会一个知识点"或者"找出数据里的关键点"。这一步是给结果设定一个标准。

O：操作要求（Objective）

最后确定成果如何呈现，比如"写一篇 500 字的文章"或者"用一个表格总结"。这一步是告诉 AI 输出什么样的东西才算完成。

用 RTGO 你可以这么写：

角色

你是一位专业的旅游内容创作者，擅长撰写生动有趣的旅行攻略，激发读者的探索欲望。

任务

请为一个新兴旅游目的地"云海小镇"撰写一份旅行攻略。该小镇以云雾缭绕的山景、特色民宿和当地美食闻名。

目标

通过这份旅行攻略吸引旅行爱好者关注"云海小镇"，提升其作为旅游目的地的吸引力。

操作要求

·文案长度：约 600 字

·内容要点：介绍"云海小镇"的核心特色（云海景观、民宿体验、美食推荐）、旅行建议及独特卖点

·输出格式：以 Markdown 格式输出

·用词风格：轻松活泼，充满画面感

这个提示框架确实好用，但很多时候，你对自己的目标，以及上下文信息并不是一下子就能表达得清楚明白，所以需要厘清思路。在厘清思路环节你也可以应用 AI——可以让 AI 来对你进行提问。

于是就有了 QRTGO，也就是在 RTGO 前面加个 Q ——问题
（Question）。

· **先提问**：让 AI 先反过来问你几句，比如"你想要什么？谁用？
有什么要求？"通过提问，AI 能帮你把混乱的思路理顺，把没想到的
信息凑齐。

· **再进入 RTGO 环节**：有了问题的铺垫，角色、任务、目标和
操作要求就更精准，AI 干活的效率大幅提升。

为什么说它强得可怕

因为 QRTGO 不光让 AI 执行你的命令，还能反过来帮你"补脑"！
采用 QRTGO 后，你不用一次把话说完，AI 会主动挖出你没想明白的
部分，再通过经典的 RTGO 给你完美的结果。QRTGO 就像给 AI 加的"读
心术"，有了它，再复杂的任务你都能轻松搞定！

具体在应用 QRTGO 的时候，你可以这样做。

"我需要做一个 [你关注的问题] 的事情，但不知道有哪些相关
信息，请你一次问我一个问题，收集必要的信息。"

经过几轮问答以后，你的真实需求和必要的上下文信息就很清晰
了，然后就可以进入 RTGO 环节了。

在真实工作场景中，这个方法能流畅地引导出你掌握的全部必要
信息，所以自然会提升你生成内容的质量。

接下来的内容能从几个方面帮助你用好 AI。

2.效率翻倍：秒杀琐事的秘密"武器"

每天重复的琐事——写邮件、整理资料、排计划——加起来能"偷
走"你半天时间。DeepSeek 能让这些琐事"秒变小事"。

通用模板

"[上下文信息] 帮我快速完成 [具体任务]，要求 [语气 / 格式 / 重点]，内容包括 [具体细节]。"

示例

· **销售**：客户给我回了这样一封信……帮我快速写一封跟进客户的邮件，要求友好但专业，内容包括感谢、上次沟通回顾和下次拜访建议。

· **老师**：我正在给初二的孩子讲解……帮我快速整理一份教案，要求简洁，内容包括目标、步骤和作业。

· **设计师**：我接到了这样一个设计任务……帮我快速列一个项目时间表，要求清晰，内容包括需求确认、初稿和修改。

· **HR**：我刚面试了三个候选人，笔记乱七八糟……帮我快速整理一份面试总结，要求简洁明了，内容包括候选人背景、表现和初步评价。

· **厨师**：明天有一场宴会，我还没确定菜单……帮我快速列一份菜单，要求简单实用，内容包括前菜、主菜和甜点。

3. 破局"大师"：攻克难题时的脑力"外援"

工作中总有让人抓狂的问题：项目拖延、客户不满意、技术卡壳。DeepSeek 能帮你拆解难题，找到出路。

通用模板

"我在工作中遇到 [具体问题]，请帮我分析原因，并给 [数量] 个解决建议。"

· **行政**：我在工作中遇到会议安排冲突，请帮我分析原因，并给3个解决建议。

· **程序员**：我的代码运行超慢，请帮我分析原因，并给2个优化建议。

· **店主**：顾客流失变多了，请帮我分析原因，并给3个改进建议。

· **摄影师**：我拍的照片客户总说颜色不鲜艳，请帮我分析原因，并给3个改进建议。

· **司机**：我最近送货老是迟到，感觉自己开得已经很快了，请帮我分析原因，并给2个解决建议。

4. 灵感"喷泉"：让创意"爆发"的"加速器"

提出创意是让职场人脱颖而出的一个机会，但灵感不是天天都有。DeepSeek 能"开启"你的创意"开关"。

通用模板

"我在做 [详述具体任务]，请给我 [数量] 个创新思路，考虑 [限制条件]。"

· **营销**：我在做 ×× 产品的推广，这是一个……，请给我5个创新思路，考虑预算少。

· **教师**：我在设计关于……的课堂活动，请给我3个创新思路，考虑学生多样的兴趣。

· **自由职业者**：我接了一个新项目，这个项目……，请给我4个创新思路，考虑时间紧。

·**店员：**我在服装店工作，想吸引更多顾客，请给我 3 个创新思路，考虑空间有限。

·**作家：**我在写一篇短篇小说，主题是孤独，请给我 4 个创新思路，考虑读者是年轻人。

5. 技能"快车"：新手快速变高手的学习好帮手

职场变化快，不会点新东西员工容易被淘汰。DeepSeek 能当你的私人教练，带你快速上手。

通用模板

"我是 [谁]，我想学 [具体技能]，请给我一个 [数量] 步入门计划，包括基础、实践和资源。"

示例

·**经理：**我是……我想学时间管理，请给我一个 3 步入门计划，包括基础、实践和资源。

·**文案：**我是一个广告人，我想学 SEO 写作，请给我一个 3 步入门计划，包括基础、实践和资源。

（注：SEO 为搜索引擎优化的缩写。）

·**店员：**我在做一个 ×× 工作，我想学修图，请给我一个 3 步入门计划，包括基础、实践和资源。

·**医生：**我是一名内科医生，我想学基础数据分析，请给我一个 3 步入门计划，包括基础、实践和资源。

·**学生：**我是一名大学生，我想学公众演讲技巧，请给我一个 3 步入门计划，包括基础、实践和资源。

6. 成果惊人：惊艳全场的展示秘诀

干完活怎么展示成果也很关键。DeepSeek 能帮你把成果打磨得更亮眼。

通用模板

"我要做 [展示形式]，主题是 [具体内容]，请帮我设计一个 [数量] 部分的大纲或优化 [已有内容]。"

示例

· **销售**：我要做 PPT，主题是季度业绩，请帮我设计一个 5 页的大纲。

· **作家**：我写了篇稿子：[粘贴文字]。请帮我优化得更生动。

· **项目经理**：我要写总结报告，主题是项目复盘，请帮我设计一个包含 3 个部分的大纲。

· **HR**：我要做员工培训总结，主题是沟通技巧，请帮我设计一个包含 3 个部分的大纲。

· **自由职业者**：我刚完成一个网站设计，要给客户展示，请帮我设计一个 4 页的 PPT 大纲。

千行百业的你，应用 DeepSeek 场景一定也是各不相同，但是只要你有待解决的问题，都可以尝试让 DeepSeek 来帮忙。

所有这些模板都只是一种参考，目的是给你展示与 AI 模型沟通的方法。实际上，在日常的工作中，你只要把 AI 模型当成一个人就可以了，它可以是你的老师、你的同事，或者你公司的实习生。所以，用自然的大白话就可以正常地使用它。当然，模板中的一些表达框架和技巧应重点关注一下。

7. 批量"魔法"：1 分钟干完 1 小时的活

如果你学会了这些沟通方法，那么现在有很多的工具都集成了 DeepSeek，选择高效率的工具就能节省大量时间，其中，多维表格就是高效率工具中的强者。

比如，你要把 1000 段的产品描述翻译成英文，过去得一行行复制粘贴，现在"丢进"多维表格，输入"批量翻译"，1 分钟全搞定！再比如，要给 50 个客户发个性化邮件，多维表格结合 DeepSeek 能一次性生成，省下的时间够你喝杯咖啡了。它用语言模型的强大能力，加上表格的结构化优势，让批量任务并行处理，也让你彻底告别手忙脚乱！

结语：DeepSeek 给你"超能力"

形形色色的人面临形形色色的挑战，而 DeepSeek 能陪你一起施展属于你的职场"魔法"。

写文章、数据分析、技术支持、人际沟通、流程管理、做决策……所有问题都值得让 AI 来试一试。小小的一本册子很难覆盖所有领域，但从前文介绍的简单样例里，你可以感受到一个神奇时代的到来。